Die Bilder im Gesangbuch

Klaus Raschzok (Hg.)

Die Bilder
im Gesangbuch

Beschreibung · Kontext · Zugänge

Eine Erschließungshilfe
zur Ausgabe des Gesangbuches
für die Evangelisch-Lutherischen Kirchen
in Bayern, Mecklenburg und Thüringen

Im Auftrag des Vereins für Christliche Kunst
in der Evangelisch-Lutherischen Kirche in Bayern e.V.
herausgegeben unter Mitarbeit von
Eberhard Bibelriether, Helmut Herzog,
Hildegard Hövelmann, Christof Metzger,
Peter Poscharsky, Klaus Raschzok, Günter Reim,
Bernd Seufert und Reiner Sörries

Verlag der Ev.-Luth. Mission Erlangen

CIP-Kurztitelaufnahme der Deutschen Bibliothek

Die **Bilder im Gesangbuch** : Beschreibung, Kontext, Zugänge ;
eine Erschliessungshilfe zur Ausgabe des Evangelischen
Gesangbuches für die Evangelisch-Lutherischen Kirchen in
Bayern, Mecklenburg und Thüringen / im Auftr. des Vereins für
Christliche Kunst in der Evangelisch-Lutherischen Kirche in
Bayern e. V. hrsg. unter Mitarb. von Eberhard Bibelriether ...
Klaus Raschzok (Hg.). – Erlangen : Verl. der Ev.-Luth.
Mission, 1995
 ISBN 3-87214-267-4
NE:Bibelriether, Eberhard; Raschzok, Klaus [Hrsg.]

ISBN 3-87214-267-4

Gesamtherstellung:
Universitäts-Buchdruckerei Junge & Sohn, Erlangen

Inhalt

Vorwort

Das neue Evangelische Gesangbuch ist nicht allein als Gesang-Buch entworfen. Sicherlich wird es in den Gottesdiensten unserer Kirche die meiste Verwendung finden. Aber zugleich ist es als ein „Haus-Buch" gedacht: für Gebet, Glaube, Leben. Der Anspruch ist hoch gesetzt. Erste Erfahrungen zeigen, daß diese Zielsetzung verstanden und angenommen wird. Gerade Zeitgenossen, die sich nicht zur „Kerngemeinde" zählen, nehmen das Buch als Quelle der Anregung und Inspiration gerne in ihr Haus. Nicht zuletzt die sorgfältig gewählten Bilder tragen dazu bei. Das Spektrum der Darstellungen ist weit. Manche Bilder sind bekannt, andere haben die meisten von uns noch nirgendwo sehen können. Viele stammen aus der „klassischen Moderne". Andere kennen wir aus der Tradition.

Die Bilder laden ein, sich mit ihrer Hilfe zu besinnen. Über die Jahrhunderte hinweg haben Künstler auf ihre Weise versucht, zentrale Glaubensaussagen in Bildform zu bringen. Indem wir sie heute betrachten, nehmen wir Anteil an der bewegten Geschichte unseres Glaubens. Wer wollte es bestreiten: Die Bilder erschließen wesentliche Einsichten des Glaubens. Doch um sie in ihrer Tiefe zu verstehen, brauchen wir Hilfen, ihre Botschaften zu erschließen.

Ich freue mich darüber, daß das vorliegende Buch, eine solche Erschließungshilfe für die Bilder im Evangelischen Gesangbuch, erscheinen konnte. Sachkundige Verfasserinnen und Verfasser haben zusammengestellt, was zu den einzelnen Darstellungen Wissenswertes und Hilfreiches zu sagen ist. Die einzelnen Artikel regen zu persönlichen Entdeckungen dessen, was in diesen Bildern steckt, an. Sie geben Impulse, die Tiefendimensionen zu erkennen.

So ist dieses Buch gewiß für den persönlichen Gebrauch bestimmt. Darüber hinaus aber wünsche ich mir, daß es auch im Religionsunterricht und in der Gemeindearbeit verwendet wird. In unserer Zeit, für die das Wort von der „Informationsflut" so bezeichnend geworden ist, tut es gut, in einer Gruppe mit anderen Menschen Zeit aufzuwenden, Bilder zu betrachten – stehende Bilder, bleibende Bilder. Sie unterstreichen nicht einfach nur, was ohnehin schon geschrieben ist, sondern enthalten eine eigene Botschaft. Der

Religionsunterricht und die Gemeindearbeit bieten gerade hier vielfältige Räume für die Wiederentdeckung der Botschaft der Bilder.

Ich wünsche allen Leserinnen und Lesern, daß sie durch dieses Buch zu solchen Entdeckungen und zur persönlichen Meditation ermuntert werden. Den Verfasserinnen und Verfassern der einzelnen Beiträge und dem Herausgeber danke ich auch an dieser Stelle für die viele Arbeit. Sie beeindruckt durch eine hohe Qualität.

München, 7. März 1995

Hermann von Loewenich
Landesbischof der Evangelisch-Lutherischen Kirche in Bayern

Die Bilder im Evangelischen Gesangbuch

Warum sollte ein Evangelisches Gesangbuch neben Liedern und Texten auch Bilder enthalten? Diese Frage stellte sich der Verein für Christliche Kunst in der Evangelisch-Lutherischen Kirche in Bayern e.V., als er am 10. Februar 1993 vom Landeskirchenrat der Evangelisch-Lutherischen Kirche in Bayern gebeten wurde, geeignete Bilder für die Ausgabe Bayern, Mecklenburg und Thüringen des neuen Evangelischen Gesangbuches auszuwählen.

Das neue evangelische Gesangbuch stellt ein Buch für Gottesdienst, Gebet, Glaube und Leben dar und präsentiert sich seinen Benutzern auf der Titelseite mit dem Motto „Antwort finden in alten und neuen Liedern, in Worten zum Nachdenken und Beten". Es ist nicht nur ausschließlich zum gemeinsamen Singen im Gottesdienst gedacht, sondern soll ein Hausbuch im umfassenden Sinne sein. Dienten im alten Evangelischen Kirchengesangbuch auch schon zusätzlich zu den Liedern knappe und inhaltsreiche Texte der Einstimmung, etwa in der Kirche vor Beginn des Gottesdienstes, so tritt nun das Bild als ein völlig neues und eigenständiges Element hinzu.

Aus dem Evangelischen Gesangbuch wird damit auch ein Bilder-Buch, das den Einzelnen zwischen den Liedern und Texten zur stillen Meditation der Bilder einlädt. Darüberhinaus können diese mit dem Gesangbuch in jedermanns Hand befindlichen Bilder auch in der Verkündigung und im Unterricht Verwendung finden, ohne daß dazu wie bisher auf Postkarten, Folien und Dias zurückgegriffen oder kopiert werden muß. Nach Jahrzehnten des Verzichts auf das Bild entdeckt auch die Evangelisch-Lutherische Kirche wieder neu, welche Möglichkeiten und Chancen dieses Medium in sich birgt.

Der Verein für Christliche Kunst in der Evangelisch-Lutherischen Kirche in Bayern hatte sich schon früher einmal mit Bildern für das Gesangbuch beschäftigt und dazu im Jahre 1927 einen Wettbewerb unter zeitgenössischen Künstlern ausgeschrieben, dessen Ergebnis aber leider keinen Eingang in ein Gesangbuch fand. Bewußt ist der Vorstand des Vereins für Christliche Kunst bei den Vorarbeiten zur

Bebilderung des neuen Evangelischen Gesangbuches 1993/94 einen anderen Weg gegangen und hat sich dafür entschieden, ein breites zeitliches Spektrum der bildenden Kunst vom späten Mittelalter bis zum 20. Jahrhundert zu berücksichtigen, jedoch auf Werke noch lebender zeitgenössischer Künstlerinnen und Künstler zu verzichten, um den Zugang zu den Bildern zu erleichtern.

Welche Kriterien bestimmten die Auswahl derjenigen 62 Bilder, die dann schließlich Eingang in das Evangelische Gesangbuch fanden? Eine entscheidende formale Voraussetzung war, daß die Bilder in dem kleinen Format des Gesangbuches wiedererkennbar sein mußten. Zudem sollten sie auf dem verwendeten Dünndruckpapier auch drucktechnisch in angemessener Weise realisierbar sein. Deshalb schieden farbige Vorlagen aus. Wir entschieden uns, nur Graphiken zu verwenden, die bereits im Original vom Künstler bzw. der Künstlerin in Schwarz-Weiß und auf Papier geschaffen wurden. Von ihnen gibt es in der Regel nicht nur ein einziges Exemplar, sondern sie sind von Anfang an zur Vervielfältigung gedacht, ebenso wie das Lied auch nicht nur zum einmaligen Gesang bestimmt ist. Selbst das Problem der Verkleinerung gegenüber dem Original wurde bei der Auswahl mitberücksichtigt und bedacht.

Entscheidendes Kriterium aber war die hohe künstlerische Qualität. Nur mit wirklich guten Bildern kann der Mensch über einen längeren Zeitraum leben, nur sie erschließen sich ihm in den unterschiedlichen Situationen seines Lebens immer wieder neu. Die Bilder im Evangelischen Gesangbuch sind ja wie die Lieder und Texte doch zumindest für eine Generation zum Gebrauch bestimmt.

Um ein Bild wirklich zu betrachten und sich darin zu vertiefen, darf es nicht zu sehr bekannt sein, denn dann meint man, schon alles von diesem Bild zu wissen. Deshalb wurde auch bewußt auf Bildunterschriften verzichtet und der Nachweis der einzelnen Abbildungen in den Anhang des Evangelischen Gesangbuches eingefügt. Niemand sollte durch einen bekannten Namen wie etwa Rembrandt, Michelangelo, Chagall oder Picasso von einer persönlichen Auseinandersetzung mit dem Bild abgelenkt werden.

Das Ergebnis des zur Bildzusammenstellung führenden langwierigen Auswahlprozesses sind 62 Graphiken vom Aufkommen dieser Technik mit dem Holzschnitt am Anfang des 15. Jahrhunderts, also von der Gotik, bis einschließlich der heute allgemein akzeptierten sogenannten klassischen Moderne.

Wichtig ist auch, daß die Bilder keine Illustrationen zu dem auf der gegenüberliegenden Seite gedruckten Lied oder Text darstellen. Sie sollen zum Nachdenken anregen und stehen in einer Beziehung zur ganzen folgenden Lied- oder Textgruppe.

Die Auswahl der Bilder und die ihr zugrundeliegende Konzeption, die der Verein für Christliche Kunst in der Evangelisch-Lutherischen Kirche in Bayern verantwortet hat, wurden von den zuständigen Gremien der Landessynode der Evangelisch-Lutherischen Kirche in Bayern einstimmig akzeptiert.

Daß der bedeutende deutsche Kunsthistoriker Wilhelm Pinder in seinem Aufsatz „Vom Wesen und Werden deutscher Formen" einen grundsätzlichen Zusammenhang zwischen der Graphik und der Musik herausgestellt hat, unterstützt indirekt noch einmal die Entscheidung, sich bei den Bildern im Evangelischen Gesangbuch überwiegend auf die Graphik zu beschränken. Musik, so schreibt Wilhelm Pinder, kennt „ja überhaupt nicht (der Graphik darin ähnlich) das eine Original, das immer nur an einer Stelle des Raumes zu einem Zeitpunkt sein kann, sondern ein der Auflösung wartendes, jedesmal neu zu vollziehendes Ereignis." In diesem Sinne laden die 62 Bilder des Evangelischen Gesangbuches zur persönlichen Auseinandersetzung und Aneignung ein und stellen mannigfaltige Räume für das Erlebnis der Gottesbegegnung bereit.

Peter Poscharsky

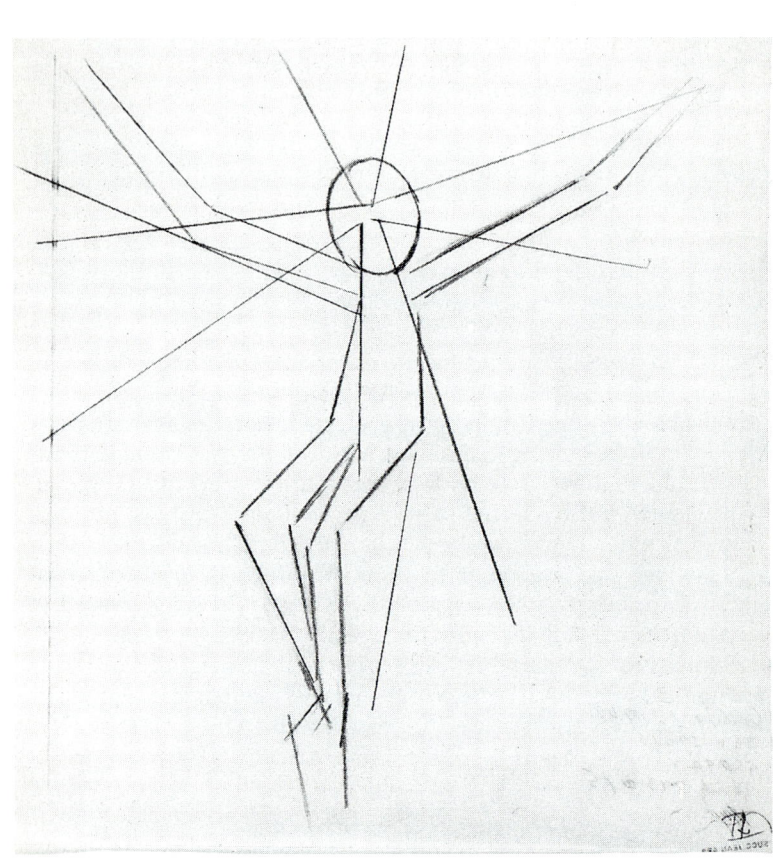

Jean Arp, Christus am Kreuz

1948, 25,9 × 23,9 cm, Bleistift auf Papier, Stiftung Hans Arp und
Sophie Taeuber-Arp, Rolandseck.
Standort im Evangelischen Gesangbuch: S. 30, gegenüber Nr. 1
(„Advent")

Aus dünnen, präzise gezogenen und plazierten Linien formt Arp
die Kontur des Gekreuzigten. Die leicht erhobenen Arme sind in
den Armbeugen eingeknickt. Die ganze Schwere des Oberkörpers
haftet auf den auf einer Stütze angenagelten Beinen, deren Knie,
dem Druck ausweichend, weit nach links gedrückt sind. Zwei
Linien unter dem linken Arm und rechts der Beine lassen die
Umrisse der beiden Kreuzesbalken erahnen. Trotz der schweren
Last des Oberkörpers ist die Figur des Gekreuzigten jedoch
zugleich in aufsteigender, fast tänzerischer Bewegung und scheint
sich vom Kreuz zu lösen. Der Kopf als einfaches Oval ist nach links
gewandt. Vom konturenlosen Gesicht gehen acht zu Paaren geord-
nete Strahlen aus, die nach oben, unten, links und rechts weisen
und die Kreuzform wiederholen.

Das Motiv des gekreuzigten Christus begegnet im künstlerischen
Werk des 1887 in Straßburg geborenen und 1966 in Basel verstorbenen Jean (Hans) Arp, der maßgeblich den Züricher Dadaisten-Kreis
prägte, nur an ganz wenigen Stellen. Vor allem die Kreuzigungs-
zeichnungen um 1948 stellen sehr persönliche Dokumente dar. Sie
bilden den Abschluß eines fünfjährigen Trauerprozesses und gehen
auf Anregungen von Abbé André Audry, Pfarrer von St.Martin in
Meudon, Arps geistlichem Gesprächspartner, zurück.

Der plötzliche Tod seiner künstlerischen Weggefährtin und Ehefrau
Sophie Taeuber im Jahr 1943 bildet die tiefste Erschütterung im
Leben des Künstlers. Seit den ersten Dada-Tagen 1915 waren sie
miteinander verbunden, hatten 1922 geheiratet und lebten eine
tiefe Künstlerfreundschaft, in der Sophie Taeuber zunehmend Einfluß auf die künstlerische Entwicklung von Jean Arp gewann.
Durch den Tod Sophie Taeubers ist Arps kreativ-künstlerisches
Schaffen unterbrochen, und er fällt in eine tiefe Niedergeschlagen-
heit. Die künstlerische Blockade dauert fünf Jahre, und erst 1948
findet Arp zu seiner ursprünglichen Kraft zurück. An dieser Wende
stehen die Zeichnungen des Gekreuzigten.

„Wenn Jean Arp Jesus Christus begegnet ist (und ich bin hierhergekommen, um dafür vor Gott und den Menschen Zeugnis abzulegen)", so formuliert Abbé André Audry, Pfarrer von St. Martin, Meudon, 1966 in der Totenrede auf Jean Arp, „dann heißt das, daß diejenigen, die Jean Arp von nun an verstehen wollen, selber zumindest am Rand dieses Glaubens stehen müssen, um mit ihm in Verbindung zu sein – wenn es wahr ist, daß der Tod nicht ein Zufall ist, sondern die Summe eines ganzen Lebens, daß er den endgültigen Sinn einer ganzen Existenz besiegelt. Denn das Samenkorn muß in der Erde verborgen bleiben, damit es Frucht bringt, so wie die Nacht einfallen muß, damit die Sterne leuchten."

Jean Arps Gedichte mit ihrer sehr persönlichen Ausdruckskraft lassen den inneren Weg nachvollziehen, den Jean Arp in der Bewältigung der Trauer hin zu seiner Christuszeichnung zurückgelegt hat. Es handelt sich um eine Christuserfahrung am Rande des konventionellen, kirchlichen-vermittelten Christentums, sehr persönlich gefüllt, und doch durch die Reduzierung des Gekreuzigten in der Zeichnung auf eine einfache, elementare Linienkomposition offen für eigene Erfahrungen des Betrachters, die mit aufgenommen werden in der tänzerisch leichten Bewegung des Aufsteigens des Gekreuzigten aus dem Schmerz und der Trauer.

Ein Mann zieht sorglich
einen senkrechten Strich um den anderen
um ihn ebenso sorglich
mit einem waagrechten Strich durchzustreichen.
Ein Vorübergehender nickt mit dem Kopf zustimmend
und bekreuzigt sich jedesmal
wenn der waagrechte Strich
den senkrechten Strich durchstreicht
(Hans Arp, Sinnende Flammen. Neue Gedichte, Zürich 1961)

Aber viel Geduld und Pein wurde mir gewährt
und es fängt bei mir ein wenig zu dämmern an.
Die Menschen sind Spiegel
die alles verspiegeln.
(Hans Arp, Worte mit und ohne Anker, Wiesbaden 1957)

An Sophie

alle blumen blühen
blühen für dich
alle herzen glühen
glühen für dich

nun bist du fortgegangen
was soll ich hier gehen
und stehen
ich habe nur ein verlangen
ich will dich wiedersehen

alle himmel blühen
blühen für dich
alle sterne glühen
glühen für dich

(1943)

Wie schnell vergeht ein Leben
in Gottes lichtem Dunkel.
Kaum ist heute gesagt,
ist morgen schon vergangen.
Und so vergehen die Jahre
mit Spielen, Träumen, Säumen.
Und so vergeht die Zeit,
in der die Blumen schweben.

Wann blühen wir wieder
vereint an Gottes lichtem Strauch?
Wann ruhe ich für immer
in deinem reinen Hauch?

Seitdem du gestorben bist,
danke ich jedem vergehenden Tag.
Jeder vergangene Tag
bringt mich dir näher.

(1943–45)

Die Strahlen bewirken die Konzentration des Betrachters auf die Kopfform der Zeichnung und verweisen auf die Mitte des Lebens. Kreuzigungs- und Ostergeschehen werden in eins gesehen, ohne dem Tod die Schwere und Last zu nehmen. Der Tod erscheint als notwendiger Durchgang zum Leben. Inmitten von Trauer und Todeserfahrung überwindet Arps Christus die lebensverneinende Dimension und gelangt zu einer neuen Lebenshoffnung. Eine Leichtigkeit der Bewegung des Körpers des gekreuzigten Christus bestimmt das Blatt trotz des noch schwer am Kreuz lastenden Kör- pers. Das Antlitz des Gekreuzigten ist ohne Züge, offen, entrückt und doch nahe. Aber es ist noch kein unvermitteltes Schauen von Angesicht zu Angesicht, sondern eher ein Ausschau-Halten in der Gewißheit. Aber die Strahlen, noch in der Kreuzform, nehmen ihren Ausgang von diesem konturenlosen Christusantlitz, greifen über das Bild hinaus und weisen auf den wiederkommenden Herrn hin, der in den Lesungen, Gebeten und Liedern der Adventszeit, am Schnittpunkt zwischen altem und neuem Kirchenjahr, in Erin- nerung gerufen wird. Deshalb ist dieses Bild im Gesangbuch der Adventszeit zugeordnet.

Unbekannter Künstler, Neujahrsglückwunsch
Um 1490, 18,0 × 11,3 cm, Holzschnitt, Louvre Paris, Collection Rothschild.
Standort im Evangelischen Gesangbuch: S. 62, gegenüber Nr. 23 („Weihnachten")

Ein kleines Kind, ein junger Knabe, beherrscht die Bildmitte dieses ornamental gestalteten Blattes. Unter einem wehenden Mäntelchen, das nur vor der Brust geschlossen ist, ist der Knabe nackt, was ihm erst den kindlichen Charakter verleiht, denn Auftreten und feierliche Haltung sind wenig kindgemäß. Das Haupt des Kindes ist von einem Heiligenschein mit einbeschriebenem Kreuz umgeben: Es ist der Jesusknabe, der feierlich aus dem Bild heraus auf den Betrachter zuschreitet. Hinter seinem Rücken erhebt sich ein aus rohen Balken gezimmertes Kreuz, ein frühes Zeichen und ein Hinweis auf Leiden und Sterben Jesu. Seine Standfläche bildet der wolkenartig ausgebildete Blütenstand inmitten einer prächtigen Blume. Eine ihrem Stengel entsprießende Knospe neigt sich, noch geschlossen, zum unteren Bildrand. Das Kind hat seine rechte Hand im Segensgestus erhoben, während es mit der linken an das Ende eines wehenden Spruchbandes faßt. Auf dem Spruchband liest man den Glückwunsch „ein gvot selig ior" (Ein gutes, seliges Jahr).

Der unbekannte Künstler hat ein eigenwilliges Zeugnis mittelalterlicher Jesusfrömmigkeit geschaffen: dem Jesusknaben war gewissermaßen das Kreuz in die Wiege gelegt. Diese gedankliche Verbindung von Inkarnation (Knospe) und Passion (Kreuz) war den Menschen dieser Epoche durchaus vertraut. In dieses Umfeld gehören beispielsweise die sogenannten „Sieben Schmerzen Mariae", die schon mit der Beschneidung des Knabens beginnen und sein späteres Leidensschicksal vorausahnen lassen. Ungewohnt ist eher der Umstand, daß diese Form der Passionsmystik von einem Neujahrsglückwunsch begleitet wird. Der Glückwunschcharakter wird unterstrichen durch die prächtige florale Ornamentik. Es handelt sich demnach um eine Gebrauchs- oder Gelegenheitsgraphik, die anlaßbezogen, eben zum Jahreswechsel, verschenkt wurde, sicher eine Gabe, die eher in begüterten Kreisen Verwendung fand.

Unsere Neujahrsglückwünsche sehen heute anders aus: Feuerwerksraketen, die ihre glühenden Bahnen in den Himmel ziehen, Sektkelche mit perlendem Champagner oder Glücksbringer wie Vierklee, Hufeisen oder Schornsteinfeger zieren unsere Glückwunschkarten zum Jahreswechsel. Manchmal sind sie in ihrer Banalität kaum zu übertreffen. Man sollte aber auch nicht außer acht lassen, daß wir heute noch überwiegend die guten Wünsche zum Jahreswechsel schon mit jenen zum Weihnachtsfest gemeinsam auf einer einzigen Karte verschicken. Hier besteht noch eine gewisse Verbindung unserer Gewohnheiten mit jenem mittelalterlichen Brauch unseres Holzschnittes. Der Beginn des Kirchenjahres mit seinem ersten großen Fest zu Weihnachten und der Anfang des Kalenderjahres liegen sehr nahe beieinander, und dies prägt unseren Jahreslauf auch heute.

Verloren ist aber der im Holzschnitt deutlich wiedergegebene Bezug zur Passionszeit. Menschwerdung und Leiden Jesu stehen in enger Wechselwirkung. Es ist theologisch nicht sinnvoll, zu fragen, was wichtiger sei: Weihnachten, Passion oder Ostern? Nur in der Zusammenschau der Heilsereignisse, die im Evangelium und im Kirchenjahr aufeinander folgen, kann Christus als Heiland der Menschen und Erlöser dieser Welt verstanden werden. Als solcher betritt der Jesusknabe im Holzschnitt die Welt: Er kommt – machtvoll, energisch, zielgerichtet. Ohne das typisch Kindliche preiszugeben (Menschheit Jesu) wohnt ihm doch schon als Knabe die Erlösungskraft inne (Gottheit Jesu). Somit berührt der Holzschnitt das älteste dogmatische Problem der Christenheit: wahrer Mensch und wahrer Gott. Im vorliegenden Neujahrsglückwunsch wird diese Kardinalfrage der Theologie unverkrampft und wie selbstverständlich ins Bild gesetzt. Die Ausdruckskraft des Künstlers eilt hier dem Prediger des Wortes, dem Theologen, um Längen voraus. Er macht das nicht zu denkende und nur schwer in Worten zu fassende Glaubensgeheimnis anschaulich.

Der Mensch selbst, für den das erlösende Heilshandeln Christi geschieht, ist nicht zu sehen. Er ist der Empfänger des Glückwunsches. Die Bühne des Weltenschöpfers und Weltenheilandes (beides muß immer zusammen gedacht werden) bildet ein mächtiger Blütenkelch. Eine Hoffnung knüpft daran an: Christi Heilshandeln hat die Wiederbringung der ganzen Schöpfung zum Ziele, die die Rettung aller Menschen einschließt. Das Neujahrsblatt ist wahrlich kein Gerichtsbild, sondern frohe Botschaft im besten Sinne – allerdings nicht am Kreuz vorbei, sondern unter dem Kreuz. Wer mag einen solchen Wunsch wünschen oder sich gar wünschen lassen? Ein seliges Jahr unter dem Kreuz? Es heißt nicht, daß wir unsere kindliche Freude und Zuversicht aufgeben müssen, und es heißt nicht, daß ein seliges Jahr unter dem Kreuz zusammenbrechen muß. Unsere Glückwünsche heute sind bescheidener geworden. „Ein glückliches Jahr", „Ein erfolgreiches Jahr", „Ein gesundes Jahr". „Ein gvot selig ior" unter dem Zeichen des Kreuzes wagt man nicht mehr zu formulieren.

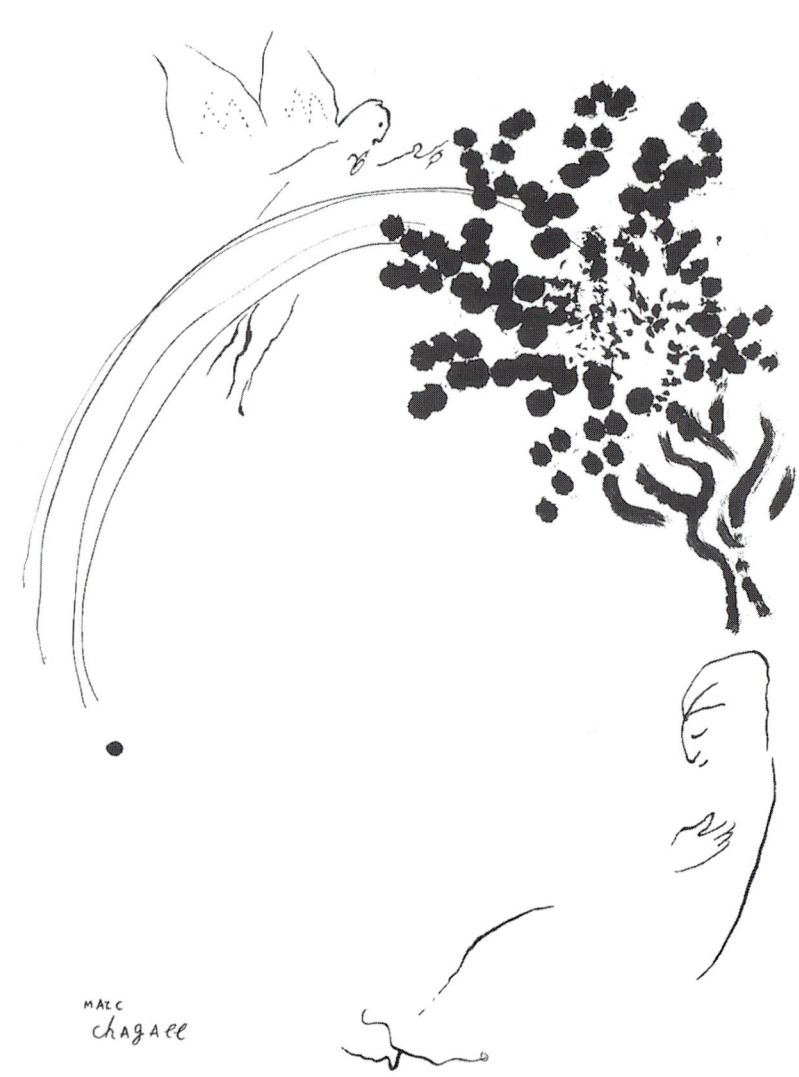

Marc Chagall, Noah mit dem Regenbogen
Um 1956/59, 38,0 × 28,5 cm, Tusche, Privatbesitz, Verlag Philipp von Zabern, Mainz.
Standort im Evangelischen Gesangbuch: S. 120, gegenüber Nr. 58 („Jahreswende")

Vor freier Fläche steht eine zarte Komposition, aus der sich rechts ein Baum heraushebt, dessen Blüten mit dem Pinsel getupft sind. Von rechts schwingt ein Bogen nach links. Seinem Verlauf entspricht die Rückenlinie einer unter dem Baum ruhenden menschlichen Figur, die nur ganz knapp angedeutet ist und nach dem Rückentext des Blattes Noah darstellen soll. Er hat das bedeckte Haupt geneigt, die rechte Hand liegt vor der Brust. Hinter dem Bogen ist an der höchsten Stelle ein Engel mit ausgestreckter Hand zu erkennen. Die nach links offene Komposition wird durch einen Punkt und die Signatur abgeschlossen. Mit einer ganz dünnen Linie oben und rechts wird eine rechteckige Rahmung dieser Kreiskomposition angedeutet, die aber auch nach links hin offen ist. Das Ganze wirkt wie eine Skizze, die jedoch so geschlossen ist, daß durch eine weitere Ausarbeitung kaum noch etwas wesentliches dazugewonnen wäre.

Im Werk des Juden Marc Chagall nehmen Themen aus dem Alten Testament einen so breiten Raum ein wie bei keinem anderen Künstler des 20. Jahrhunderts. Allerdings sind die mehr als einhundert Radierungen aus dem Zeitraum von 1930 bis 1959 nicht so bekannt wie die siebzehn Gemälde des Zyklus „Message Biblique" und ihre Vorstudien, die sich im 1966 dafür errichteten vielbesuchten Museum in Nizza befinden. Die Tuschezeichnung „Noah mit Regenbogen" gehört zu den zwischen 1956 und 1959 entstandenen Entwürfen für die Lithographien und Heliogravüren der 1956 und 1960 erschienenen sogenannten VERVE-Bibeln I und II und stammt aus dem Nachlaß des Künstlers.

Chagall sah in der Bibel „die reichste poetische Quelle aller Zeiten". Er habe „ihr Abbild im Leben und in der Kunst gesucht", das heißt: es ging ihm nicht um Bibelillustration, nicht um Bebilderung, sondern um die Umsetzung des biblischen Textes, um den Bezug zum Leben der Menschen.

Das Bild strahlt eine große Ruhe aus. Sie zeigt sich besonders in der Haltung des ruhenden Noah. Er neigt seinen Kopf mit gesenkten Augen nach unten und hat seine rechte Hand auf das Herz gelegt. Er schläft nicht, trotz der wie geschlossen wirkenden Augen. Es ist eine ganz entspannte Haltung mit wohl über der Brust gekreuzten Armen. Noah ist ruhig geworden und nimmt an, was ihm von Gott gesagt wird. Seine Botschaft wird durch den Engel mit der ausgestreckten Hand angedeutet, und der Regenbogen ist das Zeichen der Zusage Gottes: „Siehe, ich richte mit euch einen Bund auf und mit eueren Nachkommen und mit allem lebendigen Getier bei euch…, daß…hinfort keine Sintflut mehr kommen soll, die die Erde verderbe…Meinen Bogen habe ich in die Wolken gesetzt, der soll das Zeichen sein des Bundes zwischen mir und der Erde." (1. Mose 9, 9–13).

Noah ruht geborgen unter dem weiten Bogen, er ist in ihn einbezogen, kein Gegenpol. Er nimmt diesen Zuspruch Gottes an. Noah und der Regenbogen bilden einen Kreis, sie sind Teile eines geschlossenen Ganzen, das zusammengehört. Der Kreis gilt seit jeher als Zeichen der Vollkommenheit. Ein Kreis aber ist nichts Statisches und Abgeschlossenes, er kreist, er ist eine stetige dynamische, das heißt mit Kraft erfüllte Bewegung. Das Gegenüber von Mensch und Regenbogen drückt keinen Gegensatz aus, denn beide sind aufeinander bezogen, bilden eine Einheit, eine solche Einheit, daß die Möglichkeit des Ausbruchs durch die offene linke Seite von diesem Menschen bestimmt nicht genutzt wird. Geborgenheit ist nur in diesem Kreis. Aber nicht nur Noah ist in den Kreis eingeschlossen, sondern auch der blühende Baum, der sich in seine Rundung einfügt und zur Hand des Engels hin ausrichtet. Diese Hand aber steht für die Botschaft Gottes. Ihn selbst darzustellen ist unmöglich und nach seinem Gebot untersagt. Die leere Mitte macht den Abstand des Menschen von Gott deutlich, während die dem Bogen entsprechende Haltung des Noah die Zusammengehörigkeit ausdrückt und der Engel die Verbindung durch das Wort.

Erinnern wir uns: Noah hat die Verbindung zu Gott stets gehalten, auch auf Gott gehört, als er in ganz normalen Zeiten den Auftrag zum Bau der Arche bekam, obwohl er von den Zeitgenossen wegen der Befolgung sicherlich verspottet wurde. Er verzweifelte nicht, als die Flut kam und die ausgesandten Vögel zunächst nicht mit der erhofften Botschaft zurückkamen, daß das Gericht vorüber ist.

Nun ist die Sintflut zu Ende, die Arche gelandet, alle sind ausgestiegen und nehmen die neu geschenkte Erde wieder in Besitz. Es ist also der Moment nach der langen Zeit der Untätigkeit, in dem alles neu beginnt und so viel zu tun ist. Noah aber verfällt nicht in Geschäftigkeit, sondern er nimmt sich Zeit, um Gott zuzuhören und auf sein Zeichen zu achten und seine Botschaft zu hören. Er unterbricht sein Tun nicht bloß einmal kurz, sondern er sammelt sich, kommt ganz zur Ruhe und strahlt innere Ruhe aus.

Ruhe und Ergebenheit – wie weit sind wir oft davon entfernt. Wir fühlen uns gehetzt und gejagt, von anderen oder von unserem eigenen Ehrgeiz, stöhnen unter Anforderungen und Druck, den wir kaum aushalten, und sehnen uns nach Ruhe. Wir erhoffen sie und zugleich neue Kraft in der Freizeit und im heiß ersehnten Urlaub, für den wir manches opfern. Und dann unterwerfen wir uns auch dort Zwängen, zumindest auf dem Hin- und Rückweg, Streß und Anstrengungen oder können mit freier Zeit nicht Rechtes anfangen. Wir meinen so oft, die Dinge durch unser Planen und Handeln allein in der Hand zu haben. An Zeitpunkten des Übergangs, von einem Lebensabschnitt in den anderen, beim Beginn neuer Aufgaben oder am Jahreswechsel, denken wir wohl einmal kurz zurück und richten uns auf die Zukunft aus. Aber halten wir wirklich einmal inne? Sehen wir das, was war und alles was kommt, im Blick auf Gott und sein Geleit? Nehmen wir uns Zeit für die entspannte Aufmerksamkeit wie Noah hier? An Noah können wir sehen und lernen, was Ruhe und Kraft, innere Sammlung und dann auch Energie gibt für das, was getan werden muß: Auf Gott hören, wirklich hören, und danach leben und handeln.

Karl Schmidt-Rottluff, Die Heiligen Drei Könige

1917, 50,2 × 39,2 cm, Holzschnitt, Ketterer Kunst K.G., München.
Standort im Evangelischen Gesangbuch: S. 136, gegenüber Nr. 66
(„Epiphanias")

Das auffällig mit der Jahreszahl „1917" datierte Blatt zeigt drei
schlanke, in faltenreiche Gewänder gekleidete Männergestalten.
Weder Kronen noch andere Insignien deuten auf eine fürstliche
Abkunft hin. Zwei von ihnen tragen Gefäße, die durch ihre Form
Kostbarkeit ahnen lassen. Erst der vom Künstler selbst so gewählte
Titel „Die Heiligen Drei Könige" gibt eindeutige Auskunft, um wen
es sich bei den Männern handelt. Dann freilich fällt der unterschiedliche Gesichtsschnitt ins Auge, der jeden als Repräsentanten eines
der zu biblischer Zeit bekannten Erdteile Afrika, Asien und Europa
ausweist. Am einprägsamsten ist rechts im Bild der Afrikaner wiedergegeben. Seine markanten, fast maskenhaften Züge erinnern
stark an afrikanische Volkskunst. Zwei Palmen im Hintergrund
deuten einen Ausblick ins Freie an. Die Männer selbst wirken, als
verharrten sie an einer Schwelle. In ihren Körpern schwingt noch
eine leise Bewegung nach. Sie sind am Ziel ihrer Reise und richten
ihre Blicke in andächtigem Staunen auf das, was der Künstler dem
Auge des Betrachters verwehrt: das Kind Jesus.

Der Holzschnitt „Die Heiligen Drei Könige" steht am Beginn einer
kurzen, aber äußerst intensiven Schaffensperiode von Karl Schmidt-
Rottluff, in der er sich mit biblischen Themen auseinandersetzt. Mit
der markanten Jahreszahl „1917" stellt er sein Bild bewußt in den
Kontext dieses Kriegsjahres. Die Euphorie der Anfangsjahre war
angesichts von Millionen Toten zerbrochen. Mit dem Kriegswinter
1916/17 erlebte Deutschland ein nie zuvor gekanntes Elend. 1917
aufkeimende Friedenshoffnungen wurden bitter enttäuscht. Als
erster der kriegführenden Monarchen wird der russische Zar zur
Abdankung gezwungen. Ein zeitgenössischer Bericht beschreibt
die Situation: „Viele Millionen leiden am quälenden Gefühle des
Hungers. Zahlreiche Menschen sind stark abgemagert, die Gesichter sind welk und hohl geworden... Zu dem Nachlassen der körperlichen und geistigen Spannkraft infolge der schlechten Ernäh-
rung treten die sonstigen zehrenden Sorgen des Krieges, die quälende Angst um das Schicksal der draußen kämpfenden Söhne und

Brüder, Gatten, Väter und Ernährer, der Verfall des Familienlebens, die Furcht vor einer düsteren Zukunft in bitterster Armut und Not." Obwohl Schmidt-Rottluff in seinem Holzschnitt auf diese Zeitereignisse nicht direkt Bezug nimmt, kann kein Zweifel daran bestehen, daß sie ihn bei der Arbeit stark bewegt haben.

Als die ersten Boten des Evangeliums den Schritt über die jüdischen Grenzen hinaus wagten, bekam auch ihr Glaube einen weiteren Horizont. Die biblischen Erzählungen rund um die Geburt Christi geben davon Zeugnis. Was in der Enge Judäas mit schlichten Hirten begann, wird mit dem Auftreten der Magier aus dem Land der aufgehenden Sonne zum weltbewegenden, ja kosmischen Ereignis. Aus Jesus, dem „Fürst, der mein Volk Israel weiden soll" (Matthäus 2, 6) wird für den Glauben der Herr der Welt, auf den sich alle Hoffnung richtet.

Damit wird die Machtfrage gestellt. Schon in der Spannung zwischen dem König Herodes und dem in Armut geborenen, wehrlosen Christuskind bricht sie auf. Mit den Magiern, die vor einem Kind – diesem Kind – niederfallen und ihm die Schätze des Orients zu Füßen legen, weitet sie sich zur Menschheitsfrage. So hat die Darstellung von Matthäus 2, 1–12, wie sie sich über Jahrhunderte hinweg in der europäischen Kunst entwickelt, zwar nicht den biblischen Text, aber eine innere Logik auf ihrer Seite: aus der nicht genannten Zahl von Magiern werden drei Könige und im weiteren Verlauf Repräsentanten der Völkerwelt. Sie verlassen ihre Reiche, um die Knie vor dem Kind zu beugen. Ihr Machtverzicht relativiert alle Macht von Menschen über Menschen.

Dieser Tradition schließt sich Karl Schmidt-Rottluff in seinem Holzschnitt „Die Heiligen Drei Könige" an. Als er sich anschickt, dieses Bild zu gestalten, war der Glanz der imperialen Großmächte längst erloschen. Ihr Ringen um Vormacht und Weltgeltung hatten Millionen junger Menschen aus allen beteiligten Völkern mit dem Leben bezahlt. Zum ersten Mal in der Geschichte haben zumindest die Einsichtigen in der Katastrophe die Menschheit als Schicksalsgemeinschaft erfahren. Die Frage nach der Macht war neu gestellt.

Auf diesem geschichtlichen Hintergrund kann niemand verwundern, daß die Könige auf diesem Bild weder Kronen tragen noch sonstwelche Insignien weltlicher Macht. Gewiß vertreten sie die

Völkerwelt, und sie tun es gemeinsam, nicht als Zerstrittene. Was sie eint, ist die Erfahrung des Scheiterns. Sie stehen vor uns wie Menschen, die einem Unheil entronnen sind. Ihre Gesichter sind gezeichnet. Die Geschenke in ihren Händen wirken, als wären sie die geretteten Reste eines vergangenen Reichtums. So treten sie ein in das Geheimnis des menschgewordenen Gottes. Fremde noch, unschlüssig, mit fragenden Augen. Und doch antworten diese Augen schon mit beginnendem Staunen dem, was sie vor sich sehen, was aber der Maler unserem Blick entzieht: dem neugeborenen Kind.

Vielleicht aber ereignet sich das Wesentliche an der Begegnung mit dem Christuskind gar nicht vor den Dreien, sondern in ihnen selbst. Am Ziel ihres Suchens angekommen, sind die Männer ganz bei sich. Ihre Blicke kehren sich zugleich nach Innen. In innerer Schau vollzieht sich das Weihnachtsgeschehen in den Dreien selbst.

„Hättest du der Einfalt nicht, wie sollte
dir geschehn, was jetzt die Nacht erhellt;
Sieh, der Gott, der über Völkern grollte,
macht sich mild und kommt in dir zur Welt.
Hast du dir ihn größer vorgestellt?
Was ist Größe? Quer durch alle Maße,
die er durchstreicht, geht sein grades Los.
Selbst ein Stern hat keine solche Straße.
Siehst du, diese Könige sind groß,
und sie schleppen dir vor deinen Schoß
Schätze, die sie für die größten halten
und du staunst vielleicht bei dieser Gift –:
aber schau in deines Tuches Falten,
wie er jetzt schon alles übertrifft..."
(Rainer Maria Rilke)

Auch der Dichter Rainer Maria Rilke hat in den Stürmen des Ersten Weltkriegs die Fragwürdigkeit und Vergänglichkeit von menschlicher Größe, Macht und Reichtum erfahren: „Was ist Größe?" Im kleinen Christuskind sieht Rilke den neuen Maßstab für sich selbst. Findet das Licht, das seine Nacht erhellt. Eine Hoffnung in einer Zeit, die Hoffnungen bitter nötig hat. So erschließt sein Gedicht einen Weg zum Verständnis dessen, was den Zeitgenossen Schmidt-Rottluff in seinem Bild bewegt haben mag.

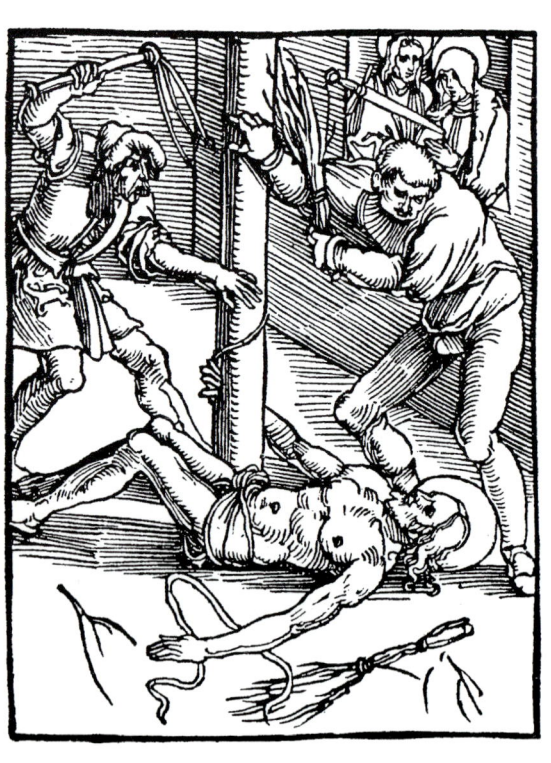

Hans Baldung Grien, Geißelung Christi, (Christus fällt an der Geißelsäule)

1507, 9,4 × 7,2 cm, Holzschnitt, Verlag Alfons Uhl, Nördlingen.
Standort im Evangelischen Gesangbuch: S.156, gegenüber Nr. 75 („Passion")

Der Holzschnitt zeigt die Geißelung Christi (vgl. Matthäus 27, 26; Markus 15, 15; Johannes 19, 1). In dem mit nur wenigen graphischen Angaben definierten Raum steht etwa in der Mitte die Geißelsäule, vor der Christus, bis auf ein Lendentuch entblößt, auf den Rücken gefallen ist. Mit seiner Rechten klammert er sich verzweifelt an ihr fest. Die beiden Schergen, die ihn flankieren, holen mit weit ausgreifender Bewegung zu heftigen Schlägen aus. Durch ein Fenster rechts im Hintergrund werden Maria, mit dem Schwert vor der Brust zum Zeichen ihres Schmerzes, und Johannes Zeugen des Geschehens.

Am 30. August 1507 erschien in Nürnberg eines der letzten großen Erbauungsbücher des ausgehenden Mittelalters, das „Speculum passionis domini nostri Ihesu christi", dem unsere Abbildung aus Blatt 47 entnommen ist. Sein Autor, Ulrich Pinder, stammte aus Nördlingen, war von 1484−89 als Physikus in Nürnberg tätig, dann bis 1493 als Leibarzt des Kurfürsten Friedrich des Weisen von Sachsen, anschließend bis zu seinem Tode im Jahr 1519 als Stadtarzt in Nürnberg. Dort betrieb er zusammmen mit seinem Schwiegersohn Friedrich Peypus eine Privatdruckerei, in der er selbst verfaßte religiöse Erbauungsschriften herausgab, die zum Teil in der Werkstatt Albrecht Dürers illustriert wurden.

Das „Speculum passionis" verarbeitet in der Nachfolge spätmittelalterlicher Passionstraktate Gedankengut der großen Ordensmystiker wie Bernhard von Clairvaux und Bonaventura. Nach deren Lehren solle das Leiden Christi in meditativer Vergegenwärtigung erneut wirksam werden. Zur betrachtenden Versenkung in das Passionsgeschehen enthält das „Speculum" zu den einzelnen Leidensstationen des Herrn einschlägige Textbelege aus den Evangelien, sinnreiche exegetische Psalterverse sowie Gebete. Zum Ruhm des Buches tragen namentlich die 77 Holzschnitte der Dürermitarbeiter Hans Süß von Kulmbach, Hans Schäufelin und Hans Baldung Grien bei, die dem Text mindestens gleichwertig beigeordnet sind.

Auf den Blättern fol. 39r bis 54v ist das „Speculum" in loser Folge mit sechs kleinen Darstellungen aus dem Zyklus der sogenannten „Sieben Fälle" Christi illustriert, die sämtlich von Hans Baldung Grien entworfen wurden. Im einzelnen handelt es sich um den Fall Christi auf dem Weg von Herodes zu Pilatus, auf der Palasttreppe des Pilatus, an der Geißelsäule, bei der Kreuztragung, auf das Kreuz und schließlich um den Fall des Kreuzes bei der Kreuzaufrichtung (d.h. der Kreuzfuß wird in die dafür vorgesehene Vertiefung gesenkt). Entgegen anderen Formulierungen des Themas fehlt der erste Fall, der nach der Gefangennahme Christi in den Bach Cedron erfolgt. Selbst Albrecht Dürer ließ sich von den „Sieben Fällen Christi" bei der Auswahl der Themen und der Abfolge der Holzschnitte seiner „Kleinen Passion" von 1511 anregen.

Christus liegt nackt, hilflos, erniedrigt, geschunden am Boden. Verzweifelt greift er nach der Säule, wie um sich aufrichten zu wollen. Zwei Folterknechte schlagen erbarmungslos auf ihn ein. Seine Torturen scheinen schon länger anzudauern, denn die vor ihm liegenden Folterwerkzeuge sind deutlich abgenutzt. Stumm trauernd beobachten Maria und Johannes die Szene. Man wird in biblischen Berichten über die Passion Christi keine so ausführliche Schilderung finden; die einschlägigen Textstellen vermerken nur mit protokollarischer Nüchternheit, Pilatus „ließ ihn geißeln". Der eine oder andere belesene Betrachter des Blattes wird sich vielleicht angesichts der vom Schwert durchbohrten Maria der Simeonischen Weissagung (Lukas 2, 35) „und auch durch deine Seele wird ein Schwert dringen" erinnern, die, während der Darstellung Christi im Tempel ausgesprochen, auf das zukünftige Leiden des Herrn verweist.

Man wird in diesem kleinen Zyklus keine künstlerische Laune sehen wollen, sondern den Ursprung des Gedankes eines mehrmaligen Sturzes Christi in dem Wunsch nach immer intensiverer Verinnerlichung der Passion Christi suchen müssen. Tatsächlich bestand im späten Mittelalter verstärkt das Bedürfnis, die relativ nüchternen kanonischen Berichte der Leidensgeschichte um immer neue grausame Details zu bereichern. Solche Ausweitungen des Andachtsinhalts waren nicht etwa verpönt, sondern als Zeichen besonderer Einfühlung erwünscht.

Nach frühchristlicher und mittelalterlicher Auffassung ist das Sichzu-Boden-werfen oder Geworfen-werden Ausdruck tiefster Ergebenheit und inständigsten Flehens angesichts der eigenen Sündhaftigkeit. Im Alten Testament bezeichnet es den Moment inständigen Betens. Vom Gebet Christi am Ölberg berichtet Matthäus (26, 39): „Und er ging hin ein wenig, fiel nieder auf sein Angesicht und betete". Spätmittelalterlicher Auffassung gemäß konnte sich der Gläubige durch die leicht nachzuahmende ausdrucksvolle Gebärde mit dem leidenden Christus identifizieren. Nach den Epistulae des Kölner Theologen Heinrich Egher von Kalkar (gest. 1408) bedeutet das Sich-Niederwerfen während des Sündenbekenntnisses eine Verähnlichung mit dem leidenden, insbesondere dem gekreuzigten Christus, der, als er aufs Kreuz gezwungen wurde, wie ein gemeiner, verachteter Mensch da lag, getreten wurde, hin- und hergezerrt wie ein Schwein, das geschlachtet werden soll. Der spätmittelalterliche Künstler möchte uns ermahnen, angesichts des geschundenen, gedemütigten Christus an die eigene Niedrigkeit zu denken und uns über die Betrachter im Hintergrund – Maria und Johannes, die beide Christus besonders nahe standen – zur Identifikation einladen.

Wie kann heute diese Identifikation aussehen? In der demutsvollen Nachahmung des niedergefallenen Christus sahen schon spätmittelalterliche Theologen nur eine leere Formel, die am eigentlichen Ziel, der Umgestaltung des ganzen Lebens, vorbei zielte: Denn wie Christus am Kreuz Essig und Galle trank, solle man im täglichen Leben alle Widrigkeiten gern auf sich nehmen, wie Christus geschmäht wurde, alle Vorwürfe und Erniedrigungen ertragen.

Noch immer kann die mittelalterliche Auffassung Gültigkeit beanspruchen, nach der sich die Passion Christi aus der Liebe des Menschen zu Gott und Gottes zu den Menschen erklärt. In der Leidensbetrachtung können wir den Freund Christus erproben, und dazu möchte uns Hans Baldung Griens Holzschnitt einladen. Ludolf von Sachsens „Vita Christi" zeigt auf, wie man selbst im Leiden Christi jene göttliche Liebe wirksam sehen kann: Da Christus aus Liebe zu der erlösungsbedürftigen Menschheit zu uns herabgestiegen ist, können wir nur zu ihm aufsteigen, wenn wir dieser Liebe folgen, um mit Hilfe der Liebe in Christi Herz einzugehen, und dort unsere Liebe mit der göttlichen Liebe vereinigen „wie das glühende Eisen eins ist mit dem Feuer".

Karl Schmidt-Rottluff, Christus in Emmaus

1918, 39,7 × 49,9 cm, Holzschnitt, Ketterer Kunst K.G., München.
Standort im Evangelischen Gesangbuch: S. 202, gegenüber Nr. 99
(„Ostern")

Das Blatt ist als eine strenge Dreifigurengruppe gestaltet. Christus
und die beiden Jünger schreiten im Vordergrund aus dem Bild. Hinter ihnen liegt ein langer Weg, der durch eine mit groben Zügen
angedeutete Landschaft führt. Die Körper der drei Figuren bestehen aus schwarzen, nicht variierten Flächen. Nur die Hände und
die Gesichter sind detaillierter gestaltet. Der rechte der beiden
Begleiter stützt sich müde auf einen Stock. Sein Rücken ist gekrümmt, und der Kopf sinkt tief auf die Brust herab. Die harten,
kantigen Formen seines Gesichtes drücken Schmerz und Trauer
aus, und seine Füße vermögen kaum den Weg zu gehen. Der linke
Begleiter ist ebenfalls wie von einer schweren Last gebeugt. Hilflos
hängen seine Arme herab. Als einziger geht Christus in der Mitte
aufrecht und überragt die beiden um eine Kopflänge. Seine Hand
ist erhoben, als wollte er die Aufmerksamkeit der beiden auf sich
lenken. Christus ist von Strahlen umgeben, die von seinem Gesicht
ausgehen. Obwohl es aus harten, groben und kantigen Formen
zusammengesetzt ist und die Augen unterschiedliche Formen
besitzen, geht doch eine erhabene Wirkung von ihm aus. Der linke
der beiden Begleiter ist im Begriff, sich Christus zuzuwenden, während der rechte nichts wahrnimmt und auf seinen Stock gestützt
weitergeht. Die Landschaft mit der untergehenden Sonne, die von
rechts aus waagrecht ihre Strahlen auf die Gruppe wirft, lebt wie
die Figuren vom harten Schwarz-Weiß-Kontrast. Sie ist aus einer
Reihe von im einzelnen nicht zu deutenden grafischen Zeichen
zusammengesetzt.
„Christus in Emmaus" gehört zu einer 1918 in 75 Exemplaren im
Münchner Kurt-Wolff-Verlag erschienen Mappe mit neun religiösen Holzschnitten Schmidt-Rottluffs („Kuss in Liebe", „Kristus",
„Kristus flucht dem Feigenbaum", „Petri Fischzug", „Kristus und
die Eheberecherin", „Maria", „Christus und Judas" und „Jünger").
Schmidt-Rottluff hat sich in der Gestaltung der Landschaft von der
künstlerischen Tradition des Emmaus-Motivs gelöst. Im Gegensatz
zur Barockmalerei, die die drei Figuren zugunsten einer detaillierten Landschaftsdarstellung in den Hintergrund treten ließ, führt er
wieder zu ihnen zurück. Die Umgebung der drei Figuren will ledig-

lich darauf hinweisen, daß hier im Gegensatz zur Wahrnehmung der beiden Jünger ein außergewöhnliches Ereignis geschieht. – Wie die meisten Künstler des deutschen Expressionismus wurde auch Karl Schmidt-Rottluff durch seine Teilnahme am Ersten Weltkrieg entscheidend geprägt und in seinen Idealen erschüttert. Als einer, der sich 1915–1918 mehrfach in Todesgefahr befand, erlebte Schmidt-Rottluff nach seiner Rückkehr, daß Christus unbekannt mit bei den Soldaten dabeigewesen war – so, wie er auch die beiden Jünger auf dem Weg nach Emmaus begleitete. Lukas 24, 13–35 wird ihm zum Schlüssel seiner Erfahrungen und gibt Antwort auf die Frage, die er im Holzschnitt „Kristus" formuliert, der diesen mit den Zügen eines heimkehrenden Frontsoldaten zeigt und die Worte „Ist euch nicht Kristus erschienen?" als bildimmanenten Text enthält. Schmidt-Rottluff hat die bildhafte Erinnerung an diese Kriegserfahrung nur eineinhalb Jahre aufrechterhalten können. Als die Eindrücke unschärfer werden, erlischt auch das Christusbild und spielt in seinem künstlerischen Schaffen keine Rolle mehr.

Für die beiden Jünger, die in ihre Trauer versunken sind, bleibt Christus das Gegenüber. Auch wenn sie ihn noch nicht als den Auferstandenen erkannt haben, begegnet er ihnen als der Vollmächtige, von dem bereits Heilung ausgeht. Sein aufrechter Gang, sein den Betrachter gefangennehmender Gesichtsausdruck und die Lichtstrahlen verdeutlichen dies. Ohne daß die beiden Jünger sich bewußt werden, daß es der auferstandene Christus ist, der am Ostermorgen mit ihnen geht, blitzt für einen Augenblick auf dem Bild die heilende Kraft des Auferstandenen auf.

Mit den beiden Jüngern auf ihrem Gang nach Emmaus hat Karl Schmidt-Rottluff eines der bedeutendsten Osterbilder unseres Jahrhunderts geschaffen. Es ist kein strahlendes und majestätisches Osterbild, das den Sieg über den Tod darstellt, sondern ein sehr menschliches. Den von Trauer und Schmerz gezeichneten Jüngern bleibt nichts erspart. Als sie sich auf den Weg nach Emmaus gemacht haben, sind ihre Hoffnungen zerschlagen, da mit der Hinrichtung Jesu am Kreuz ihr Lebenswerk zerstört wurde. „Wir aber hofften, er sei es, der Israel erlösen würde", sagen sie zu dem ihnen unbekannten Begleiter, als er nach dem Grund ihrer Trauer fragt. Ihr Leben hat einen Bruch erfahren, vergleichbar mit den Erlebnissen eines Krieges oder einer Krankheit, die Hoffnungen zunichte macht und einen geradlinigen Lebensweg abzubrechen droht.

Der unbekannte Begleiter wird von den beiden Jüngern in ihrem Schmerz nicht erkannt – aber in der Christus sich zuwendenden Körperhaltung des linken Begleiters deutet sich bereits etwas von der von Christus ausgehenden heilenden und aufrichtenden Kraft an. Erst als er ihnen dann am Abend im Haus das Brot bricht, erkennen sie in ihm den auferstandenen Christus. So erschließt sich ihnen im Blick zurück der gemeinsame Weg und sie erkennen, wer die ganze Zeit mit ihnen gegangen ist. Im Gegensatz zu den Jüngern kann der Betrachter des Bildes bereits jetzt den Christus wahrnehmen, den sie noch nicht sehen, weil sie mit ihrer Trauer ganz in sich gekehrt sind.

„Uns ist es nicht gegeben, ihn von Angesicht zu Angesicht zu sehen", schreibt der 1945 in Plötzensee hingerichtete Widerstandkämpfer Helmuth Graf von Moltke in seinem Abschiedsbrief, „aber wir müssen sehr erschüttert sein, wenn wir plötzlich erkennen, daß er ein ganzes Leben hindurch am Tage als Wolke und bei Nacht als Feuersäule vor uns hergegangen ist und daß er uns erlaubt, das plötzlich, in einem Augenblick zu sehen. Nun kann nichts mehr geschehen." Aus einer vergleichbaren Erschütterung heraus hat Karl Schmidt-Rottluff im Anschluß an seine Kriegserlebnisse 1915 bis 1918 mit dem „Gang nach Emmaus" sein ganz persönliches Osterbild geschaffen.

Von Christus auf dem „Gang nach Emmaus" geht ein Licht aus, das in die Dunkelheit seiner Begleiter hineinstrahlt, schon lange bevor sie ihn erkennen. Der lange Weg, die Trauer und auch das heilende Gespräch mit dem Unbekannten, dem sie ihren Schmerz anvertrauen, ist notwendig, um zu erkennen, daß die Begegnung mit dem Auferstandenen nicht aussteht, sondern Gegenwart ist. Um diese Gegenwart hat Georg Christian Dieffenbach in einem Gebet gerungen, das die Bitte der beiden Jünger an ihren unbekannten Begleiter weiterführt: „Bleibe bei uns, Herr, denn es will Abend werden, und der Tag hat sich geneigt. Bleibe bei uns und bei Deiner ganzen Kirche. Bleibe bei uns am Abend des Tages, am Abend des Lebens, am Abend der Welt. Bleibe bei uns mit Deiner Gnade und Güte, mit Deinem heiligen Wort und Sakrament, mit Deinem Trost und Segen. Bleibe bei uns, wenn über uns kommt die Nacht der Trübsal und Angst, die Nacht des Zweifels und der Anfechtung, die Nacht des bitteren Todes. Bleibe bei uns und bei allen Deinen Gläubigen in Zeit und Ewigkeit. Amen."

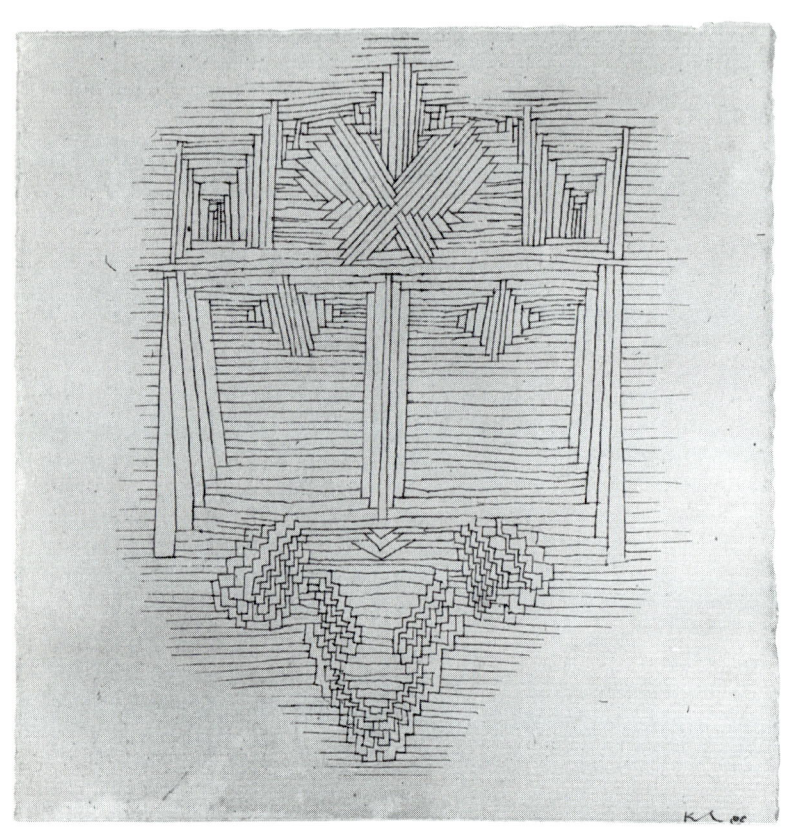

Paul Klee, Christuskopf

1927, 16,2 × 15,6 cm, Tusche auf Papier, Kunstmuseum Bern, Paul-Klee-Stiftung.
Standort im Evangelischen Gesangbuch: S. 238, gegenüber Nr. 119 („Himmelfahrt")

Die Grundstruktur der Komposition, die an eine Stroharbeit erinnert, besteht aus horizontalen Linien, die sich beim näheren Hinsehen als unregelmäßig, weil freihändig gezeichnet, erweisen. Sie bilden auf dem Blatt eine Fläche, die nicht scharf begrenzt ist und die Grundlage für das auf ihnen angedeutete Gesicht darstellt. Über diesen Linien liegen in einer zweiten Ebene vertikale und diagonale Streifen. Mehrere lang durchgezogene Linien deuten die Nase an, zwei Vierecke die (geschlossenen?) Augen, drei schmale gewinkelte Streifen den Mund. Zackig abgetreppte Linien bezeichnen den Bart. Den oberen Abschluß bilden vertikale Striche, enger gezeichnet als die an den Seiten herablaufenden Linien. Diese werden als das Antlitz begrenzende Haare erkannt, während die Linien oben neben einer sehr betonten Mitte stehen, die im Hintergrund die Vertikale der Nase aufnehmen, die von diagonal sich überkreuzenden Linienbündeln überlagert ist. Die Erinnerung an die Dornenkrone Christi ist nicht völlig eindeutig, da die seitlichen Linien solche Überkreuzungen nicht aufweisen. Es könnte auch eine Krone sein, die von ihrer Mitte her strahlt.

Paul Klee hat sich seit seiner Tunesienreise 1914 vor allem in farbigen Bildern ausgedrückt. Daneben hat er aber auch weiter Zeichnungen gefertigt, die keineswegs Skizzen für Gemälde sind. Sie zeigen einen hohen Grad der Abstraktion und drücken Gedanken aus, die Klee nicht in Farbe gestalten wollte oder konnte. Das vorliegende Blatt gehört zu einer Reihe von Zeichnungen mit paralleler Linienführung, die zwischen 1925 und 1934 entstanden. Einige dieser Blätter haben christliche Themen und erhielten von ihm Titel wie „Der Schöpfer" oder „Golgatha", ohne daß man dies als direkte Bezeichnungen ansehen kann.

In der Geschichte des Christusbildes gehört dieses Blatt zum „wahren Bild Christi", wie es nach der ostkirchlichen Tradition durch den Abdruck des Antlitzes Christi in ein Tuch entstand. Damit stimmt die Reduzierung auf Augen, langen Nasenrücken und kleinen geschlossenen Mund überein, nicht jedoch die Krone.

Man sieht Linien, die sich wie die Zeilen auf einem Bildschirm aufbauen und aus denen in einer zweiten Ebene in Senkrechten und Diagonalen ein Antlitz aufleuchtet. Es bleibt flächig und gewinnt keine Körperlichkeit. Man sieht ein Gesicht, wie für einen Augenblick. Es kann sich auch wieder auflösen. Das ist auch dadurch bedingt, daß die zugrundeliegende Linienschraffur nirgends eine feste Begrenzung hat. Sie ist nicht schematisch gleichmäßig und erhält dadurch Lebendigkeit, etwa durch einen größeren Abstand auf der linken Wange.

Das Antlitz wird vor allem durch seitliche senkrechte Striche, die herabhängenden Haare gerahmt und erhält durch den ganz geraden, langen Nasenrücken seine ruhige Mitte. Die strahlenden Augen überraschen: geschlossen können sie nicht sein, dem widerspricht ihre große Form. Aber obwohl sie keine Pupille haben, wird man angeschaut. Doch sind sie leicht von den Senkrechten abweichenden mittleren Striche sehr eng gesetzt, so daß bei längerem Betrachten kein Zweifel mehr aufkommt, daß sie offen sind und schauen. Der sehr kleine Mund ist geschlossen, er schweigt. Er hat alles gesagt, was zu sagen ist. Kleinteilig ist der abgetreppte Bart gestaltet, der ein schmales Kinn andeutet.

Sauber gezeichnet, aber dennoch auf den ersten Blick unklar ist der obere Abschluß: seitlich senkrechte, nach oben aufsteigende und abfallende Striche. Haare können es kaum sein, da sie mit den seitlichen langen Strähnen nicht verbunden sind. Sie haben aber auch keinen direkten räumlichen Zusammenhang mit der so stark hervortretenden Mitte. Dort kreuzen sich Diagonalen, nach oben außen ansteigend, nach unten kürzer vor einem senkrechten Linienbündel, das etwa die Breite des Nasenrückens hat. Man denkt unwillkürlich an die Dornenkrone. Die ist aber sonst sehr viel stachliger und auch gleichmäßig gezeigt. Ist es vielleicht eine Krone, so daß die Diagonalen gleichsam ihr Strahlen aufnehmen?

Zweifellos wollte Paul Klee keine Illustration schaffen, sondern mehr, nämlich etwas über Christus aussagen, das darüber hinausgeht. Aber Klee geht es auch nicht um die Verfremdung, sondern er möchte den Betrachter anregen, sich in das Bild zu vertiefen. Paul

Klee schuf das Blatt in einer Zeit, in der das personale Gottesbild von den Theologen in Frage gestellt wurde. Er hält an ihm fest, aber so, daß es nicht um das konkrete Aussehen des irdischen Jesus von Nazareth geht, sondern um das, was Christus für uns ist. Klee bleibt einerseits zurückhaltend und unbestimmt. Dies erinnert an Paulus, der davon spricht, daß unser Wissen Stückwerk ist, daß wir jetzt durch einen Spiegel ein dunkles, ein unscharfes Bild sehen (1. Korinther 13,12). Wer könnte schon sagen, daß er alles über Christus weiß, daß er ein wirklich vollkommenes, richtiges Bild von ihm hat?

Wenn wir trotzdem versuchen, dieses Antlitz im Leben und Wirken Jesu zu verankern, so sind wir wieder bei der auf den ersten Blick nicht eindeutigen Krone. In ihr ist die Dornenkrone enthalten. Es ist also der Christus, der gelitten hat, nicht für sich. Das wird aus der frontalen Zuwendung dieses Christus zum Betrachter deutlich, denn hier kann man nicht ausweichen, hier blickt nicht nur der Betrachter den Gottessohn an, sondern auch er mich. Es hat mit mir zu tun. Die Krone drückt das Antlitz Christi aber nicht nieder, sie ist zugleich eine echte Krone, ein Zeichen seiner Hoheit, also auch seiner Macht und Würde. Damit wird das Bild zu einem Überzeitlichen, indem es nicht nur einen Moment festhält, sondern wesentlich mehr enthält und aussagt. Es ist der Christus, der für mich gelitten hat, und doch zugleich derjenige, der den Tod besiegt hat. Er ist nicht nur der leidende Gottesknecht, sondern auch der erhöhte Herr. Es ist nicht nur der Jesus vor zweitausend Jahren, sondern der lebendige Herr. Deshalb steht dieses Bild im Gesangbuch auch bei den Himmelfahrtsliedern, es ist der „Ehrenkönig Jesus Christ". Himmelfahrt ist nicht trauriger Abschied, sondern das Einsetzen des Herrn in seine Macht, des Herrn, der alle Tage bis an der Welt Ende bei uns ist. Aber wirklich von Angesicht zu Angesicht schauen werden wir ihn erst dann.

Marc Chagall, Tanz der Mirjam

1960, 35,7 x 27,0 cm, Heliogravüre, Universitätsbibliothek Erlangen.
Standort im Evangelischen Gesangbuch: S. 246, gegenüber Nr. 124
(„Pfingsten")

Ein Liniengewirr im unteren Bilddrittel verdichtet sich innerhalb
flüchtig gezeichneter Konturen zu den Umrissen dreier heftig
bewegter Frauenkörper, die, nach rechts aufsteigend, gleichsam
aus dem Boden aufzutauchen scheinen. Die linke Tanzende, wie die
beiden anderen mit kleinen orientalischen Tamburins mit Schellen-
rand in den erhobenen Händen, ist nur bis zu den Schultern sichtbar und blickt den Betrachter aus ihrem fröhlichen Gesicht direkt
an. Die Mittlere erscheint bis zur Kniehöhe und ist im Tanz stark
nach links geneigt. Die Tänzerin ganz rechts überragt die beiden
anderen und soll wohl Mirjam darstellen. Ihr Körper ist frontal
gegeben, ihr Kopf dagegen ins Profil nach links gewendet und ihr
Mund geöffnet. Die kreisrunde Form der Brüste der Mirjam und
der mittleren Tänzerin korrespondiert mit den in den erhobenen
Händen bewegten Tamburins und betont die Körpersprachlichkeit
des biblischen Lob- und Dankliedes der Mirjam (2. Mose 15, 20–21)
angesichts des Durchzugs des Volkes Israel durch das Rote Meer
und der Vernichtung der ägyptischen Streitmacht in den Fluten. Die
mittlere der drei Frauen ist mit einem leicht nach rechts zu Mirjam
hinauf gewendeten Blick als ganz auf sie hin orientiert gestaltet.
Über den Köpfen der Tanzenden greift ein breit gezeichneter, in die
linke Ecke gespannter Bogen die Kompositionslinie der Frauen auf
und stellt ein bei Chagalls Entwürfen für die VERVE-Bibel häufig
benutztes Kompositionselement dar. Die bergend-schützende, fast
höhlenartige Form des Bogens könnte möglicherweise als Andeutung einer Laubhütte dienen, die nach 3. Mose 23, 42 beim Laubhüt-
tenfest zur Erinnerung an den Auszug aus Ägypten errichtet
wurde. In den Ecken des Bogens erscheinen Laubwerk und Blüten,
ganz rechts außen am oberen Bildrand auch ein nur mit dünnen
Umrißlinien angedeuteter, wohl männlicher Kopf, im Profil wie
von einer Anhöhe auf das Geschehen herabblickend. Eine weitere
Gestalt taucht rechts neben Mirjam unterhalb ihres linken Ober-
arms auf und ist nur als Kopfform mit Halsansatz ausgebildet, im
Profil nach rechts aus dem Bild blickend. Gesichtshaltung und
Mundstellung könnten auf einen Gestus des Entsetzens hindeuten.

Der „Tanz der Mirjam" gehört als Blatt Nr. 32 zur im Auftrag des französischen Verlegers Tériade von Chagall gestalteten zweiten Ausgabe der sogenannten VERVE-Bibel von 1960. Chagall stellt in den beiden VERVE-Bibeln von 1958 und 1960 seiner „männlichen" Bibelillustration der Vorkriegsjahre in seiner zwischen 1931 und 1939 entstandenen Radierfolge zur Bibel nun eine „weibliche" gegenüber und betont in besonderer Weise den Beitrag der Frau in der biblischen Heilsgeschichte. Seine biblischen Figuren aus dem Alten Testament sind wie Mirjam und die Frauen zeitlose Gestalten, die alles Glück und Leid, alle Verheißung und alle Verdammung, alle Unschuld und Verstrickung in der Gestalt des Ewigen in sich vereinen und große Unmittelbarkeit ausstrahlen. Zugleich wird in diesen Illustrationen zum Alten Testament das Element des Erotischen mit ins Bild gebracht und schwingt, eingebunden in das Heilsgeschehen, kontinuierlich mit im Sinne einer notwendigen Erweiterung unserer mit den biblischen Texten verbundenen Bildvorstellungen.

Schwungvoll, ansteckend und begeisternd, die anderen Frauen in ihren Tanz mit hineinnehmend und befreiend, stellt Marc Chagall hier Mirjam nach dem Durchzug des Volkes Israel durch das Rote Meer dar. Im Zueinander der in heftiger Bewegung befindlichen Frauenkörper unter dem schützenden über der Szene gespannten Bogen vollzieht sich die Aneignung der Heilsgeschichte. Rechts am Bildrand blickt eine der Figuren ängstlich-entsetzt auf das Geschehen der Vernichtung des ägyptischen Heeres zurück, während von rechts oben eine männliche Gestalt neugierig den Tanz der Frauen betrachtet. Mirjams Blick reicht über den Bogen hinaus in die Ferne. In dieser Haltung stimmt sie ihren Lobpreis an, als die geisterfüllte Prophetin Israels, der man das älteste biblische Zeugnis zuschreibt. Marc Chagall hat die Körperlichkeit dieses Lobes in besonderer Weise durch die Korrespondenz der Brüste der Mirjam mit den zum Tanz aufspielenden orientalischen Tamburins und ihrem Schellenkranz hervorgehoben. Körperlichkeit, Erotik und Lob Gottes gehören für Chagall und seine chassidisch geprägte jüdische Frömmigkeit zusammen und bilden eine Einheit. Diese Linie der Bewegung ist ansteckend und zieht auch andere mit hinein in die Begeisterung. Sie ist Ausdruck dessen, was sich dann nach dem neutestamentlichen Bericht am Pfingstfest wiederholen und in die Kirche hinein fortsetzen wird.

„Sie war sehr schön, die Prophetin, von der man mir gesagt hatte, sie sei eine Schwester von Mose und Aaron", erzählt Ingeborg Kruse in der fiktiven Erzählhandlung ihres Buches „Unter dem Schleier – ein Lachen" von Mirjam. „Ihr Gesicht, das einmal von Aussatz entstellt gewesen war, strahlte. Ich konnte mir gut vorstellen, daß das Volk sie verehrt hatte und ihr in Liebe zugetan war. Man sagte, ein Gottesdienst, in dem Mirjam nicht mit den Frauen zu ihrem Loblied getanzt hätte, wäre kein rechter Gottesdienst gewesen … Mirjam diente diesem Gott … Sie sang ihm Loblieder in den Versammlungen und schritt seinem Volk singend und tanzend voraus auf dem Weg in das Gelobte Land, dem Ziel ihrer Hoffnung."

Mirjam hat als Frau „den Durchzug durchs Schilfmeer miterlebt, und statt wie die männlichen Schreiber breit und bunt vom Untergang der Ägypter und ihrer Streitwagen zu erzählen, singt sie einfach: Singt dem Herrn, denn hoch erhaben ist er, Roß und Reiter warf er ins Meer", schildert Elisabeth Moltmann-Wendel die Gestalt der Mirjam. „Kein Wort von Pharao, kein Wort von den Ägyptern. Wir sind zusammen durchs Schilfmeer gezogen, wir haben erlebt, wie Macht untergeht und wie Macht in uns zurückkehrt. Als Frauen haben wir unsere eigenen Erfahrungen mit Macht. Meist sind es Leidenserfahrungen. Wir sind machtloser als Männer, wir fühlen Ohnmacht, wir spüren physische Übermacht … Im Mirjamlied entdecke ich etwas von dieser alten Frauenerfahrung, Roß und Reiter warf er ins Meer … Roß und Reiter, das ist ein uraltes, in vielen Mythologien auftauchendes Bild von patriarchalischer Beherrschung der Welt. Das Roß ist das Bild der Kraft, der Sexualkraft, und in Verbindung mit dem Reiter drückt es die überlegene männliche Beherrschung der Sexualität aus. Und nun stürzt Mirjam dieses schöne Bild von Kraft, Mut, Männlichkeit."

Marc Chagall hat etwas von diesem mit der biblischen Gestalt der Mirjam verbundenen Zusammenhang von überwundener Unterdrückung, gestürzter Männlichkeit und Kraft sowie der über sie siegenden Erotik gespürt und diese mit dem körpersprachlichen Gotteslob im Sinne einer harmonischen und befreienden Einheit verbunden.

Karl Schmidt-Rottluff, Christus und Nikodemus

1919, 49,8 × 39,1 cm, Holzschnitt, Ketterer Kunst K.G., München.
Standort im Evangelischen Gesangbuch: S. 272, gegenüber Nr. 138
(„Trinitatis")

Aus dem in finsterstes Schwarz getauchten Grund des Holzschnitts
leuchten über der Zweifigurengruppe Christus und Nikodemus
vier scherenschnittartige Sterne auf. Die beiden miteinander im
nächtlichen Gespräch Befindlichen sind unten im Bild durch drei
Stufen voneinander getrennt. Den erhöhten Platz zur Rechten
nimmt Christus als völlig in Weiß gekleidete Gestalt ein, die sich
strahlend vom schwarzen Hintergrund abhebt. Sein Körper ist –
wie an Plastiken von Hans Arp erinnernd – auf einfache, umris-
sene, runde und eckige Formen reduziert, die tektonisch gegeneinander gesetzt sind. Mit im Redegestus erhobener linker Hand wendet er sich dem am Fuße der Treppe knienden Nikodemus zu. Dieser ist von den Proportionen her mit einem übergroßen Kopf wie
auf einer mittelalterlichen Darstellung eines Stifters im Gegenüber
zu Christus sehr klein wiedergegeben. Wie Christus wohl als nackt
vorgestellt, hat Nikodemus die Arme anbetend vor Christus ausgebreitet erhoben, den Kopf in Schräghaltung Christus zugewandt
und die Augen weit geöffnet. Das Spiel der einander angenäherten
Hände, das noch keine Berührung, sondern eher ein ehrfürchtiges
Zurückweichen des Nikodemus beinhaltet, lebt wie die gesamte
Komposition vom Schwarz-Weiß-Kontrast. Die Körperlichkeit der
Begegnung wird durch die gerundeten Körperformen und die
Nacktheit sowie durch die fast weiblich-runde Körperform der
Christusfigur hervorgehoben. Licht und Schatten stehen sich auf
dem Gesicht des Nikodemus gegenüber, der zum Teil noch ganz in
das Dunkel der Nacht getaucht ist, aber auf dessen linker Handflä-
che wie auf dessen rechtem Fuß ähnlich wie auf dem Gesicht bereits
die von Christus ausgehende Lichtfülle sich spiegelt.

Der Holzschnitt „Christus und Nikodemus" von 1919 ist nicht
Bestandteil einer Mappe. „Holz ist der Stoff, der Schmidt-Rottluff,
wenn er nicht malt, am nächsten steht und ihm in seiner Kantigkeit
am genauesten entspricht", schreibt Leopold Reidemeister. „In der
Graphik vertraut er dem Holz das an, was seine innersten Gefühle
umschreibt, Dokumente der Liebe, der Freundschaft, der Trauer,

45

des Einsseins mit der Natur, der hymnischen Verehrung der Schöpfung und der tiefsten religiösen Empfindungen, für die ihm Worte nicht zur Verfügung standen."

Bezeichnend für die Christusbilder Karl Schmidt-Rottluffs ist, daß Christus jeweils Personen gegenübergestellt wird, die von ihm betroffen sind. Diese Betroffenheit kann vom Innewerden des Heiligen als Erleben der Distanz und der Andersartigkeit bis zum Überwältigtwerden durch das Heilige in der Christus-Nikodemus-Szene reichen. Christus, der bei Schmidt-Rottluff Unnahbare und Unerreichbare, läßt durch seine Zuwendung und seinen Segen die Sünderin aufstrahlen und erschließt sich dem Nikodemus. Jeder dieser Holzschnitte thematisiert einen Existenzbezug der dargestellten Personen zu Christus.

Mit Hilfe des Lichtes wird die Bedeutsamkeit von Christi Handeln und Auftrag herausgestellt. Das Thema „Wiedergeburt" im biblischen Gespräch des Nikodemus mit Christus (Johannes 3, 1–21) führt den Künstler an die Grenze des Darstellbaren. Christus neigt sich als übergroße Lichterscheinung behutsam zuwendend und doch zugleich die Distanz wahrend über Nikodemus, der in eine fast kindliche Gestalt geschlüpft ist. Es geht um die Zuwendung des Christus zu dem Sich-Öffnenden als dem einzig möglichen Weg zu dieser neuen Geburt. Christus wird voll und weich als Nikodemus zugewandt dargestellt. Die räumliche Abgrenzung bleibt bewußt unbestimmt. Nacktheit gilt für Schmidt-Rottluff als das dem Überwältigtwerden durch das Heilige Angemessene. Die Sterne heben sich vom dunklen Hintergrund der Szene ab. Christus mit seiner lichtüberfluteten, nimbusumstrahlten, nahezu weiblichen körperlichen Erscheinung wird dem Himmel näher und der Erde ferner stehend dargestellt als alle jene göttlichen Gestalten, die in den Bibelbildern Karl Schmidt-Rottluffs davor sichtbar oder unsichtbar die Jahreszahl ihrer Erscheinung auf ihrer Stirn trugen.

Das biblische nächtliche Gespräch des Nikodemus mit Christus (Johannes 3, 1–21) gibt Schmidt-Rottluff nur den Anlaß zu einer Darstellung von viel grundsätzlicherer Bedeutung. Es ist hier eigentlich nicht mehr der Dialog mit Nikodemus dargestellt, sondern das Gegenüber des Menschen zur Gottheit. Nikodemus führt hier kein Gespräch, sondern betet das Kyrie als Abschluß eines Gespräches. Christus ist das Licht, das in die Welt gekommen ist

(Johannes 3,19) und der, der von der Notwendigkeit der Erhöhung des Menschensohnes (Johannes 3, 14f.) gegenüber Nikodemus spricht. Diese Elemente des Dialoges hat Schmidt-Rottluff herausgegriffen und gestalterisch ausgeführt.

Die Zuordnung dieses Blattes im Evangelischen Gesangbuch zum Trinitatisfest ist bewußt vorgenommen. Im Gegenüber von Nikodemus und Christus wird das Geheimnis eingefangen, das die Trinität umgibt und rational nicht bis ins Letzte auflösbar ist. Anbetung erweist sich hier als das dem Geheimnis des Dreieinigen Gottes angemessene Verhalten, paradigmatisch mit Nikodemus gestaltet. Doch zugleich erfolgt auch die Bindung des trinitarischen Geheimnisses an die Christusgestalt, die selbst wiederum durch die angedeuteten kosmischen Bezüge über sich hinaus auf ihren Ursprung und ihre Einbindung in Gottvater verweist und mit dem Heiligen Geist im Sinne einer heiligen Kommunikation gegenwärtig bleibt.

Otto Dix, Saul und David

1951, 56,5 × 37,2 cm, Lithographie, Staatliche Kunstsammlungen Dresden, Kupferstichkabinett.
Standort im Evangelischen Gesangbuch: S. 280, gegenüber Nr. 141 („Besondere Tage")

Die Komposition lebt vom Kontrast der beiden gegenübergestellten Figuren: Ein klares, gewalttätiges Oben und ein zartes, gewaltfreies Unten. Saul wird mit aller seiner Macht dargestellt: Herrscherstab, Krone, Herrschergewand und Machtgebärde. Aber der Stab ist eher ein Knüppel, nicht Zeichen guter, kunstvoller Regierung, sondern Symbol primitiver Macht, die sich auch des Speers gegen den Gewaltfreien bedienen kann. Auffällig ist Sauls massiver, eingezogener Kopf ohne Hals, der Unfreiheit und Verkrampfung vermittelt und auch Angst. Wird sich diese Position über längere Zeit durchhalten können? Der Knabe unter ihm ist harmlos. Mit geschlossenen Augen, ganz der Musik ergeben, spielt er mit zarten Fingern. Helligkeit liegt über ihm und seinem Instrument. Wäre er nicht im Bild, so wäre die Situation für alle Untertanen Sauls und für ihn selbst hoffnungslos und von reiner Brutalität gekennzeichnet. So aber geht eine Kraft von unten her aus. Otto Dix traut der gewaltfreien Haltung eines singenden und musizierenden Kindes viel zu.

In mehreren Bildern setzt sich Dix während und nach seiner Kriegsgefangenschaft 1945 mit biblischen Themen auseinander. Sie beleuchten und deuten seine eigene Situation. Hinter der Musik des Knaben David steht ja überhaupt die Kunst, die etwas gegen die totale Macht zu setzen hat – auch Gemälde gegen die dunkle Zukunft. In der Gefangenschaft malt er vor dem Stacheldraht Maria mit dem Kind zwischen Trümmern – Hoffnung gegen den Stacheldraht, Hoffnung für die Gefangenen im Dornwald des 20. Jahrhunderts. 1948 folgen die Bilder „Geißelung" und „Christus vor Pilatus" – auch hier die Erfahrung von Macht und Ohnmacht im Mittelpunkt, aber immer, wie auch bei Saul und David, mit der klaren Aussage, wem nach der Erfahrung des Künstlers die Zukunft gehört. Wenn Dix die Bilder „Saul und David" und „Hiob" malt, so sind sie für ihn Vorläufer des Christus, in dem sich die leidvolle Erfahrung der Menschheit zentriert, so daß Pilatus, als er mit Jesus zusammentrifft, seine zentrale Rolle aufgeben muß und er seine

Worte „Ecce homo" – sehet, welch Menschlein! – von Dix in Bild und Wort korrigiert zurückbekommt, wenn unter dem Bild steht: „Homo Deus Tuus est" – der Mensch ist Dein Gott.

Manche Menschen können sich nicht schwach zeigen. Sie demonstrieren Stärke und Härte und legen sich deren Attribute zu: den Stab, die Krone, das Gewand. Sie befehlen, sie bezahlen, sie schüchtern ein. Manche Menschen können sich nicht schwach zeigen. Dix deckt Sauls Schwäche auf. Alle Attribute der Macht werden entwertet durch das Lied, durch das Kind. Im spielenden und singenden Kind liegt Sauls Möglichkeit der Gesundung. Das Lied lädt Saul ein, selbst das Gesicht zu neigen, auch wenn die Krone dabei vom Haupt fiele. Das Lied lädt auch ihn zum Schließen der Augen ein, die dann nicht mehr argwöhnisch alles und jedes wahrnehmen und beurteilen müßten. Das Lied würde Sauls Finger sich entkrampfen lassen, selbst wenn dann der Herrscherstab sänke. Und mit dem Singen und Spielen entstünde Licht – Licht, das aus dem Licht Gottes kommt.

Aus dieser Geschichte vom Singen und Spielen Davids vor den Mächtigen und für ihn ist die für uns bis heute wichtige Davidstradition entstanden: das älteste uns erhaltene Liederbuch des Glaubens an den Allmächtigen, der aus dem Munde der Kinder und Säuglinge und aller seiner Zeugen Lob zubereitet. Mit dem Buch der Psalmen ist der Anfang auch dieses Gesangbuches gegeben, das gegen das Übermächtige und Gewalttätige ansingt und Gesundung für unsere Zeit ermöglicht, Gesundung auch für uns selbst.

Das Neue Testament singt in vielen Teilen vom Sohn des David, Jesus, der sich des Blinden erbarmt und dem Armen das Lob ermöglicht, der ohne Stab und Krone und Herrschaftsabsicht in Jerusalem einzieht und empfangen wird mit dem „Hosianna, gelobt sei, der da kommt im Namen des Herrn! Gelobt sei das Reich unseres Vaters David, das da kommt!" Das Neue Testament singt danach von dem Sohne Davids, der am Kreuz das Haupt neigt, nachdem er das letzte für ihn gültige Lied, den Anfang des 22. Psalmes, gebetet hat. Da, am Kreuz, wird die Ohnmacht der Mächtigen sichtbar. Dix hat einmal über sein Bild von Saul und David gesagt: „Man kann es auch nennen ‚Die Macht der Musik', man kann es aber auch nennen ‚Die Macht des Geistigen über die pure Gewalt'."

Das Osterlied ist im Entstehen, das Lied von der Macht des gekreuzigten Friedenskönigs über die letzte pure Gewalt, den Tod.

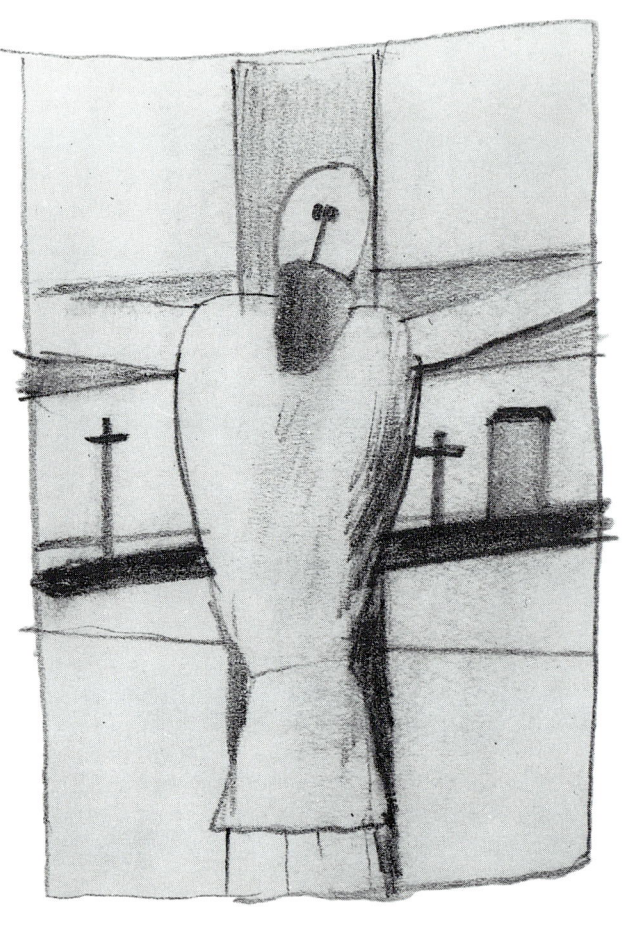

Kasimir Sewerinowitsch Malewitsch, Studie zu einem Kruzifix

Um 1930, 11,4 x 7,5 cm, Bleistift auf Papier, Wilhelm-Hack-Museum, Ludwigshafen.
Standort im Evangelischen Gesangbuch: S.292, gegenüber Nr.147 („Ende des Kirchenjahres")

Mit wenigen Strichen skizziert Kasimir Malewitsch in der um 1930 herum entstandenen Zeichnung eine Kreuzigungsszene. Im Vordergrund blicken wir frontal auf den jeglicher Individualität beraubten Körper des Gekreuzigten. Die Ausformung des Gesichtes ist auf Nasenlinie und Augen beschränkt. Der Bart ist nach orthodoxer Tradition Zeichen der Würde des Menschen. Der Oberkörper ist unverhältnismäßig groß. Es ist nicht klar, ob der Gekreuzigte bekleidet ist. Ist er es, so würde das Gewand an einen russischen Bauernkittel mit tiefem Gürtel erinnern. Darunter erschienen dann die weiten Hosen.Es kann aber ebenso sein, daß die beiden quer über den Leib des Gekreuzigten laufenden Linien ein Lendentuch markieren. Die Inschriftentafel, die sonst den Gekreuzigten als den König der Juden ausweist, fehlt. Der Hintergrund wird von zwei weiteren, offenbar leeren, Kreuzen und von einem stark schematisierten Gebäude bestimmt, die über eine Art dunkler Mauer schauen. Das Arrangement erinnert an einen Friedhof. Die mit wenigen Strichen angedeutete umgebende Landschaft vermittelt eine Atmosphäre von Einsamkeit und Isolation und verzichtet auf jegliches Beiwerk.

Nach dem Durchgang durch eine Periode völlig abstrakten Malens, die er selber Suprematismus genannt hat, kommt es bei Malewitsch nach 1930, also gegen Ende seines Lebens, zu einer Rückwendung zum Figuralen. Das Kreuz, in der suprematistischen Phase lediglich eine Art Kürzel und als Schnittpunkt von Energien verstanden, verbindet sich wieder mit christlichem Inhalt. Aus dieser Zeit stammt unser Bild. Christus ist ganz mit dem einfachen Menschen identisch, ja Malewitsch identifiziert sich selbst mit ihm. Es wird berichtet: „Sein Ende aufgrund einer unheilbaren Krankheit nahe fühlend (er starb an Krebs), tat Malewitsch den an seinem Kopfende wachenden Freunden seinen Wunsch kund, mit ausgebreiteten Armen bestattet zu werden, damit sein Körper die Form eines Kreuzes annähme. Wenn ihm dieser Wunsch auch nicht erfüllt werden konnte, so hat sich dieses Bild doch auf unserer Skizze erhalten: Ein hieratisch erstarrter Mensch mit ausgebreiteten Armen – ein Kreuz, die Lenden mit einem Tuch bedeckt, wie auf den Ikonen.

Leere, Einsamkeit, weißes Nichts, völlige Verlorenheit – das kommt mir aus der Skizze Malewitschs entgegen. Die Figur des Gekreuzigten ist ikonenhaft starr, zu einem bloßen Symbol, zu einem Kürzel geworden. Unübersehbar, daß Malewitsch malerisch durch eine Periode der reinen Abstraktion, den von ihm sogenannten Suprematismus, hindurchgegangen ist. Dazu gehört das 1917 entstandene „weiße Quadrat", die „nackte Ikone unserer Zeit", wie Malewitsch es nennt. Es ist sein Zeichen des Nichts, aus dem aber alles hervorgehe. Alle Farbenergien werden aus dem Weiß geboren, bemerkt Malewitsch. Insofern ist das Weiß, das so kalt und abweisend erscheint, durchaus auch als Muttergrund allen Lebens zu verstehen.

Der Leib des Christus auf dem Bild wirkt fast wie eine ausgestopfte Puppe, ähnlich einem Kokon. Ist in ihm noch etwas versteckt und verborgen, das diesen Tod nicht endgültig sein läßt? Trotz aller Abstraktheit fasziniert die Gestalt, vor allem auch das Gesicht des Gekreuzigten. Die Augen, weit offen, lassen den Betrachter nicht los. Der Bart steht nach orthodoxer Tradition für die Würde des Menschen. Der hier hat Würde, ist kein Zerschlagener, Geschundener, Weggeworfener bloß, sondern fast so etwas wie ein Sieger. Man erinnert sich an romanische Kreuzigungsdarstellungen. In diese Richtung mag auch die Hütte auf dem Friedhof hinter dem Kreuz weisen. Das Gebäude kann als Grablege Christi interpretiert werden und gäbe so in seiner Funktion als Ort der Auferstehung einen Anstoß zur Hoffnung.

So ereignet sich hier, zeichenhaft, auf die pure Verheißung reduziert und fast völlig vom Dinglichen abstrahiert, Anfang im Ende. Aber der Weg bis zu diesem Ende will erst einmal gegangen sein. Die weiße Wüste des Nichts, die Todeszone, wird nicht relativiert oder gar übersprungen. Denn nur aus dem Nichts, mystisch als Wüste erfahren, kommt neues Leben. Oder biblisch ausgedrückt: „Sind wir aber mit Christus gestorben, so glauben wir, daß wir auch mit ihm leben werden" (Römer 6,8).

Allerdings: dieses Leben wird anders sein als alles, was wir kennen.

Karl Schmidt-Rottluff, Fischzug Petri

1918, 39,7 × 50,0 cm, Holzschnitt, Ketterer Kunst K.G., München.
Standort im Evangelischen Gesangbuch: S. 310, gegenüber Nr.155
(„Eingang und Ausgang")

Karl Schmidt-Rottluffs 1918 entstandener Holzschnitt zeigt den
Fischzug und die Berufung des Petrus nach der Erzählung des
Lukasevangeliums (5, 1–11). Ein schmaler, leicht nach unten
geschwungener Saum mit darübergelegten gezackten Linien deutet den See Genezareth als Ort des Geschehens an. Die zwei in der
biblischen Erzählung zeitlich aufeinanderfolgenden Szenen sind
gleichzeitig dargestellt und folgen in ihrer Bewegung den Bilddia-
gonalen. Im Vordergrund links ragt die am Ufer stehende Gestalt
Christi wie eine schwarze monolithische Säule in den noch nacht-
dunklen Bildraum. Wie im Zurückweichen ist der armlose Körper
leicht nach hinten geneigt. Das Gesicht mit den weit geöffneten, in
die Ferne blickenden Augen ist mit einem Heiligenschein hinter-
legt, den ein Strahlenkranz umgibt. Der Mund ist zur Anrede an
Petrus leicht geöffnet. Petrus selbst, in der eng anliegenden Klei-
dung eines Fischers, kniet vor Christus. Sein Rücken ist fast unna-
türlich gekrümmt, der bärtige Kopf weit in den Nacken gelegt. Das
aufgerissene Auge, der geöffnete Mund und die überlangen, zu
Christus emporgestreckten Arme und Hände vereinigen sich zu
einer einzigen flehenden Gebärde. Die zweite Szene tritt dagegen
zurück. Im Hintergrund schwankt ein Nachen auf den Wogen. Völlig unbekleidet mühen sich hier Johannes und Jacobus, die Gesellen
des Petrus, unter Aufbietung aller Kräfte das prall mit Fischen
gefüllte Netz einzuholen.

„Petri Fischzug" gehört als fünftes Blatt zu der 1918 im Münchener
Kurt-Wolff-Verlag erschienenen, ingesamt neun Holzschnitte
umfassenden Mappe („Kuss in Liebe", „Kristus", „Gang nach
Emmaus", „Kristus flucht dem Feigenbaum", „Petri Fischzug",
„Kristus und die Ehebrecherin", „Maria", „Kristus und Judas",
„Jünger"), die in einer Auflage von 75 Exemplaren gedruckt wurde.

Der Titel des Holzschnitts „Petri Fischzug" führt nur zur Außen-
seite des Bildes; denn der wundersame Fischzug selbst ist für Karl
Schmidt-Rottluff offensichtlich nur der äußere Anlaß für seine
Arbeit. Als Erzählstoff bietet er den biblisch-geschichtlichen Hin-

tergrund und wird so auch im Bild folgerichtig nur als Hintergrundszene dargestellt. Nicht das Wunder bewegt den Künstler, sondern die Begegnung eines Menschen mit Christus. Doch auch hier gilt sein Interesse nicht der Person des Jüngers Petrus, seinem Lebensschicksal und seiner Bedeutung für die christliche Kirche. Petrus ist für ihn ein Mensch, in dessen Lebenswelt mit der Gestalt Christi die Welt des Göttlichen hereinbricht. Schmidt-Rottluff stößt in der biblischen Erzählung auf existenzielle Grunderfahrungen und spürt ihnen nach.

Die Szene spielt an der Schwelle von Nacht und Tag. Aufbrechendes Licht fällt in eine Schattenwelt, die ihre Bedrohlichkeit noch nicht verloren hat. Sie behauptet sich noch im langsam zurückweichenden Dunkel und im Ungestüm der Wellen. Wie aus einer Welt derer, die „da sitzen in Finsternis und Schatten des Todes" (Lukas 1,79) steigt die Gestalt des Petrus herauf, unfähig sich selbst vom Boden zu erheben und zurückzufinden zum aufrechten Gang. Gleich einem krummen Holz, vom Leben gebogen und verbogen, zerbrechlich und fast schon zerbrochen. Ein Gezeichneter. So ging Schmidt-Rottluff selbst aus den Chaoserfahrungen des Ersten Weltkriegs als ein Gezeichneter hervor, in dem alles zerbrochen war, was einmal Halt und Sicherheit versprach. Aber über das Autobiographische hinaus bietet er nun die Gestalt des Petrus jedem an, der sich selbst in seiner Sehnsucht nach Zuwendung und Hilfe, Heil und Heilung darin wiederfinden will. Wer sich dazu bereit findet, wird hineingenommen in die flehende Geste, in der sich Auge und Mund, Arme und Hände in zitternder Erregung dem zuwenden, der hier als der Vollmächtige und Heilige erscheint: „Herr Jesu Christ, dich zu uns wend'!"

In hartem Kontrast stehen sich die beiden Figuren gegenüber. Übergroß ist die Gestalt des Christus, hoch aufragend, kraftvoll, kantig und stark wie ein Fels. Im leichten Zurückweichen seines Körpers gibt er sich abweisend, unerreichbar und anziehend zugleich. Sein Blick entzieht sich, er sieht weiter und schaut größeres. Bedeckt man beim Betrachten des Bildes die Christusfigur mit der Hand und betrachtet die Gestalt des Petrus für sich, so erscheint sie wesentlich größer. Erst der Kontrast mit Christus macht sie wirklich klein und erniedrigt in ihrem Jammer. Die ausgestreckten Arme scheinen ins Leere zu greifen. Da ist keine Hand, die sie faßt. Diese Distanz schmerzt und macht betroffen.

Die schmerzhafte Erfahrung dieser Distanz gehört zu jeder Begegnung mit Christus; denn in ihm begegnen wir nicht uns selbst, sondern dem uns Fremden. Dem, der sich faszinierend und erschreckend von uns unterscheidet, weil er aus dem Einssein mit Gott lebt. Im Kontrast zu ihm erfahren wir die Wahrheit über uns selbst. Und so verwandelt sich die ichbezogene Beschäftigung mit der Hinfälligkeit und Gebrochenheit unserer Existenz zur wirklichen Selbsterfahrung, und eine innere Wandlung kann beginnen. Durch Christus an die eigenen Grenzen geführt, hat Petrus am See Genezareth sich selbst erfahren: „Herr, gehe von mir weg: Ich bin ein sündiger Mensch."(Lukas 5,8)

Intuitiv erfaßt Schmidt-Rottluff, daß der Ausruf des Petrus nicht der Abbruch, sondern der Beginn einer Beziehung ist. Deshalb ignoriert er zu Recht den Wortlaut der biblischen Erzählung und verkehrt den Ruf „Geh weg von mir" in sein Gegenteil, zur inständigen Bitte um Zuwendung und heilsame Nähe. Nun ist es möglich, Petrus in einem anderen Licht zu sehen. Er ist mehr als nur der zutiefst verstörte Mensch, dem die innere wie die äußere Welt aus den Fugen geraten ist und der nun seine Verzweiflung herausschreit. Er ist angezogen und einbezogen in ein Feld unsichtbarer heilender Kräfte, die von der Christusgestalt ausgehen. Schon fällt das aufstrahlende Licht auf ihn. Seine Hände greifen nicht ins Leere, sondern sind bereit zu empfangen. Sein verkrümmter Rükken löst sich und beginnt frei zu werden für den aufrechten Gang. Er kann hören „wie ein Jünger hört" (EG 452,2), und das prall gefüllte Fischernetz wird ihm zum Zeichen für einen neuen Lebenssinn.

Alexej Jawlensky, Johannes der Täufer

1917, 39,0 × 30,8 cm, Öl auf Karton, Museum Schloß Morsbroich, Leverkusen.
Standort im Evangelischen Gesangbuch: S. 334, gegenüber Nr. 177 („Liturgische Gesänge")

Das Gesicht des Täufers hat zwei Rahmungen: die helle, äußere, die sich um die dunkle legt. Gemalt sind nur Kopf und Hals. Der Körper besitzt keine Aussagekraft. Des Täufers unbedingte Ergriffenheit von Gott, seine Askese und seine radikale Predigt – alles muß sich in dem Gesicht ausprägen. Da sind die langen Haare, der Bart, das längliche Gesicht, die weit und hindurch schauenden Augen, der helle Mund, die harte, markante Nase. Wenn man die späten Köpfe, die der Künstler in den dreißiger Jahren gemalt hat, betrachtet, wird man sich auch dem dunklen Fleck oberhalb des rechten Auges zuwenden: Er ist als göttliches Stigma immer vorhanden und weist auf den religiösen Urgrund der Malerei Jawlenskys. Dieses Stigma zeichnet sich auf anderen Bildern oft durch besondere Helligkeit aus – nicht aber auf diesem Bild vom Täufer. Es gibt auf diesem Bild keine Bezugsperson des Täufers – nicht Jesus bei seiner Taufe, nicht das Volk am Jordan bei der Predigt. Die einzige Bezugsperson ist der Betrachter, der sich diesem Blick aussetzt und der zugleich weiß, daß er selbst und jeder Mensch mit diesem Blick gemeint ist.

Diesen Kopf hat ein russischer Künstler aus seiner Tradition heraus im Jahre 1917, dem Jahr der russischen Revolution, gemalt. Der Täufer spielt in der russischen Ikonenmalerei eine besonders wichtige Rolle. Er wird der „Vorläufer" genannt. Nach ihm kommt der Messias. In Johannes ist für das gläubige Volk harte Sozialkritik an den Mächtigen präsent. Die durchdringenden Augen des Propheten bei Jawlensky stammen aus dieser Ikonentradition. Ab 1934 hat der Künstler – gezeichnet von einer schweren Arthritis – nahezu ausschließlich kleinformatige, auf wenige Bildelemente reduzierte heilige Gesicher in der Frontalansicht gestaltet. Bis 1937 entstanden über 700. Für die Nationalsozialisten war das nur entartete Kunst. Für Jawlensky aber Ausdruck innerer Seelenzustände, die wegen seinere schweren Krankheit in abstrakter und sehr einfach anmutender Form wiedergegeben werden mußten. „Gott weiß, wie lange ich den Pinsel noch halten kann. Ich arbeite mit Ekstase und mit Tränen in den Augen, und ich arbeite so lange, bis die Dunkelheit kommt und mich umhüllt. Licht! Licht! – Und von allen Wänden fließen die Farben." Und: „Meine Meditationen sind meistens wie biblische Köpfe."

Es ist anstrengend, in das Gesicht eines Menschen zu sehen, der keine Kompromisse kennt. Er kennt sie für sich selbst nicht, nimmt keine Privilegien in Anspruch. Gott hat ihm diese langen schwarzen Haare gegeben, und er hat sie nie gekürzt, hat sich gegen diesen schwarzen Gottesrahmen nie gewehrt. Mir ist klar: Ihn werde ich nicht zum Lachen bringen können, ihn von mir ablenken können auf jemanden anderen. Bei ihm wird „Ja" auch „Ja" bleiben und „Nein" „Nein". Ich habe hier kein Punkt-Punkt-Komma-Strich-Gesicht vor mir, sondern den unbedingten Anspruch Gottes: „Schuwu!" – „Kehrt um!" So ruft dieser Täufer zu allen Weltzeiten, zu allen Lebenszeiten. „Kehrt um!" – so spricht er vor und nach unserer Taufe. Wir haben versucht, dieses Gesicht zu unseren Gunsten – zu unseren Ungunsten – abzuändern: Freundliche Täufer unserer Kinder – freundliche Taufe – kein Weltgericht, keine Umkehr.

Aber hat nicht Jesus, unser Meister, selbst damit begonnen, dieses Gesicht des Täufers, dieses drohende und finstere, in den Hintergrund zu drängen? Hat Jesus nicht neben den kompromißlosen Ruf zur Umkehr den anderen Ruf gestellt: Glaubt an die Botschaft von der Freude, die Gott für euch bereit hat!? Ist das Gesicht unseres Meisters nicht ein anderes, das sogar für kleine Kinder anziehend wirkt, die nach Freundlichkeit suchen? Hat Jawlensky im Jahre 1917 falsch gesehen? Hat er Gott falsch ausgedrückt? Im Judentum heißt es, daß die Thora – der Wille Gottes vom Sinai-Geschehen – ein siebzigfältiges Angesicht habe. Es könnte also neben dem gültigen Bild des Endzeitpredigers Johannes von Jawlensky noch 69 andere gültige geben?

Es ist anstrengend, in das Gesicht eines Menschen zu sehen, der keine Kompromisse kennt. Herodes Agrippa hat diesen Blick nicht ausgehalten, hat die Anklage nicht akzeptiert, daß es nicht Rechtens sei, die Frau seines Bruders zu haben. Herodes hat auf diesen Blick mit Gefängnis und dann mit dem Schwert reagiert. Es ist anstrengend, in das Gesicht eines Menschen zu sehen, der keine

Kompromisse kennt. Manchmal ist jedoch dieses Gesicht aus den 70 möglichen das einzige, das mir helfen kann, auf dem Weg der Freundlichkeit Gottes zu bleiben oder zu ihm zurückzukehren.

Schule des Leonardo da Vinci (Marco d'Oggiono?), Kopfstudie

Letztes Jahrzehnt des 15. Jahrhunderts, 16,2 × 13,8 cm, Metallstift, Gabinetto Disegni e Stampe degli Uffizi, Florenz.
Standort im Evangelischen Gesangbuch: S. 384, gegenüber Nr. 193 („Gottes Wort")

Die der Schule Leonardos zugeschriebene Zeichnung konzentriert sich ganz auf eine präzise Wiedergabe des Gesichts, das in der Mitte gescheitelte Haar wird nur summarisch mit wenigen Linien angedeutet. Das Antlitz ist äußerst differenziert und nuanciert gezeichnet. Der Kopf ist nach rechts gewandt und kaum merklich nach vorne geneigt. Die rechte Gesichtspartie ist durch den starken Lichteinfall von rechts aufgehellt, die linke entsprechend verschattet. Der Mund ist geschlossen, die Winkel aber zu einem kaum wahrnehmbaren Lächeln ganz leicht nach oben gezogen. Die kleine Nase verbreitert sich stark zur Nasenwurzel hin. Die Augen unter den ungewöhnlich hohen Brauenbögen sind halb geschlossen, der Blick nach unten gesenkt.

Das in den Uffizien in Florenz aufbewahrte Blatt trägt auf der Rückseite den handschriftlichen Vermerk „Leonardo", doch ist die Zuweisung an den Maler des bekannten „Abendmahles" heute mehr denn je umstritten. Die aktuelle Forschung geht eher von Künstlern aus seinem unmittelbaren Umkreis aus und nennt Namen wie Lorenzo di Credi, mit dem Leonardo in Andrea del Verrocchios Atelier lernte, oder der Leonardo-Schüler Marco d'Oggiono und Boltraffio. Nicht weniger schwierig gestaltet sich die Benennung des Blattes. Glaubte man zunächst, eine Vorstudie für den Christus des Mailänder „Abendmahls" vor sich zu haben, möchte man heute in dem Kopf jenen im Laufe des 15. Jahrhunderts in Florenz ausgebildeten androgynen Engelstypus erkennen, den sich fast alle Maler der hohen Renaissance zum verbindlichen Muster nahmen.

Das Geschlecht des Dargestellten wird bei aller edlen und im Detail präzisen Ausarbeitung nicht eindeutig definiert. Die Meisterschaft des Künstlers in Beherrschung der Formen und Modellierungen geht vielmehr völlig im Ausdruck einer Seelenstimmung auf. Wir mögen uns bemühen, in dem Kopftypus Christus, Johannes den

Evangelisten oder einen Engel zu erkennen – vergebens, und für den Betrachter des späten 15. Jahrhunderts spielte die Möglichkeit einer Identifikation wahrscheinlich überhaupt keine Rolle. Nicht die Wiedergabe des Wirklichen erscheint hier als Endziel, sondern die Widerspiegelung eines innerlichen Lebens. Der zutiefst philosophisch orientierte Leonardo selbst hatte dies zum höchsten Ziel der Kunst erkoren. Harmonie und Natürlichkeit sind für ihn nicht nur sichtbare Phänomene der diesseitigen Welt, sondern Ausdrucksmittel zur Darstellung spiritueller, jenseitiger Schönheit: „Der Maler hat zwei Aufgaben: den Menschen und seine Seelenregungen darzustellen. Das erste ist leicht, das zweite schwer zu erreichen." Wie kein anderer hat Leonardo dieses Ideal erreicht. Eine zeitgenössische Legende berichtet von Besuchen seines Gönners Franz I. von Frankreich, der ihn zu bitten pflegte: „Erzähl mir etwas von der Seele." Allein die hohe Meisterschaft der Zeichnung versetzt uns in die Illusion, die Abbildung eines Menschen vor uns zu haben, dem wir uns nähern und dessen Gegenwart wir genießen dürfen. Die Frage, ob der Kopf nun eine reale Persönlichkeit darstellt oder allein der Phantasie des Künstlers entsprungen ist, wird hier zu Nebensächlichkeit. Gerade in der Mehrdeutigkeit manifestiert sich das Ideal vollkommener Schönheit und Harmonie und wird auf einer höheren Ebene zum Ausdrucksmittel für die Darstellung einer spirituellen Schönheit, des wahrhaft Himmlisch-Göttlichen. Wie sehr solche letztlich rein auf Äußerlichkeiten zielende Typisierungen gängig, aber auch verständlich waren, ohne daß an deren Formelhaftigkeit Anstoß genommen wurde, sondern diese vielmehr als verläßlicher Garant der authentischen Verbildlichung jenes Göttlich-Schönen gesehen wurden, zeigt die Anekdote, die der Florentiner Kunstschriftsteller Giorgio Vasari von der öffentlichen Zurschaustellung von Leonardos Entwurf der „Anna Selbdritt" (London, National Gallery) überlieferte: „Schließlich zeichnete er [Leonardo] einen Karton, auf dem die Jungfrau, die hl. Anna und Christus dargestellt waren. Und diese Zeichnung erfüllte nicht nur alle Künstler mit Bewunderung, sondern als sie fertiggestellt war und ausgestellt wurde, da drängten sich Männer und Frauen, jung und alt, zwei Tage lang in den Raum, als nähmen sie an einem hohen Festtag teil. Alle staunten über die Herrlichkeit, denn man sah auf dem Gesicht der Jungfrau Einfachheit, Schönheit und Anmut, wie sie die Mutter Christi auszeichnen, auch die Bescheidenheit und Demut, gemischt mit Freude angesichts des schönen Kindes, das sie zärtlich an sich zieht. Ihren Blick richtet sie voll Zärtlichkeit auch auf den kleinen hl. Johannes, der mit einem Lamm spielt, während die hl. Anna mit einem Lächeln die tiefe Freude bekundet, die sie beim Anblick ihrer mit der himmlischen Glorie verbundenen Verwandten empfindet. Dies alles sind Gedanken, die, wie man weiß, im Talent des Leonardo im besonderen Maße Leben gewannen."

Marc Chagall, Die Rettung des Propheten Jona

1960, 35,7 × 27,0 cm, Heliogravüre, Universitätsbibliothek Erlangen.
Standort im Evangelischen Gesangbuch: S. 394, gegenüber Nr. 200 („Taufe und Konfirmation")

Ein diffuses Hell-Dunkel deutet das Meer an, über dem sich ein schmaler Horizontstreifen erhebt, vor dem drei angedeutete Vögel fliegen. In der Ecke ganz rechts erscheint die abnehmende Mondsichel. Auf der Diagonalen von links unten erscheint auf ein mandelförmiges Gebilde abstrahiert ein überdimensionaler, auf dem Kopf stehender Fisch mit geöffnetem Maul. Sein Körper wird von Schuppen bedeckt, und sein Auge, das sich nahezu im Zentrum des Blattes befindet, ist weit aufgerissen. Hinter dem Bauch des auf dem Kopf stehenden Fisches taucht im Profil die nach rechts auf den Fisch zu geneigte Gestalt des Propheten Jona auf. Er hat wie beschwörend die Hand nach rechts von sich weisend erhoben, seinen Mund geöffnet und überschneidet mit seinem Kopf nur knapp die Horizontlinie. Der französische Bildtitel „Délivrance de Jonas – Befreiung des Jona", den Chagall rückseitig auf die Entwurfszeichnung für die Heliogravüre aufgetragen hat, weist darauf hin, daß es sich um den Augenblick handelt, als Jona den Bauch des Fisches wieder verlassen und an Land gehen darf (Jona 2, 11).

„Die Rettung des Propheten Jona" gehört als Blatt Nr. 89 zu der 1960 veröffentlichten sogenannten VERVE-Bibel II, die Marc Chagall im Auftrag des französischen Verlegers Tériade gestaltet und in der er in besonderer Weise den Einklang zwischen Natur und Schöpfung herausgearbeitet hat. „Marc Chagall ist seinen alttestamentarischen Gestalten ganz nahe, er lebt mit ihnen und empfindet mit ihnen, sie scheinen um ihn zu sein, und darum werden sie so wahr. Das Zwiegespräch, das viele seiner biblischen Gestalten mit Gott führen, wird zum Zwiegespräch des Künstlers mit Gott. Es ist viel von der Erduldung des Schicksals, aber auch von der Hoffnung der Menschen in diesen Bildern." (Berthold Roland)

Jona wird von Marc Chagall als ein hinter dem mächtigen und geheimnisvoll auf dem Kopf stehenden Fischleib auftauchender zornig-entschlossener Prophet geschildert, der nun mit aller Verbissenheit seinen unliebsamen Auftrag in der Stadt Ninive erfüllen muß und angesichts der für ihn überraschend erfolgenden Buße der Stadtbewohner mit noch heftigerem Zorn über die Reue Gottes erfüllt werden wird (Jona 3 und 4).

Chagall spielt mit der geheimnisvoll-rätselhaften Symbolik des kopfstehenden Fisches, des Auges Gottes als Trinitätssymbol im Fischleib und der Mondsichel am Horizont und gestaltet im zornigen, sich Gott widersetzenden Propheten Jona im Gegenüber zum hilflos auf dem Kopf stehenden Fisch als Werkzeug Gottes die Souveränität des jüdischen Frommen gegenüber seinem Herrn, die bis zur Auflehnung und Kritik gegenüber dem Handeln Gottes reichen kann und von Jona unerbittlich und ohne Rücksicht auf eigene Nachteile verfochten wird. Die Entschlossenheit der Gestik und Körperhaltung des Jona, den nach der dreitägigen Reise im Bauch des Fisches nichts mehr schrecken kann, weil er in aller Gefährdung die Bewahrung Gottes erlebt hat, wird von Marc Chagall in einer beeindruckend schlichten und bestechenden Komposition zum Ausdruck gebracht.

Nicht zuletzt aber haben auch frühchristlich-spätantike Zusammenhänge des christlichen Taufgeschehens mit der Gestalt des Propheten Jona für die Zuordnung des Blattes zur Rubrik „Taufe und Konfirmation" innerhalb des Gesangbuches eine Rolle gespielt. Das dunkle Meer als Zeichen der dem (Tauf-)Wasser innewohnenden Todes- wie Lebensmacht, der Fisch in seiner neutestamentlichen Deutung als Symbol für Christus und die durch ihn in der Taufhandlung verliehene Anteilnahme am Sterben und Auferstehen Jesu gehören ebenfalls in diesen Symbolzusammenhang.

Max Beckmann, Abendmahl
1911, 25,0 x 29,3 cm, Lithographie, Sprengel-Museum, Hannover.
Standort im Evangelischen Gesangbuch: S. 412, gegenüber Nr. 213
(„Abendmahl")

Um einen schlichten, mit Weinflasche, Gläsern und Tellern gedeckten Tisch und unter dem gleißenden Lichtkegel einer von der Decke
herabhängenden Lampe haben sich Christus und die Jünger auf
Stühlen in einem bühnenartig wirkenden engen Raum wie eine
abendliche Männergesellschaft in einem Gasthaus versammelt. Der
Tisch ist nach rechts hinein in den Bildraum gesetzt. Hinter dem
Tisch, etwa in der Mitte, sitzt Christus, leicht nach links gewandt,
seine Rechte im Redegestus erhoben und die Augen auf den ihm
gegenüber auf einem schwankenden Stuhl sitzenden, nach vorne
kippenden und sich dunkel von den lichtbestrahlten Gestalten der
anderen abhebenden Judas gerichtet. Es ist der Augenblick der
Ankündigung des Verrats. Um Christus scharen sich die übrigen
Jünger, die teils erschrocken, teils betroffen über die Verratsankün-
digung wie vom gleißenden Licht der Lampe geblendet zurückweichen, ihre Gesichter in den Händen bergen oder mit Gesten der
Beteuerung ihrer Ergebenheit auf ihn eindrängen. Andere sehen
mit strengem Blick auf Judas, der ebenfalls seine Hände beteuernd-
abwehrend zu Christus hin erhoben hat, jedoch durch seine Haltung und den kippenden Stuhl als im Aufbruch begriffen dargestellt ist. Christi letztes Abendmahl mit seinen Jüngern wird von
Max Beckmann in den Alltag versetzt. Der Betrachter kann in das
nach vorne hin offene Bild eintreten. Der nach links mit seinem
Stuhl zur Seite gerückte Jünger und der auf seinem Stuhl kippende
Judas rechts haben den Blick auf Christus im Zentrum der Komposition freigegeben.

Die Lithographie „Abendmahl" ist das fünfte Blatt von Max Beckmanns Mappe der „Sechs Lithographien zum Neuen Testament",
die 1911 in einer Auflage von 200 Exemplaren (10 Luxusausgaben
und 190 Standardausgaben) im Berliner Verlag E.W.Tieffenbach
(Officina Serpentis) erschienen ist und zu der neben dem „Abendmahl" noch die Blätter „Christus in der Wüste", „Taufe Christi",
„Christus und die Sünderin", „Die Bergpredigt" und „Die Würfler
unter dem Kreuz" gehören. Es handelt sich um Beckmanns einzige
zusammenhängende Darstellung verschiedener Stationen des Le-

bens und Wirkens Christi. Die Lithographien zum Neuen Testament wurden zunächst für die Jahresschau der „Berliner Sezession" geschaffen und anschließend in Mappenform verlegt. Max Beckmann greift hier christliche Themen erstmals auch in der Graphik auf. Sie stellen für ihn eine Herausforderung dar, sich an der kunsthistorischen Bildtradition zu messen. Zugleich versteht Beckmann die neutestamentlichen Szenen als Grundbilder menschlichen Verhaltens, wie er auch den Leidensweg Jesu in der Lithographienfolge als einen menschlichen Leidensweg darstellt. Christus ist für ihn nicht der göttlich-unnahbare Heilige, sondern trägt zutiefst menschliche Züge.

Max Beckmann bevorzugt bis zum Ersten Weltkrieg in der Druckgraphik nahezu ausschließlich die Technik der Lithographie, weil die weiche Litho-Kreide den für Beckmanns Frühwerk charakteristischen runden Duktus erzeugt. Das malerische Hell-Dunkel und die atmosphärische Licht- und Schattenwirkung bestimmen den Stil. Strich und Linie treten kaum einzeln in Erscheinung und prägen keine festen Konturen oder präzise Formen. Gebündelt, flirrend übereinander gelegt, zu Schraffuren verdichtet, formen die Strichlagen ein atmosphärisch-impressionistisches Bild, dessen figurative Formen sich aus dem Hell-Dunkel-Kontrast herausschälen.

Durchgängig hat Max Beckmann in seinen „Sechs Lithographien zum Neuen Testament" seine Christusgestalt an Nietzsches Zarathustra-Figur angenähert, wie auch die Lektüre des „Zarathustra" von Friedrich Nietzsche neben dem Neuen Testament Beckmann und viele andere Künstlerzeitgenossen vor dem Ersten Weltkrieg begleitet. Christus wird deshalb in der Lithographienfolge auch konsequent aus der Perspektive des Zarathustra dargestellt. Im „Abendmahl" findet dann gemäß Nietzsches Lehre vom Übermenschen die Konfrontation des freien Geistes als gleißender Lichterscheinung mit der ihm feindlichen Umwelt statt. Das Hell-Dunkel dient für Beckmann nicht nur als ein optisches Phänomen, sondern zugleich auch als Ausdruck für den Kampf einander wiederstrebender Mächte.

Judas, der Verräter, kippt aus der Reihe der um den wie zu einem gewöhnlichen Mahl in einem Gasthaus gedeckten Abendmahlstisch versammelten Jünger. Er versucht, sich mit dem abwehrenden

Gestus seiner erhobenen Hände noch gegen die Ankündigung des Verrats durch Christus zu wehren und zu schützen, doch sein Stuhl ist schon im Kippen, aus dem Gleichgewicht geraten. Von hinten her hat sich bereits Dunkelheit um die Gestalt des Judas gelegt. Der Lichtkegel der gleißenden Lampe über dem Tisch trennt scharf zwischen Hell und Dunkel. Judas, der Verräter, ist bereits in das Dunkel hinausgetreten, das ihn von Christus als der hellen Erscheinung abhebt. Die Trennung zwischen Licht und Dunkel, die die Passion Christi für Beckmann bestimmt, hat eingesetzt. Die einzelnen um den Tisch versammelten Jünger mit ihren Gesten der Abwehr, dem Zurückweichen vor dem Licht und der Beteuerung ihrer Unschuld gegenüber Christus laden zum Verweilen und Hineinversetzen ein. Wo finde ich meinen Platz an diesem Tisch um Christus? Welche Haltung nehme ich dem gegenüber ein, der hier als das „Licht der Welt" (Johannes 8, 12) in Erscheinung getreten ist?

Käthe Kollwitz, Nachdenkende Frau

1920, 54,0 × 37,5 cm, Lithographie, Käthe-Kollwitz-Museum, Köln.
Standort im Evangelischen Gesangbuch: S.436, gegenüber Nr. 230
(„Beichte").

Käthe Kollwitz' Lithographie der „Nachdenkenden Frau" von 1920
zeigt mit kreidig locker skizzierten Strichen eine leicht nach links
gewandte, kauernd sitzende Frau. Ihren rechten Ellenbogen hat sie
auf ihr rechtes Knie gestützt. In ihrer aufgerichteten, auffallend großen Hand birgt sie halb das Gesicht ihres nach vorn geneigten Kopfes. Der linke Arm liegt angewinkelt am Körper an, der Ellenbogen
klemmt zwischen ihren Knien, die linke Hand verbirgt sie in ihrer
rechten Armbeuge.

Der Gestus der an den Kopf geschlagenen bzw. das Gesicht zur
Hälfte verdeckenden Hand wird von Käthe Kollwitz bereits um
1893 in der Zeichnung „Sitzende Frau" als körpersprachliche Bild-
formel entwickelt und begleitet seitdem vor allem ihre Selbstbild-
nisse bis hinein in das Alterswerk.

An Silvester 1912/13 notiert die 45-jährige Künstlerin in ihrem
Tagebuch: „Mitunter fühle ich mich fast gelähmt. Mitunter ela-
stisch. Schlimm ist es, daß ich manchmal an meine Arbeit nicht
mehr glaube. Früher sah ich nicht nach der Seite, jetzt fühle ich mich
angreifbar, bin manchmal arg verzagt. Auch beunruhigt mich sehr
die Jugend mit ihrer anderen Richtung. Hätte ich große Kraft in mir,
würde ich mich wenig kümmern, jetzt fühle ich seinen Nachhall,
komm mir zum alten Eisen geworfen vor."

Ein Mensch in der Klemme...Hände, Arme, Kopf, Gesicht – alles ist
eingeklemmt, verkrampft, zusammengezogen. Versuchen Sie einmal, sich so hinzusetzen. Sie werden es spüren: Nichts ist mehr
offen. Es ist alles zu und verbarrikadiert. Aus!

Käthe Kollwitz hat das Bild „Nachdenkende Frau" genannt.
Eigentlich eine Beschönigung, denke ich. Ich sehe einen Menschen,
der am Ende ist. Was die Frau, deren Alter man kaum schätzen
kann, in eine solche Ausweglosigkeit geführt hat, bleibt offen. Aber
wir wissen, was uns manchmal in ähnliche Situationen bringt. Da

hat man etwas wirklich gut machen wollen, und dann ging es total daneben. Oder man hat, unbedacht, ein Wort zuviel gesprochen. Nun ist alles zerbrochen. Und die Vorwürfe stellen sich ein: „Wie konnte ich nur! Warum habe ich nicht besser aufgepaßt! Warum bin ich immer so unbeherrscht!" Und ich schlage die Hände vors Gesicht, krümme mich zusammen, werde zu einem Bündel Elend, weiß nicht mehr weiter.

Dabei sind Situationen wie die angedeuteten noch das kleinere Übel. Schlimmer mag es sein, wenn eine Beziehung zerbricht, wirklich und ganz. Oder wenn ein Mensch stirbt, noch viel zu jung, und man rätselt, warum das hat sein müssen, und sucht nach eigenen Schuldanteilen. Dann bin ich ausgeliefert, mir selbst und den Fragen, die keine Ruhe geben. Dann kann ich nicht mehr richtig gehen, die Schultern hängen herab, und das Herz in der Brust verkrampft sich. Die übergroße Hand auf dem Bild von Käthe Kollwitz wird zum Symbol für die lastende, niederdrückende Schuld, die sich nicht mehr verdrängen läßt. „Da ich's wollte verschweigen, verschmachteten meine Gebeine...Denn deine Hand war Tag und Nacht schwer auf mir, daß mein Saft vertrocknete, wie es im Sommer dürre wird. Darum bekannte ich dir meine Sünde..." (Psalm 32,3–5)

Doch nicht nur die Bibel weiß um die lösende und manchmal erlösende Möglichkeit, sich dann auszusprechen. Stockend am Anfang vielleicht, aber dann immer schneller und immer eruptiver herauszulassen, was drinnen alles vergiftet. Glücklich zu preisen der Mensch, der jemanden hat, dem gegenüber er sich so öffnen kann! Reinigung geschieht da, Befreiung. Das Stichwort „Beichte", dem das kleine Bild von Käthe Kollwitz im Gesangbuch zugeordnet ist, erinnert daran, daß es Orte gibt, wo ich in jedem Fall angehört werde, weil da ein Mensch ist, der um Gottes willen für mich da sein will.

Caspar David Friedrich, Die Jacobikirche in Greifswald als Ruine

Um 1815, 26 × 20 cm, Bleistift, laviert, Privatbesitz.
Standort im Evangelischen Gesangbuch: S.452, gegenüber Nr.241
(„Sammlung und Sendung")

Kirchenruinen zählen zu den Motiven, die Caspar David Friedrich immer wieder in seinen Werken darstellt. Darunter nimmt jedoch die um 1815 entstandene Innenansicht der Jacobikirche in seiner Heimatstadt Greifswald eine Sonderstellung ein. Immerhin befand sich die Kirche, ein spätgotischer Backsteinbau, nie in dem dargestellten ruinösen Zustand. Friedrich wählt für den Blick in den Chor der Kirche einen Standpunkt in der Nähe der südlichen Säulenreihe des Mittelschiffes, etwa auf der Höhe des dritten Joches. Schlanke glatte Rundsäulen, stellenweise mit Rissen, tragen die Ansätze des eingefallenen Gewölbes. Zwischen den Säulenkapitellen sind morsche Balken eingespannt. Auf den Gewölbeansätzen breitet sich allenthalben Vegetation aus. An der vordersten Säule rechts ist noch die Kanzel samt ihrem mit einem einfachen gotischen Bogenfries verzierten Schalldeckel befestigt. Im ganzen Kirchenbereich liegen auf dem unebenen, teilweise bewachsenen und sich dem Naturzustand wieder annähernden Boden Fragmente geborstener Säulen und Reste von Steinplatten. Der Stumpf links vorn in der Nähe der beiden Gestalten könnte der Fuß eines zerbrochenen Taufsteins sein. Der am besten erhaltene Teil der Ruine ist der Chor. Sein Gewölbe ist noch geschlossen, die drei Chorfenster mit einfachem dreibahnigem Maßwerk gefüllt, das aber teilweise herausgerissen ist. Von der Gewölbemitte hängt ein etwa lebensgroßer Kruzifixus herab. Darunter, im Chorscheitel, steht eine mit gotischem Blendmaßwerk verzierte Altarmensa. Vom nördlichen Seitenschiff her sind zwei Menschen, ein Mann und eine Frau, an den Rand des Chorbereiches getreten und betrachten das schon lange sich selbst überlassene Sanktuarium.

In zeitlicher Nachbarschaft zu dem 1815 entstandenen Bild hat Friedrich die darin enthaltenen Motive immer wieder variiert: das Kreuz, die Natur, die Ruine. 1812 entstand das heute im Besitz des Kunstmuseums Düsseldorf befindliche Gemälde „Kreuz im Gebirge'. Das bekanntere gleichnamige Bild für den Tetschener Altar, 1807/08, ist dazu eine Art Vorstufe. Das Auftauchen religiöser

Motive in der Natur ist zunächst fremd. Religion wird ja der Privatsphäre zugeordnet. Aber nun wird Landschaft Gegenstand der christlichen Kunst. Die rein physikalische Betrachtungsweise weicht zurück. Die Quelle auf dem Bild ‚Kreuz im Gebirge' ist eben nicht bloß Quelle, sondern wird zum Symbol für die Fons pietatis, für den „Brunnen des Heils". Das Kreuz vor der Kirchensilhouette, die sich wie ein mystischer Gral zwischen Fichten erhebt, weist auf den Grund dieses Heils hin. Ähnlich in der ‚Ruine auf dem Oybin' aus dem gleichen Jahr 1812. Im verfallenen gotischen Chor sind nur noch Reste des einstigen kirchlichen Interieurs vorhanden: Altar, Kruzifix und Madonnenstatue. Sie stehen für die zentralen Inhalte des Glaubens, die über den Verfall hinaus bleiben, wobei der Lutheraner Friedrich sich durchaus auch katholischer Symbole bedient. Noch einmal anders im ‚Kreuz an der Ostsee', das 1815 entstand, und auf dem sich in deutlicher Symbolik Anker, Meer, Schiff und Mond in einer nächtlichen Landschaft vereinen. Friedrich selbst schreibt zu diesem Bild: „Am nackten steinigten Meerestrande steht hoch aufgerichtet das Kreuz, denen, so es sehen, ein Trost, denen, so es nicht sehen, ein Kreutz" (Brief vom 9. Mai 1815 an die Malerin Luise Seidler).

Ich sehe in eine Kirche hinein. Aber sie lebt nicht mehr. Sie ist zum Beinhaus ihrer selbst geworden. Wenn ich die Augen schließe, höre ich noch die Geräusche der vielen Menschen, die einst diese Kirche besucht haben, an Karfreitag, an Ostern, an Weihnachten. Ich sehe die Paare, die am Altar knieten, um sich für ihre Ehe segnen zu lassen. Ich sehe die Jungen und Mädchen, die plappernd und doch voller gespannter Neugier den Tag ihrer Konfirmation hier beginnen. Sie war einmal mit Leben erfüllt, diese Kirche. Aber jetzt ist sie tot. Auf der Kanzel kein Prediger mehr, der das Wort von der Versöhnung weitersagt. Am Altar kein Priester mehr, der den Tisch des Herrn deckt. Kein Kind mehr, das über die Taufe gehalten wird. Im Schiff der Kirche keine Bänke mehr, in denen Menschen sitzen, junge und alte, fröhliche und verzweifelte. Die Natur, Millionen Jahre älter als der Mensch, hat bereits wieder Besitz ergriffen vom Bau. Leise aber fest überwuchert sie, was geschickte Baumeisterhände geformt und aufgerichtet haben. Wo einst Aufgang war, ist nur noch Niedergang.

Es macht nachdenklich, daß die Jacobikirche so nicht aussah, als Caspar David Friedrich sie zeichnete. Regiert hier nur die romantische Lust an der Allegorie, aber auch am Morbiden? Oder sieht er mehr als seine Zeitgenossen? Hat der Künstler eine Vision? Die Vision einer Kirche, die tot ist? Die den Menschen nichts mehr zu geben vermag? Solche Träume, die wie Vorschatten einer noch nicht Gegenwart gewordenen Zukunft kommen, gibt es. Und manchmal hat man das Gefühl, sie näherten sich immer mehr der Realität. Die Menschen laufen der Kirche davon, heißt es. Sie habe ihnen nichts mehr zu sagen. Sie rede an ihrem Leben vorbei. Nicht mehr nur einer alten Mutter gleiche die Kirche, ein wenig wunderlich und weltfremd schon, sondern eher einer Sterbenden. Und manche reden vom letzten großen Gericht, das zuerst beim Haus Gottes beginne. Ist die Zeit der Kirche in unseren Breiten abgelaufen, weil Gott selbst sie nicht mehr brauchen kann und will?

In der visionären Zeichnung von Caspar David Friedrich entdeckt man an zwei Stellen Unversehrtheit, ja Leben. Es ist einmal der von der Decke des Gewölbes herabhängende Christus, und es sind zum andern die beiden Menschen links vorn am Beginn des Chorbereichs. Der Gekreuzigte war einst der optische und inhaltliche Mittelpunkt der Gotteshauses. Aber noch jetzt, so scheint es, laufen in ihm die Linien zusammen. Ihn trifft der Blick, wenn er sich nach vorne richtet. Freilich gibt es weder das deutende Wort mehr, das auf ihn hinweist, noch Brot und Wein auf dem Altar, in denen er sich vergegen wärtigt. Aber doch berührt mich in ihm, in der herabhängenden, immer noch in der Mitte hängenden Gestalt, nicht nur Vergangenes, sondern bleibende Gegenwart und Verheißung für die Zukunft. Die beiden Menschen mögen eher zufällig in die Kirchenruine hereingeraten sein. Aber wie gebannt hängt ihr Blick nun an eben diesem Gekreuzigten. Nicht dem zerstörten Raum wenden sie sich zu, sondern diesem Bild. Vielleicht fragen sie, Spätgeborene, die sie sind, wie heute Kinder irgendwo in unserem säkularisierten Land, wer denn der ist, der da hängt... Und Erinnerungen mögen sich einstellen, längst abgesunkene Erzählfetzen, Worte voll fremder Hoheit. Mögen zu klingen beginnen, zu trösten, zu mahnen und aufzurichten.

Vision steht gegen Vision.

2.3.59.
XVIII

Pablo Picasso, Christuskopf, aus dem Skizzenbuch Nr. 151

1959 (2. März), 37 x 27 cm, Tusche, Editions „Cahiers d' Art", Paris. Standort im Evangelischen Gesangbuch: S. 488, gegenüber Nr. 262 („Ökumene")

Das Haupt des dornengekrönten Christus nimmt nahezu die gesamte Fläche des Skizzenblattes ein. Mit energisch gezeichneten, dicht gesetzten Strichen markiert Picasso die wesentlichen Gesichtszüge: die lange Nase, die großen und weit geöffneten Augen mit schmalen Brauen und den geschlossenen Mund. Kleine Schatten auf den Wangen verschmelzen mit den dicht übereinanderliegenden Linien des glatt herabfallenden Haares und dem Bart. Die Dornenkrone mit ihren dichten Strichen kennzeichnet den Dargestellten als Christus. Die Rahmung durch Haar, Bart und Dornenkrone lenkt den Blick wieder auf die Augen, die durch ihre Blickrichtung den Eindruck erwecken, als sei der Kopf vom Betrachter aus nach links gewendet. Rechts unten ist das Datum der Entstehung (2.3.59) und die Ziffer XVIII zu lesen.

Die deutlich sichtbare Ziffer und das Datum verweisen darauf, daß es sich um ein Blatt aus einem Skizzenbuch handelt. Im Skizzenbuch Nr. 151 erscheint dieser Christuskopf völlig unerwartet zwischen Skizzen eines Stierkampfes.

Christusthemen sind bei Picasso äußerst selten. Das einzige Ölbild einer Kreuzigung malte er, als seine Ehe 1930 scheiterte, er sich also in einer extremen Krisensituation befand. Daß sich Künstler, in deren Werk christliche Themen sonst keine Rolle spielen, in solchen außergewöhnlichen Lagen mit Christus beschäftigen, begegnet öfters. Im Unterschied zu anderen gibt es aber von Picasso dazu keine schriftlichen Äußerungen. Obwohl Picasso literarisch sehr gebildet war, ist unbekannt, ob er je in der Bibel gelesen hat. Es scheint, als habe er christliche Themen nur durch Kunstwerke gekannt. Die Kirche als Institution jedenfalls hat er wie die meisten spanischen und französischen Intellektuellen abgelehnt.

Man sieht ein Antlitz, nicht schön, aber ausdrucksstark. Die links am Betrachter vorbeischauenden Augen ziehen das Interesse sofort auf sich. Der Blick ist sehr aufmerksam, sehr intensiv. Das Gesicht dagegen zeigt keine Mimik, der Mund ist geschlossen. Daß es das Antlitz Christi ist, wird durch die Dornenkrone deutlich, die eng mit dem Haar verflochten und tief aufs Haupt gedrückt ist. Es ist also Christus in der kurzen Spanne zwischen Dornenkrönung und der Kreuzigung. Daß er schon Schweres durchgemacht hat, ist auch an dem wirr herabhängenden Haar und dem ungekämmten Bart zu sehen. Auf der Stirn sind Kratzer von den Dornen zu sehen, auf der Nase zwei unregelmäßige Linien, die nach unten verlaufen – eine Spur von herabrinnendem Blut oder Schweiß.

Christus blickt ganz konzentriert. Auf ähnlichen Bildern des 15. Jahrhunderts blickt Christus dabei dem Betrachter direkt ins Auge. Hier jedoch blickt er an ihm vorbei. Er schaut nicht weg, es ist kein zufälliger Blick irgendwohin. Er nimmt ganz in sich auf, was er sieht. Das überrascht: der leidende Christus, nach großer körperlicher Qual und den sicheren Tod vor sich, jammert und klagt nicht, ist nicht mit sich und seinem Ergehen beschäftigt, sondern ganz aufmerksam für etwas anderes – für jemand anderen.

Würde ich in einer solchen Lage Interesse für andere aufbringen? Wäre ich nicht nur mit mir, meinem Schmerz und dem beschäftigt, was als noch Schlimmeres vor mir liegt? Würde ich überhaupt wahrnehmen, wer um mich herum ist?

Christus war in den letzten Stunden seines Erdenlebens ständig von Menschen umringt. Das waren nicht nur Feinde, sondern vor allem wohl solche, die „nur ihre Pflicht taten", aber unter ihnen auch nachdenkliche, mitempfindende, und solche wie der Hauptmann, die erkannten, wer er ist, und sich zu ihm bekannten (Markus 15,39).

Christus, der für mich gelitten hat und der mir auf diesem Bild gegenübersteht, blickt auf den Menschen neben mir. So sehr ich mich auch manchmal allein fühlen mag, es sind immer auch noch andere da. So sehr Christus ganz für mich da ist, so sehr auch für die anderen. So groß mein Kummer sein mag, der andere ist vielleicht in noch größerer Not. Christus sieht einen Menschen an, den ich gar nicht bemerke, der seine Aufmerksamkeit auch braucht, vielleicht noch mehr als ich. Diesem so blickenden Christus kann ich mich nicht entziehen, er fesselt mich mit seinem Blick – ohne daß er ein Wort sagt.

Emil Nolde, Saul und David

1911, 30,0 × 24,5 cm, Strich- und Tonätzung, Sprengel-Museum, Hannover.
Standort im Evangelischen Gesangbuch: S. 506, gegenüber Nr. 270 („Psalmen und Lobgesänge")

Vor dunklem, vertikal schraffiertem Hintergrund heben sich zwei Gestalten ab, links, als Rückenfigur, der als gealterter Mann wiedergegebene König Saul und rechts, von hinten Saul aus dem Bild drängend, David in Knabengestalt. Dieser löst sich nur schemenhaft vom Hintergrund. Mit seiner Linken greift er in die Saiten seiner großen Harfe. Sein Haupt ist geneigt, die Augen bleiben wie träumend geschlossen. Sauls Körper wird wie ein monolithischer Block gestaltet. Er trägt eine Kappe auf dem Haupt. Sein breiter Rücken versucht, Davids Musizieren gleichsam abzuschirmen. Er wendet sich von David ab und blickt dabei verstohlen über seine linke Schulter auf den Betrachter. In formaler Analogie zu dem harfespielenden David umklammert er mit seiner Linken den Griff seines Speeres, der eine Parallele zum rechten Rahmen von Davids Harfe bildet. Im Gegensatz zu dem völlig in sich und seine Musik gekehrten David konzentriert sich Saul in höchster Anspannung auf die Ausführung seines plötzlich gefaßten Planes, David an die Wand zu spießen (1.Samuel 19, 8–10). Die Komposition wird antithetisch von den korrespondierenden Gesten und Haltungen bestimmt, die auf eine höhere Einheit verweisen: Sauls klammernde und Davids geöffnete Hand bilden zwei dominierende Fixpunkte im Bildaufbau und umschreiben den mit graphischen Mitteln zum Ausdruck gebrachten innerpsychischen Konflikt zwischen Saul und David.

Emil Noldes graphisches Werk stellt einen in sich geschlossenen, zeitlich begrenzten Komplex innerhalb seines Gesamtwerkes dar und ist 1926 bereits abgeschlossen. In seinen zwischen 1910 und 1912 entstehenden biblischen Radierungen, die mit Noldes Aufbruch 1913 zu seiner Südseereise enden, behandelt Nolde neben „Saul und David" die folgenden Motive: „Joseph und seine Brüder", „Salomo und seine Frauen", „Schriftgelehrte", „Die Sünderin" und „Pharisäer und Zöllner". Der Grundcharakter von Noldes biblischen Drucken wird wie auch in „Saul und David" von der Unterdrückung des narrativen Charakters und der Betonung der

Interaktion der Charaktere bestimmt. Spannungen, Motive und Empfindungen der Akteure stehen im Mittelpunkt von Noldes Bühne. Emil Nolde hat sich in den biblischen Radierungen einen enorm freien und ungewöhnlichen Umgang mit dem Medium angeeignet und erzielt eine große Vielfalt der Effekte in Linie und Ton. Rohe schroffe Linien dienen als Werkzeuge zur Erstellung einer reichen Oberflächentextur. Ton-Reichtum und psychologische Tiefe kennzeichnen seinen Zugang zum Medium der Radierung. In der Regel existieren von Noldes Radierungen verschiedene Druckzustände. Im Evangelischen Gesangbuch ist von „Saul und David" die Fassung II mit der differenzierten Tonätzung und der teils kräftigen Strichätzung wiedergegeben. Fassung I, von der nur drei Exemplare existieren, besitzt eine dunkle Tonätzung. Die Strichätzung selbst ist kaum erkennbar. Noldes spezifische Ätz-Technik besteht darin, daß die teilweise abgedeckte Metallplatte, die die Zeichnung trägt, immer wieder der Säure ausgesetzt wird, oft nach erneuter Bearbeitung mit der Nadel. So erzielt Nolde die malerische Hell-Dunkel-Wirkung, die ihm seine typischen, nuancenreichen Stimmungen ermöglicht.

Emil Nolde spielt in seinem Blatt „Saul und David" mit den Themen Zorn, Neid und Wahnsinn. Saul, der alte König, lehnt am Speer. Seine riesige Gestalt steht im Kontrast zu der Davids. David wird wie ein Junge wiedergegeben, der teilweise hinter der Harfe verborgen bleibt. In der Szene geht es nicht mehr um die Beruhigung des Wahnsinns Sauls durch Davids Musik (1.Samuel 16, 14–23), sondern um den Ansporn des Zornes des neidischen Königs durch Davids Spiel. David greift das Instrument mit den Fingern, und dabei scheint seine Hand Sauls Rücken zu berühren. Saul dreht seine Augen finster und verstohlen zu ihm hin. Ein psychologischer Konflikt ist hier mit den graphischen Mitteln der Radierung dargestellt.

Walter Jens hat Noldes Radierung einmal mit Rembrandts Gemälde „David vor Saul" von 1656 verglichen und vom Wagnis Noldes gesprochen, „den biblischen Vorgang, die Geschichte vom Saturnier Saul und seine Heilung durch die Zauberkraft der Musik, in einer Graphik als Exerzitium zwiefacher Melancholie darzustellen. Nicht nur der König, auch der Junge mit dem von Schatten beinahe ausgelöschtem Gesicht, zeigt tiefe Besorgnis (da ist nichts vom gelassenen Spiel des schönen Rembrandtschen Jünglings); der

Fürst der Schwermut und der musizierende Knabe, Saul und David, sind mit geometrischer Strenge aufeinander bezogen; die Lanze des Königs korrespondiert mit der Harfenumrahmung … und den Parallelen entspricht der Kontrast: Lichtgesicht, Schattengesicht, offener Mund, geschlossener Mund … eine mathematisch auskalkulierte Umdeutung der Rembrandtschen Szene."

Auch in das mit der Harfe angestimmte Lob Gottes hinein ragt die Dunkelheit, Melancholie, der Wahnsinn, die Angst. Beide Seiten sind untrennbar für Nolde miteinander verwoben. Am Ende aber erweist sich Davids Harfe als die mächtigere Waffe. Der Kommende, David, noch im Dunklen, ist trotz der Mächtigkeit des Körpers Sauls bereits der Stärkere und ist im Begriff, ihn aus dem Bild zu drängen.

Käthe Kollwitz, Begegnung (Maria und Elisabeth)

1928, 39,5 × 38,0 cm, Holzschnitt, Galerie Pels-Leusden, Berlin.
Standort im Evangelischen Gesangbuch: S. 576, gegenüber Nr. 311
(„Biblische Erzähllieder")

Das Zusammentreffen der beiden Schwangeren Maria und Elisabeth wird in einem graphischen Negativverfahren gezeigt. Dabei
wurde eine dunkle, etwa quadratische, aber zur Oberkante sich ver-
jüngende Grundfläche belassen, aus der die Künstlerin die beiden
Frauen im hellen Grundton des Blattes herausarbeitet. Optisch
wirksam werden dabei nur die von gleißendem Schlaglicht
beleuchteten Köpfe und Hände. Die beiden Frauen stehen dicht
gedrängt einander zugewandt. Die rechte, deutlich jüngere, also
Maria, hat ihren Kopf leicht gesenkt und hält die Augen geschlossen. Die andere, Elisabeth, gleichfalls mit geschlossenen Augen,
küßt die rechte Wange Marias. Ihre linke Hand legt sie dabei um
Marias Hals, ihre rechte berührt sanft Marias schon deutlich
gewölbten Bauch.

Im Leben der Käthe Kollwitz ist – wie im Bild – das Dunkel vor-
herrschend, oder besser: Sie hält sich mit ihrer Kunst mehr zu den
Niedrigen als zu den Hohen. Also zu den Frauen, besonders den
Arbeiterfrauen, zu denen, die rechtlos, aber nicht machtlos sind. Sie
ist stark interessiert an Menschen, die sich gegen ihre todbringende
Situation aufbäumen. So beschäftigt sie sich künstlerisch mit We-
beraufstand, Bauernkrieg, französischer Revolution und immer
wieder mit den Opfern von Krieg, Hunger und Elend. Im Zentrum
ihrer Gefühle, die Ausdruck finden müssen und nach Änderung
von Notsituationen schreien müssen, steht der Tod ihres 1914 als
Kriegsfreiwilligem gefallenen Sohnes. Blätter aus der Holzschnittfolge „Der Krieg" haben als Titel: „Das Opfer", „Die Freiwilligen",
„Die Witwe", „Die Mütter", „Das Volk". Sie schreibt: „Ich bin ein-
verstanden damit, daß meine Kunst Zwecke hat. Ich will wirken in
dieser Zeit, in der die Menschen so ratlos und hilfsbedürftig sind."
Ihr letztes Werk: Eine Lithographie nach den Worten Goethes:
„Saatfrüchte" – Saatfrucht war ja ihr gefallener Sohn – „Saatfrüchte
sollen nicht vermahlen werden."

Eine traurige Zärtlichkeit liegt in diesem Bild. Dabei handelt es sich doch um eine Begegnung, von der im Neuen Testament berichtet wird (Lukas 1, 39–45), daß das Kind der einen, der Elisabeth, im Leibe vor Freude hüpfte, als es dem Kind der anderen, dem Messias, begegnete. Wo ist diese Freude bei dem Holzschnitt der Käthe Kollwitz geblieben? Wo ist die Freude geblieben bei Frauen, die sich begegnen und sehen, daß beide ein Kind austragen? Das Motiv der sich begegnenden, schwangeren Frauen ist oft gemalt worden. Wir wissen, daß Käthe Kollwitz dazu von einem bestimmten Gemälde zu ihrer Arbeit angeregt worden ist. Als die Malerin das damalige Kaiser-Friedrich-Museum in Berlin besuchte, hat ein Bild von Konrad Witz aus dem 15. Jahrhundert sie sehr beeindruckt: „Der Ratschluß der Erlösung". Auf diesem Bild werden Maria und Elisabeth nur am Rande gezeigt, hoheitsvoll, mit Abstand voneinander, köstlich gekleidet.

Sechs Jahre hat das Motiv dieser Begegnung dann in Käthe Kollwitz geruht, gearbeitet, wurde auf dem Hintergrund des Verlustes des eigenen Sohnes im 1.Weltkrieg empfunden, vertieft, wurde in Verbindung gebracht mit dem schweren Leben von Frauen und Kindern in den zwanziger Jahren, mit Entbehrung, Hunger und Tod. Schließlich, nach diesen sechs Jahren der Vorbereitung, muß sie den Jüngeren ihre Botschaft sagen, ihre Erfahrung weitergeben. Und in ihrem Holzschnitt dominieren nicht mehr Hoheit und Begegnung zweier Frauen mit dem notwendigen Abstand – wie im Bild des Konrad Witz von um 1440 – jetzt dominiert die Nähe: Die vierte Hand ist am Hals zu sehen, zart heranziehend. Die Ältere der beiden hat nun etwas weiterzugeben in hingegebenem, flüsterndem Reden, das fast zum Kuß wird und dem hingegebenen Hören Marias entspricht. Das äußerliche Sehen wird abgeschaltet, das innere aktiviert. Man bekommt den Eindruck, daß all das Schwere im Leben einer Frau weitergegeben werden muß, aber nicht nur als Belastung, die zu schwer ist, sondern als etwas, was ertragen werden kann, vielleicht geändert werden kann, vielleicht durch politisches Handeln geändert werden muß, wie das Leben von Käthe Kollwitz mit ihrem Protest gegen Hunger und Krieg zeigt.

Beide Mütter lassen etwas vom bevorstehenden Tod ihrer Söhne Johannes und Jesus ahnen: Um die Frauen breitet sich die Grabeshöhle aus. Von dem Ratschluß der Erlösung aus dem Bild von um 1440 ist nichts mehr zu sehen, nichts von dem „all unsre Not zum End er bringt". Im Falle Johannes des Täufers und Jesu werden die

Mächtigen, Herodes und Pilatus, eingreifen, und die Mütter der beiden Ermordeten werden sich neu begegnen müssen, um dem Rätsel der Erlösung beizukommen. Rätselvoll hatte Jesus, der Sohn der Maria, ja gesprochen: „Meinen Frieden gebe ich euch. Nicht gebe ich, wie die Welt gibt. Euer Herz erschrecke nicht und fürchte sich nicht." (Johannes 14, 27) Ahnen das die beiden Frauen der Käthe Kollwitz schon, daß sie sich auf den anderen Frieden vorbereiten müssen, der kommen wird und für dessen Kommen man ein unerschrockenes und furchtloses Herz haben muß?

Marc Chagall, Lobgesang im Paradies

1960, 35,7 × 27 cm, Heliogravüre, Universitätsbibliothek Erlangen.
Standort im Evangelischen Gesangbuch: S. 588, gegenüber Nr. 316
(„Loben und Danken")

Kräftige, breit gezogene Konturen und mit samtig-weichem Grau
gefüllte Flächen bestimmen den harmonischen Charakter des Blattes, das Chagall für die sogenannte VERVE-Bibelausgabe II entworfen hat. Inmitten des Paradiesgartens haben sich Mann und Frau
eng aneinandergeschmiegt niedergelassen. Adam liegt auf dem
Rücken, hat aber seinen Kopf zu Eva hin erhoben und berührt sanft
mit seinem Gesicht ihren Hinterkopf mit dem nahezu hüftlangen
Haar. In seinen Armen hält er die bäuchlings auf ihn gestreckte, fast
schwebend dargestellte nackte und mit einer Halskette ge-
schmückte Eva. Er ist im Begriff, ihre beiden Brüste zärtlich mit seiner rechten Hand zu umfangen und zu liebkosen. Über dem Paar
öffnet sich die Weite des Paradiesgartens, dessen Luft von fliegen-
den Vögeln erfüllt ist. Hell strahlend leuchtet die Sonne über der
Szene, die den Einklang der Schöpfung und die Ruhe des siebten
Schöpfungstages (1. Mose 1, 27–31; 2, 1–4) einzufangen versucht
und mit den bergenden, schalenförmigen Rundformen der Mann-
Frau-Gruppe und der Sonnenscheibe rechts oben im Bild im Einklang mit den schützend-beruhigenden Vogelschwingen bewußte
kompositorische Akzente setzt.

„Lobgesang im Paradies" ist Blatt Nr. 71 der 1960 publizierten sogenannten VERVE-Bibel II, die Marc Chagall im Auftrag des französischen Verlegers Tériade geschaffen hatte. Diese zweite biblische
Publikation Chagalls für Tériades Kunstzeitschrift „VERVE" trägt
den Titel „Dessins pour la Bible", enthält 24 Farblithographien
sowie 96 schwarzweiße Reproduktionen nach Zeichnungen Chagalls und gilt als wohl eines der schönsten von Marc Chagall gestalteten Bücher, weil in ihm nach Franz Meyer bildhaftes und graphisches Schaffen Chagalls in wunderbarer Weise aufeinander abge-
stimmt vorliegt.

„Chagall gehört zu den ganz seltenen zeitgenössischen Künstlern,
denen die Allgegenwart des Heiligen wieder aufgegangen ist.
Ebenso gehört er zu den wenigen, die das Glück wiederentdeckt

haben. Jenes Glück, für das dem geistigen Abendland nach diesem Halbjahrzehnt der Krisen und Umwälzungen nahezu jeder Sinn verlorengegangen ist. Chagalls Werke zeigen auf, daß man es wiederfinden kann." (Mircea Eliade)

Marc Chagall zur Bibel: „Seit meiner frühesten Jugend hat mich die Bibel gefesselt. Die Bibel schien mir – und scheint mir heute noch – die reichste poetische Quelle aller Zeiten zu sein. Seither habe ich ihr Abbild im Leben und in der Kunst gesucht. Die Bibel ist wie ein Nachklang der Natur, und dieses Geheimnis habe ich weiterzugeben versucht."

Der „Lobgesang im Paradies" auf die vollendete Schöpfung Gottes vollzieht sich bei Marc Chagall in der geschlechtlichen Beziehung zwischen Mann und Frau, die wiederum im harmonischen Einklang mit der Tier- und Pflanzenwelt sich gestaltet. Die Erotik wird dabei von Chagall ganz selbstverständlich mit in den Lobgesang der Schöpfung einbezogen. So stellt auch der „Lobgesang im Paradies" ein erotisches Bild dar. Die Beiden singen selbst nicht, sondern ihr Lobgesang geschieht durch den Gestus, durch ihre einander entgegengebrachte Zärtlichkeit und körperliche Zuwendung. Bei Chagall ist dieser Lobgesang in der Sabbat-Ruhe des siebten Schöpfungstages ein fast schwebender Zustand. Die offene, schalenförmige Form der Mann-Frau-Gruppe und weitere bergende Formen bestimmen das Bild und seinen Aufbau. Die Frau als erotisches Gegenüber zum Mann wird von Chagall reduziert auf Kopf, Haar und ihre mächtigen Brüste. Daß diese anatomisch falsch angeordnet sind, spielt für Chagall keine Rolle. Es geht ihm bei dieser bewußt gewählten Anordnung um den Hinweis auf die Fruchtbarkeitssymbolik, wie auch die Vögel in der Luft mit ihren ausgebreiteten Schwingen diesen Aspekt unterstützen. Die Mann-Frau-Gruppe, in der erotisch-zärtlichen Beziehung aufeinander bezogen, erweist sich als bergend, aber doch nicht nach außen hin abgeschlossen, sondern wiederum geöffnet für die übrige Schöpfung, die Pflanzen, die Vögel, die Landschaft und die Sonne. So besteht die Besonderheit dieses Lobgesanges darin, daß aus der erotischen Beziehung die Offenheit für das Andere und für Gott selbst wächst, ja in der Beziehung von Mann und Frau für Marc Chagall vor dem Hintergrund seiner chassidisch geprägten jüdischen Frömmigkeit sich die Gottesbeziehung abbildet.

Unweigerlich klingen auf dem gesamten Blatt Bilder aus dem Hohenlied nach, in denen in der reichen orientalischen Symbolik die Geliebte umschrieben wird: „Siehe, meine Freundin, du bist schön! Siehe, schön bist du! Deine Augen sind wie Taubenaugen hinter deinem Schleier. Dein Haar ist wie eine Herde Ziegen, die herabsteigen vom Gebirge Gilead ... Dein Hals ist wie der Turm Davids, mit Brustwehr gebaut ... Deine beiden Brüste sind wie junge Zwillinge von Gazellen, die unter den Lilien weiden. Bis der Tag kühl wird und die Schatten schwinden, will ich zum Myrrhenberge gehen und zum Weihrauchhügel. Du bist wunderbar schön, meine Freundin, und kein Makel ist an dir." (Hoheslied 4, 1–7) „Lege mich wie ein Siegel auf dein Herz, wie ein Siegel auf deinen Arm. Denn Liebe ist stark wie der Tod und Leidenschaft unwiderstehlich wie das Totenreich. Ihre Glut ist feurig und eine Flamme des Herrn" (Hoheslied 8, 6).

Max Beckmann, Christus und Pilatus

1946, 40,0 × 30,0 cm, Lithographie, Kunsthalle Bremen.
Standort im Evangelischen Gesangbuch: S. 626, gegenüber Nr. 341
(„Rechtfertigung und Zuversicht")

Das Blatt zerfällt deutlich in zwei Bereiche, aber die kleinere,
Gewalt ausstrahlende Figur des Pilatus dringt über ihren Bereich
hinaus mit dem aufgedunsenen, fast kahlen Kopf, im scharfen Profil nach links gewandt, den starken Oberarmmuskeln und der selt-
samen Hand, die so gar nicht zu dem Machtmenschen zu passen
scheint. Der frontal gesehene Christus mit dem hageren, langge-
streckten Kopf erträgt diesen Übergriff in seinen Bereich stoisch.
Nur die von Pilatus verordnete Dornenkrone reicht mit zwei Sta-
cheln in den Bereich des Pilatus. Helligkeit und Dunkelheit sind
klar verteilt: Für den einen das pralle Leben, für den anderen Leiden und Tod. Überraschend sind die beiden hellen Flecke auf dem
Haupt Jesu und der Stirn des Pilatus. Im Hintergrund hat Beckmann in das Bild eine Leiter gezeichnet. Ist es die Leiter zum Kreuz?
Oder die Leiter zu weiterer Macht, die Pilatus erstrebt? Oder wird
über diese Leiter von oben her, von Gott her etwas vermittelt werden? Ich als Betrachter werde ebenfalls mit ins Bild gezogen: Die
Augen des zur Kreuzigung Bestimmten schauen mich an – nicht
hilfesuchend, sondern auf meine Reaktion wartend.

„Christus und Pilatus" schließt die 1946 in einer Auflage von 100
Exemplaren bei Curt Valentin in New York verlegte Folge von 15
Lithographien Beckmanns mit dem Titel „Day and Dream" ab. Es
ist schwer zu sagen, welche Bedeutung der christliche Glaube für
Beckmann hatte. In seinen Tagebüchern zwischen 1940 und 1950,
also bis zu seinem Tode, schreibt er wenig davon. Die Aufzeichnun-
gen zwischen 1925 und 1940 hat er vernichtet. Aber da sind ja einige
Grundmotive, die er in den Bildern aufgreift, etwa Adam und Eva,
Kreuzabnahme, Auferstehung, der Verlorene Sohn, die gesamte
Apokalypse des Johannes und dieses Bild von Christus vor Pilatus,
das ein wichtiges Gegenbild in der Darstellung des Christus und
der zur Steinigung gebrachten Sünderin (Johannes 7, 53–8,11) von
1917 hat. Beckmann malt sich selbst als Pilatus, er gibt aber in dem
Bild mit der Sünderin dem schützenden und erhebenden Christus

seine eigenen Züge. Seine Bilder sprechen so mehr als seine Tagebücher über seine Beziehung zu Jesus.

Daß Beckmann sich als Pilatus darstellt, hängt vielleicht mit den vielen Überlegungen zu seinem eigenen Tod zusammen. In den Tagen, in denen das Bild mit Christus und Pilatus fertig geworden ist, schreibt er: „Ein lächerlicher alter Clown bin ich und nichts anderes" (18.4.1946). Beckmann spiegelt sich in Christus, der den Weg zum Tod geht und ganz anders ist – ein Vorbild für den Maler? Die Haltung des zur Kreuzigung Bestimmten – eine Seite des Künstlers, die er intensiv bedenkt? Kann man also als Künstler einmal Pilatus sein, ein anderes Mal Jesus? „Wer bin ich? Der oder jener? Bin ich denn heute dieser und morgen ein andrer? Bin ich beides zugleich?" – so fragt auch Beckmanns Zeitgenosse Dietrich Bonhoeffer sich.

Was für eine seltsame Hand dessen, der da Hand anlegt! Was will der, dem diese Hand gehört, begreifen? Er dringt in den Raum, der dem anderen zusteht, ein: mit der Hand, der Schulter, einem Teil seines Gesichtes. Er kann es sich leisten, den Abstand nicht zu wahren. Seine Macht legitimiert ihn. Doch: Merkt er bei seiner Annäherung gar nicht, daß er sich an der Krone des anderen verletzen wird? Ein Stachel in seinem Fleisch, ein Stachel im Rechtsbewußtsein der Menschheit! Erstaunlich, daß der andere bei dem Eindringen der Macht in seine Sphäre nicht weicht: „Du hättest keine Macht, wenn sie dir nicht von oben herab gegeben wäre" (Johannes 19,11) – so sagt er. Von oben? Von jener Leiter herab gegeben wäre, die sonst so unerklärlich im Raum steht? Erstaunlich, daß der andere – der Christus Jesus – nicht weicht. Die Dunkelheit des Todes und des Verlassenseins und des Unrecht-Leidens steht ihm ins Gesicht geschrieben. Er weicht nicht, weil er König ist, dazu geboren und in die Welt gekommen, daß er für die Wahrheit zeugen soll.

Der 45. Psalm singt von diesem Zeugen. Dort heißt es: „Mein Herz dichtet ein feines Lied, einem König will ich es singen; meine Zunge ist ein Griffel eines guten Schreibers ... Es möge dir gelingen in deiner Herrlichkeit. Zieh einher für die Wahrheit in Sanftmut und Gerechtigkeit." In Beckmanns Bild ist dieser „Griffel eines guten Schreibers" wieder am Werk, nun 1946, ein Jahr nach dem Ende des Krieges, in dem der andere Pilatus, der andere Kreuziger und Vergaser, in den Lebensraum der Kinder Gottes und des Sohnes Gottes eingedrungen war. Nun wird uns sichtbar gemacht, warum es nicht zurückzuweichen gilt vor der Macht in allen ihren Schattierungen, auch wenn das Leiden mit sich bringt.

Beckmann zeichnet den Menschen, über den Pilatus gesagt hatte: Ecce homo – was für ein Menschlein! Oder zeigt der weiße Fleck an der Stirn des Pilatus, der eindeutig die Züge des Malers selber trägt, daß es ihm aufdämmert, worin Menschsein besteht? Hatte er etwa auch gesagt: ECCE HOMO – Seht: DER MENSCH? Hat Beckmann vier Jahre vor seinem eigenen Tode sein eigenes Leben im Gegenüber zu Jesus von Nazareth kritisch sich überlegt, staunend vor dem, der so ganz anders als er selber gelebt hat? Hat er sich in diesem Bilde dem Jesus angenähert, der sich wie er auch um die kleinen Leute in seinen Bildern gekümmert hat, auch wenn er als Maler die Verbindung zu den Großen brauchte, um existieren zu können? Erkennt er in dem Verurteilten den, der in Wahrheit in dieser Welt handelt?

Rembrandt Harmensz van Rijn, Der Fischzug des Petrus

Um 1653, 18,0 × 19,2 cm, Feder, Bister, laviert, Louvre, Paris, Département des Arts Graphiques.
Standort im Evangelischen Gesangbuch: S. 660, gegenüber Nr. 361 („Angst und Vertrauen")

Die flüchtige, lavierte Federzeichnung zeigt das parallel zur Bildfläche angeordnete Schiff des Petrus, das von den Blatträndern überschnitten wird. Im Mittelpunkt der Darstellung steht die Reaktion des Petrus auf den durch Jesus angeordneten Fischzug. Das eigentliche Wunder ist mit dem nach hinten über den Bootsrand hängenden Netz nur angedeutet. Petrus ist vor Jesus, der links von ihm entspannt mit der lässig um das Fallreep gelegten rechten Hand erhaben im Schiff steht, auf die Knie gefallen. Mit seinem leicht zu Petrus hin geneigten Kopf wendet sich Jesus ihm zu. Am rechten Bildrand betrachten zwei weitere Fischer, wohl Jakobus und Johannes, von freudigem Schrecken über das wunderbare Geschehnis erfaßt, die Szene, während sich dazwischen hinter Petrus ein weiterer Fischer mit dem Rücken zum Betrachter über den Schiffsrand beugt und wohl mit dem Einholen des gefüllten Netzes beschäftigt ist.

Christus wird bei Rembrandt häufig etwas größer dargestellt als seine Begleiter und so auch formal hervorgehoben. Die Federzeichnung ist die einzige Darstellung, die von Rembrandt zum Motiv des Fischzugs des Petrus bekannt ist. Sie läßt sich keinem der Gemälde zuordnen. Skizzen begleiten im Sinne von Vorstudien das gesamte Werk Rembrandts und stellen dem Maler das erforderliche Ausgangsmaterial zur Verfügung. Der biblische Bezug ist mit der Berufung des Petrus nach Lukas 5, 1–11 gegeben. Rembrandt erfaßt mit seiner Skizze die Situation, die sich ergibt, als Jesus, nachdem er die Menge sitzend vom Boot aus gelehrt hat, Simon Petrus auffordert, auf den See hinauszufahren. Als die Netze wider Erwarten überreich mit Fischen gefüllt sind, fällt Petrus Jesus zu Füßen und spricht sein „Herr, geh weg von mir! Ich bin ein sündiger Mensch" (Lukas 5,8). Rembrandt stellt den Schrecken dar, der Petrus erfasst hat. Das Gegenüber der beiden Körperhaltungen bestimmt den Aufbau der Skizze: Der völlig entspannte, erhaben auf dem Schiff stehende Christus und der in die Knie gesunkene, vom Schrecken bis ins Körperliche hinein erfaßte Petrus, der sich demütig und voller Anspannung auf die Knie wirft und seinem Herrn huldigt.

Ein souveräner Christus lehnt am Fallreep des Segelbootes. Er blickt entspannt auf das sich vor seinen Augen vollziehende Wunder des Fischfangs mitten am Tag. Leicht schaukelt das Boot auf dem See Genezareth. Das Segel ist zur Hälfte herabgelassen. Im Hintergrund sind die Fischer damit beschäftigt, den überreichen und unerwarteten Fang mit dem Netz einzuholen. Simon Petrus dagegen ist vor Schrecken vor Christus auf die Knie gesunken. Angst und Vertrauen liegt im Gegenüber der beiden Figuren, zugleich aber auch die Spannung zwischen der Mühe der Arbeit und dem Stillsein, der Erholung. Petrus wird von Christus eingeladen, sich zufriedenzugeben. Die innere Ruhe anzunehmen, die von Christus ausgeht, seine Gelassenheit. Vertrauen und zugleich ungeheure Entspannung strahlt diese Haltung Jesu aus. Mit ihr steht er über allem Geschehen. Die anderen Fischer und zukünftigen Jünger dagegen sind noch auf die mühevolle Arbeit des Einholens des Netzes konzentriert. Sie nehmen wie der rechts außen im Boot noch gar nicht wahr, was sich unterdessen in der Beziehung zwischen Christus und Petrus ereignet hat. Das Schiff selbst bildet zusammen mit dem entspannt lehnenden Christus den ruhenden Pol im Geschehen. Arbeit und Entspannung, Angst und Vertrauen, Schrecken und völlige Ruhe haben in ihm ihren Ort und bestimmen seine Dynamik.

Georges Rouault, Herr, du bist es, ich erkenne dich

1948, 57,0 × 48,0 cm, Aquatinta, Staatliche Graphische Sammlung München.
Standort im Evangelischen Gesangbuch: S. 698, gegenüber Nr. 384 („Umkehr und Nachfolge")

Man sieht zwei Männer. Der rechte ist nicht mehr ganz im Bild, der Linke hat sich vom Rand gelöst und bewegt sich auf ihn zu. Beide neigen ihre Köpfe voreinander, schauen sich aber nicht an. Jeder streckt die rechte Hand zum anderen hin aus. Der Linke hat helles Haar, der Rechte dunkles. Von seinem Haupt gehen kurze helle Strahlen aus. Es ist nicht der übliche Nimbus in Form einer Scheibe, sondern wirklich ein Heiligenschein, ein Ausstrahlen. Der Linke scheint auf den ersten Blick ein Gewand mit kurzen Ärmeln anzuhaben. Bei genauem Hinsehen erkennt man aber, daß beide Männer vollkommen nackt sind. Durch die Bildunterschrift werden sie als Christus und Thomas erkenntlich: „Seigneur c'est vous, je vous reconnais – Herr, du bist es, ich erkenne dich."

Das Blatt entstammt einer Folge von 58 Blättern, die Georges Rouault unter dem Titel „Miserere" (Erbarmen) zwischen 1914 und 1927 erarbeitet und sehr oft, teilweise fünfzehnmal umgestaltet hat. Die ursprünglich als Zeichnungen angelegten Arbeiten wurden nachträglich in Aquatinta, einem abgewandelten farbigen Kupferstich-Verfahren, das in seiner Wirkung der Tuschzeichnung ähnelt, umgearbeitet und erst 1947/48 veröffentlicht. „Herr, du bist es" ist Blatt 32 des Zyklus, dessen Thema der leidende Mensch ist. Rouault hat jedes Blatt mit einem Zitat aus der Bibel, der Mythologie oder der Literatur versehen. Er „sah schwarz und er malte schwarz", schrieb sein Biograph, und er selbst sagte: „Als Christ glaube ich in so ungewissen Zeiten nur an den gekreuzigten Heiland". Deshalb kommt in Rouaults Werk nur der leidende und gekreuzigte Christus vor, für den er bereits sehr früh einen festen Bildtyp geprägt hat, der in der Gestaltung des Antlitzes wie eine Erinnerung an Ikonen erscheint.

Ein Bild, das ganz still und ruhig wirkt. Christus steht fest am äußersten rechten Bildrand. Sein Haupt ist zu Thomas geneigt. Dieser macht eine Schreitbewegung, wie durch sein rechtes Bein zu sehen ist, die aber schon wieder zum Stillstand gekommen ist, wie das linke zeigt. Er neigt seinen Kopf noch tiefer als Christus, und der streckt seinen rechten Arm aus. Die Bewegung ist aber, wie das Schreiten, schon wieder abgebrochen. Man hat nicht den Eindruck, daß er Christus berühren wird. Er scheint seinen kecken Ausruf im Jüngerkreis, er glaube die Auferstehung nur, wenn er die Wunden Jesu berühren kann, nun nicht mehr ausführen zu wollen, wo die Situation dazu gegeben wäre. Hat ihn der Mut verlassen? Er hat seinen Meister bereits so erkannt. Der aber ist nicht empört, er wendet sich nicht ab, sondern im Gegenteil: Er überbrückt von sich aus den Abstand, der zwischen ihnen besteht, indem er mit seiner Hand Thomas am Handgelenk vorsichtig berührt.

Georges Rouault hat hier sehr genau die Situation wiedergegeben, die im Johannesevangelium (20, 24–29) berichtet ist. Als Jesus zu den Jüngern kommt, weiß er um den Wunsch des Thomas. Der braucht ihn gar nicht auszusprechen, sondern Jesus fordert ihn seinerseits auf, die Hände in seine Seite zu legen. Das aber tat Thomas nicht, sondern bekannte: „Mein Herr und mein Gott".

Es geht hier nicht darum, wie es so oft im Leben ist, daß einer große Worte macht, aber kleinlaut schweigt, wenn nun die Tat folgen soll. Hier ist es ernster: Ein Mensch, der Jesus kannte, der mit ihm zusammen gelebt und ihn immer wieder gehört und erlebt hat, glaubt denen nicht, die Jesus schon gesehen hatten, obwohl er ja auch mit diesen Männern und Frauen zusammen gelebt hatte und sie gut kannte. Beweise, unumstößliche Beweise will er, sich nicht auf das Hörensagen, ja nicht einmal auf zehn Augenzeugen verlassen. Christus aber sagt zu ihm, er glaube nun nur, weil er ihn gesehen habe, und fügt hinzu: „Selig sind, die nicht sehen und doch glauben".

In dieser Lage sind wir nun alle, seit der Himmelfahrt Christi. Wir können Christus nicht sehen und sind damit oft in einer ähnlichen Situation wie Thomas. Daß wir an die Grenzen unseres Glaubens stoßen, daß wir sehen möchten – die Kraft Gottes, die Liebe Jesu? Trotz so vieler Worte, die wir immer wieder gehört haben, zweifeln wir, können es nicht für wahr halten. Da kann uns dieses Bild einen Trost vermitteln: Jesus selbst ist nicht darüber enttäuscht, ist nicht verärgert. Er sieht den Menschen ganz realistisch, er verweigert sich nicht, sondern er tut den ersten und den zweiten Schritt, er ruft den Zweifler zu sich, und wo dieser nun nicht mehr wagt, ihn zu berühren, da tut er es. Das kann uns ein Trost sein, wenn wir versuchen, Jesus nachzufolgen, und trotzdem von Zweifeln nicht frei sind.

Christian Rohlfs, Der verlorene Sohn

1916, 48,0 × 35,0 cm, Holzschnitt, Verlag Aurel Bongers, Reckling-
hausen.
Standort im Evangelischen Gesangbuch: S. 720, gegenüber Nr. 396
(„Geborgen in Gottes Liebe")

Die Szene der Begegnung zwischen Vater und Sohn spielt sich wohl
im Hof vor einem stark abstrahierten Haus ab. Das Gebäude im
Hintergrund erinnert in seiner Fassadengliederung an ein Fach-
werk; links oben ist ein Sprossenfenster zu sehen, rechts eine Art
Tür, durch die Licht ins Freie fällt. Der Sohn sitzt zusammengekauert in der linken Bildhälfte. Mit dem Kopf blickt er hoffnungsvoll
auf den Vater. Mit der rechten Faust stützt er sich auf dem Boden ab.
Der ausgemergelte Körper läßt die zurückliegenden Entbehrungen
erahnen. Völlig nackt kniet er vor dem Vater. Rechts steht der Vater
mit Bart und Kappe auf dem Kopf, in ein knöchellanges Gewand
gekleidet. Vorsichtig Schritt vor Schritt setzend wendet er sich
leicht gebeugt dem vor ihm niederknienden Sohn zu. Mit seiner
großen Rechten greift er nach dem Haarschopf des Sohnes und legt
seine Hand auf ihn. Die gütige Greisengestalt des Vaters und der
beschützende Gestus seiner langen Arme beherrschen das Geschehen. Der Vater ist ganz Gebärdefigur, eine des Segnens, der
Annahme. Die Begegnung der beiden erfolgt vor einem völlig
dunklen Hintergrund, wodurch die Bewegung der beiden Gestalten aufeinander zu hervorgehoben wird. Durch das Sprossenfenster und die Türöffnung kommt das Licht, das den Sohn und den
Vater, besonders dessen ausgestreckte Hand, von der Seite erleuchtet. Beide Figuren leben vom Licht, das auf sie fällt.

Christian Rohlfs ist der Nestor unter den Künstlern, die gemeinhin
dem deutschen Expressionismus zugeordnet werden. Und doch
hat er einen Alleingang gewagt in seiner künstlerischen Selbstfin-
dung. Seine Bilder sind nicht expressiver Ausdruck einer Revolte
gegen die Zeit. Der anklagend-aggressive Ton fehlt. Sie sind vielmehr Ausdruck einer zeitlosen Menschlichkeit. Deshalb sprechen
sie auch in unserer Zeit wie die Darstellung „Der verlorene Sohn",
die sich im malerischen wie graphischen Werk findet (1914/15,
Holzschnitt 1916). Nicht nur Christus als Gestalt, sondern auch die
Themen seiner Botschaft sind ihm wichtig. Bei der Beschäftigung
mit dem „Verlorenen Sohn" hat er sich mit dem großen Vorbild,

Rembrandts „Rückkehr des verlorenen Sohnes", auseinandergesetzt. Der Ausbruch des Ersten Weltkriegs hat Rohlfs so tief erschüttert, daß er sich verstärkt der Welt innerer Vorstellungen zuwandte. „Die Zeitereignisse sind so ungeheuer", schreibt der 65jährige Maler 1914 an einen Freund, „daß sie Alles erdrücken und erst der Friede kann die Ruhe und Sammlung wiederbringen." Schon während seines Münchner Aufenthalts 1910–1912 hatte sich Rohlfs mit religiösen Themen beschäftigt. Bis 1920 malte er fast alle bekannten biblischen Erzählungen: die Erschaffung Adams, den Geist Gottes über den Wassern, Elias, die Bergpredigt, die Rückkehr des verlorenen Sohnes, Gethsemane, Auferstehung und vieles andere mehr. Die Bibel war ihm als Lektüre von Jugend an vertraut. Die Christusgestalt diente ihm dabei nicht als Ventil für die akute Klage, sondern sie war ihm Symbol einer gütigen und verstehenden Menschlichkeit. Nicht der Aufschrei des Verlorenen steht im Mittelpunkt der Darstellung vom „Verlorenen Sohn", sondern die verzeihende Güte und verständnisvolle Liebe Gottes, das „Geborgen in Gottes Liebe". Wie eine Legende erzählt er die Botschaft von der Versöhnung und Güte mit großem Ernst und tiefer Würde – im Unterschied zum heftigen Aufschrei der anderen Brücke-Künstler. Er bleibt nicht stehen bei dem katastrophalen Erleben von Sinnlosigkeit in den Jahren 1914–1918, sondern leitet den Betrachter vom Sehen und Erkennen hin zu einer zeitlosen Annahme und Bejahung des Menschen. Das Dunkel der Zeit soll durchlässig werden für die zeitlose Gebärde des Segnens, wie es im Holzschnitt „Der verlorene Sohn" geschieht.

Begegnung – sie erfolgt über Blickkontakt und über ausgestreckte, einladende Hände. Zwei Menschen suchen wieder Kontakt, nachdem sie sich aus den Augen verloren haben. Der Sohn hat die Freiheit gesucht. Das Zuhause im Dunstkreis des Vaters war nicht sein Leben. Er läßt sich darum sein Erbe ausbezahlen. Er geht weg, entfernt sich von dem Ort, wo er hätte geborgen sein können. Warum geht einer weg? Vielleicht, weil ihm die Welt dort zu eng ist, weil er sich ständig bevormundet fühlt, weil er zu wenig mitzumischen hat, weil die Älteren regieren. Vielleicht auch weil ihm alles zu starr, unbeweglich, zu unfröhlich ist. So gehen viele Menschen weg von ihrer Gemeinde. Sie sagen: Gib mir meinen Anteil, der mir zusteht, konfirmiere mich, gib mir das Segensgeleit für die Ehe, taufe mein Kind, beerdige meinen Großvater, aber laß mich ansonsten meiner Wege gehen. In eurem Haus, in der Kirche, ist mir die Welt zu eng, zu einseitig. Ich will frei sein. Die Freiheit hat freilich ihren Preis. Mancher hat in der Fremde allerdings auch sein Glück gemacht. Der Sohn hier nicht. Er hat sich verirrt. Und er merkt es auch. Als er auf dem tiefsten Punkt ist, als er zu resignieren droht, wird ihm bewußt, daß er eine halbe Sache gewählt hat. Freiheit ja, aber die Geborgenheit fehlt ihm. Er hat Kumpel, aber keine Freunde. Er hat Spielzeug, aber keine Menschen, die zu ihm halten, als er in Not ist und Probleme hat. Und so setzt er seine Hoffnung auf sein altes Zuhause und auf den Vater. Lieber unfrei als ungeborgen! So macht er sich auf den Heimweg und sucht den Vater, so wie er ist: abgebrannt, nackt, bloß. Er hofft im Stillen, daß er zurückkehren darf, wenn nicht als Sohn, so doch als Knecht. Und der Vater verläßt die Sicherheit seiner vier Wände und geht dem Sohn entgegen. Die, die sich aus den Augen verloren haben, suchen neuen Blickkontakt. Die Hände, die den Sohn in die Freiheit entlassen haben, strecken sich ihm entgegen: keine Vorwürfe, kein zu Kreuze Kriechen, kein Bloßstellen, kein Ausgeliefertsein, keine Barmherzigkeit von oben herab. Die Hände des Vaters greifen durch das Trennende, das Dunkel und geben das Signal: Du bist mein Sohn, und du bleibst es. Ich nehme dich an. Du kannst dich wieder bergen in meiner Güte und Menschlichkeit. Und gerade das macht dich frei. So will uns Christus begegnen wie der Vater dem Sohn. So kann Begegnung erfolgen zwischen den Menschen, die in der Kirche leben, und denen, die draußen sind. Das Licht des Glaubens holt uns zurück. Die verzeihende Güte und verständnisvolle Liebe des Vaters hat auch den Maler Christian Rohlfs zurückgeholt aus Vereinsamung und seelischer Verlassenheit.

Otto Müller, Polnische Familie

1920/21, 26,0 × 18,8 cm, Lithographie, Galerie Nierendorf, Berlin.
Standort im Evangelischen Gesangbuch: S. 746, gegenüber Nr. 412
(„Nächsten- und Feindesliebe")

Vor einer Ziegelwand hat sich die „Polnische Familie" wie zu einem
Foto plaziert: Vater, Mutter und Kind. Die Ziegelwand reicht bis
zum oberen Bildrand, links hinter der Mutter sind die Steine gebor-
sten, Laubwerk rankt empor und füllt die Lücke aus. Ein Brett dient
der Mutter als Bank. Barfüßig, nur mit einem Rock bekleidet, sitzt
sie da. Ihr dunkles Haar fällt über das rechte Auge, mit dem anderen blickt sie den Betrachter direkt an. Über ihre Schultern hat sie
ein Tuch gelegt. Strahlenförmige Strukturen in der Mauer rund um
ihr Haupt erwecken den Eindruck eines Nimbus. Sie hält ein dürres, nacktes, rachitisches Baby auf ihren dünnen Armen. Das Kind
säugt an ihrer linken Brust. Unter der Sitzbank kauert ein Hund.
Neugierig guckt er in die Ferne. Rechts steht mit dem Rücken an
einen großen Baumstamm gelehnt der Vater. Die linke Hand steckt
in der Rocktasche. Das spitzbärtige Gesicht wendet sich seiner jungen Familie zu. Er trägt einen knöchellangen Mantel mit hochge-
schlossenem Kragen – wohl einen Kaftan – und einen hohen
schwarzen Zylinder. Wie mit leichter Hand scheint das Bild entworfen zu sein, die lockeren, kreidigen Schraffuren im Mantel des
Vaters und auf dem Boden unterstreichen diesen Eindruck noch.
Von den Gesichtern von Vater und Mutter geht ein geheimnisvoller
Reiz aus, süß und herb in einem.

Das Motiv „Polnische Familie" (Judenfamilie; Polen) wurde von
Otto Müller 1920/21 in verschiedenen Techniken durchgearbeitet,
als Lithographie wie auch als Gemälde. Die „Polnische Familie" ist
eng mit einer Wende im Privatleben von Otto Müller verknüpft.
Der Künstler hatte sich im Jahre 1920 von seiner Frau Maschka, die
zugleich auch sein langjähriges Modell gewesen war, getrennt. Das
Ehepaar hatte sich auseinandergelebt. 1919 hatte Otto Müller eine
Professur an der Kunstakadamie in Breslau angetreten. Maschka
lebte weiterhin in Berlin, die Verbindung zwischen ihnen riß freilich
nie ab. Trotzdem trat 1920 eine neue, junge Frau, eine Schülerin von
Otto Müller, in sein Leben: Irene Altmann. Der Künstler sehnte sich
nach einer geborgenen Familienatmosphäre. Aus dem Wunsch

nach einem harmonischen Familienleben mit Frau, Kind und Hund ist das Bild „Polnische Familie" entstanden. In dem Mann mit dem hohen, schwarzen Hut und dem dunklen Mantel hat Otto Müller sich selbst dargestellt. Denn der Künstler trat schon früh mit diesem Habitus, schwarzer Hut und dunkle Straßenkleidung, auf. Mit der Beziehung zu Irene Altmann sollte sich das Familienglück einstellen. Deshalb hält die junge Frau ein eben geborenes Kind in den Armen. Der Pudel Heiko ist etwa zur Entstehungszeit des Bildes zu dem Maler gestoßen. Otto Müller dachte bald an Heirat. Doch der Vater Irene Altmanns, ein orthodoxer Jude, hatte Einwände. Denn für ihn kam eine Verbindung seiner Tochter mit einem Nichtjuden nicht in Betracht. Der Maler hat sich im Bild seiner Wunschfamilie zwar als Jude dargestellt, doch ist die verborgene Traurigkeit und stille Hoffnungslosigkeit unverkennbar. Seine moderne Fassung der Heiligen Familie blieb ein Wunschtraum. Nach dem baldigen Abbruch der Beziehung zu seiner Schülerin teilte der Pudel Heiko seine einsamen Stunden mit ihm als schweigsamer Freund. Der melancholische Zug auf dem Gesicht von Irene Altmann kehrt in der späteren „Zigeunermappe" des Künstlers wieder.

Die Lithographie erinnert an moderne Darstellungen der Heiligen Familie aus Lateinamerika. Das stille, ärmliche Familienbild spricht an. Denn ein glückliches Familienleben ist ja nicht ausschließlich an materiell günstige äußere Umstände gebunden. Raum ist in der kleinsten Hütte für ein glückliches liebendes Paar, weiß schon der Volksmund. Der Vater ist in die Beziehung Mutter – Kind noch nicht voll integriert. Er steht mit den Händen in den Taschen noch fast etwas abwartend daneben. Das Laubwerk hinter dem mütterlichen Heiligenschein bringt mit seinem Grün Hoffnung in dieses Bild. Liebe und Glück und die Familie wachsen und gedeihen. Der Baumstamm hinter dem Mann, an den er sich anlehnt und der aus dem Bild herauswächst, kann nicht von dieser Familie gepflanzt worden sein. Aber sie und ihr Kind leben davon, daß andere Generationen vor ihnen für sie etwas geschaffen haben. Die Armut in der schäbigen Hütte verbindet diese Familie mit der Heiligen Familie in Bethlehem. Auch dort begegnet uns keine Idylle, sondern harter Alltag. In diesen Alltag ist Gott hineingeboren und hat zu ihm ja gesagt. Die äußeren Umstände verändern sich damit nicht schlagartig, aber der mühsame Alltag ist nun Gottes und der Menschen gemeinsamer Alltag geworden. Und in diesem Alltag hat die Liebe Gottes ihren Platz und ihre verändernden Wirkungen. In jeder

Familie begegnet uns ein Stück Wirklichkeit der Heiligen Familie. Der Heiligenschein um die Frau weist auf Parallelen zum Weihnachtsfest hin. Das Fremde, Andersartige, das Nicht-Bürgerliche in der Erscheinung der Frau gehört zur Weihnachtsbotschaft dazu. Gott ist allen Menschen Mensch geworden, damit die Menschen menschlicher zueinander werden. Seine Liebe kennt keine Rassen- und Standesgrenzen. Maria und Josef waren die ersten Asylanten. Sie wurden abgeschoben aus den bürgerlichen Wohnstuben in die Abstellkammern und Hinterhöfe. Es gab für sie keinen Raum in der Herberge. Nach der Flucht fanden sie in Ägypten Asyl. Sie durften bleiben, und deshalb haben sie überlebt. Wie nehmen wir die Fremden auf? Mit offener Ablehnung, verhaltener Wut, mit ehrlicher Akzeptanz, aus Liebe zum Nächsten, wer das auch immer sei? Das Bild lädt uns ein, den abwartenden jüdischen Vater im Kaftan und die fremdländisch wirkende Frau mit dem durchdringenden und halbverschleierten Blick als Teil der Gottesfamilie aufzunehmen und in unser Leben zu integrieren. Zuneigung und Zärtlichkeit können dann wachsen, auch wenn die Realität und die Sachzwänge uns immer wieder einholen wollen. Die Hoffnung wird dabei immer wieder Rückschläge erleiden – auch für Otto Müller erfüllten sich die Familienträume damals noch nicht. Aber der feste Baumstamm und das grüne Laubwerk sind Zeichen dafür, daß die Hoffnung nicht eingeht, sondern zum Grünen kommt: „Euch ist heute der Heiland geboren. Darum fürchtet euch nicht! Faßt Mut und habt Vertrauen!"

Otto Pankok, Die Taube pflückt den Ölzweig

1950, 44,3 × 37,5 cm, Holzschnitt, Otto-Pankok-Museum, Hünxe-Drevenack.
Standort im Evangelischen Gesangbuch: S. 760, gegenüber Nr. 421
(„Erhaltung der Schöpfung, Frieden, Gerechtigkeit")

Vom unteren Bildrand her ragen Zweiglein ins Bildfeld, auf denen sich ein prächtig gefiederter Vogel niedergelassen hat. Kurze, kräftige Striche, die zu klar geordneten Bändern zusammengeschlossen sind, geben dem Federkleid des Vogels Struktur. Seine Flügel sind mit länglichen, vorne gerundeten Federn bedeckt, teils mit Punkten oder Streifen gefüllt, teils quer gestreift, teils schwarz. Trotz der Schwarzweißtechnik des Holzschnittes ahnt der Betrachter die Farbigkeit des Tieres. Vielleicht assoziiert der Betrachter auf den ersten Blick damit eher das prächtige Federkleid eines Pfauenvogels als das einer Taube, obwohl das Charakteristische einer pickenden Taube bei genauer Betrachtung eine gelungene Umsetzung in diesem Holzschnitt fand. Der Titel, den der Künstler dem Holzschnitt gegeben hat, läßt außerdem keinen Zweifel an der Benennung des Vogels als Taube. Der Ölzweig, den sie pflückt, der äußerste Sproß der Zweiglein, besitzt im Gegensatz zu allen anderen Zweigen im Bild schwarz gefüllte Blätter, vier an der Zahl. Hinter der Taube türmen sich hohe Wolken, doch scheinen sie sich zu verziehen. Mit dem Titel „Die Taube pflückt den Ölzweig" stellt Pankok sein Bild in den Zusammenhang der Sintflutgeschichte (1.Mose 7–8). Noah hatte Tauben ausgeschickt, um zu prüfen, ob das Wasser auf dem Land schon abgenommen habe. Die dargestellte Taube hat einen Baum gefunden, dessen Krone zumindest schon aus den nachlassenden Fluten ragt. Mit diesem Motiv fängt Pankok die ganze Sintflutgeschichte ein, doch verlagert er den Schwerpunkt von der Rettung Noahs und seiner Familie in der Arche auf die Bewahrung der Natur.

Unter anderem mit diesem Bild beschickte Otto Pankok 1951 die zweite Ausstellung der Künstlergruppe „Pavillon" in München, die unter dem Thema „Erhaltet den Frieden" stand. Weitere Bildmotive, mit denen sich Pankok an dieser Ausstellung beteiligte, waren „Es ist ein Schnitter, der heißt Tod", „Denn wer das Schwert nimmt . . ." und „Christus zerbricht das Gewehr". Letzteres wurde zum Symbol der Friedensbewegung. Frieden, Gleichberechtigung und Bewahrung der Schöpfung waren die zentralen Anliegen Pankoks, als er nach einem zehnjährigen Berufsverbot im Dritten Reich im Nachkriegsdeutschland wieder öffentlich tätig werden und Ausstellungen beschicken konnte. Mit Sorge beobachtete er die Bestrebungen in Deutschland zur Wiederaufrüstung. Pankok (1893–1966) war ein politisch sehr engagierter Künstler, der auch schon vor 1951 immer wieder auf biblische Themen zurückgriff, um seinen Anliegen Ausdruck zu verleihen. Sein vielleicht bekanntester Zyklus ist die 60 Bilder umfassende „Passion", die nach der Machtergreifung Hitlers in den Jahren 1933/34 entstand.

„Die Taube pflückt den Ölzweig" ist vielleicht eines der optimistischsten Bilder des Künstlers, noch getragen von der Zuversicht, daß nach dem Ende des Dritten Reiches den Menschen eine glückliche Zukunft beschieden sei. Der Optimismus wich jedoch rasch einer nüchterneren Einstellung. Als 1960 die große Ausstellung „Künstler gegen Atomkrieg" durch 80 Städte auf Wanderschaft ging, war Otto Pankok wieder mit „Wer das Schwert nimmt ..." und „Christus zerbricht das Gewehr" vertreten. „Die Taube pflückt den Ölzweig" war nicht mehr darunter.

Der skizzierte Kontext zur Entstehungs- und Wirkungsgeschichte des Holzschnittes „Die Taube pflückt den Ölzweig" umreißt das Bild recht gut. Im Gegensatz zu anderen Motiven Pankoks wirkt die Taube eher wie eine Momentaufnahme, wie das kurze Aufflackern der Hoffnung, die aber an der Unzulänglichkeit der Menschen wieder scheitert. Der Vogel selbst (Sinnbild der Hoffnung) ist prächtig, doch wie zaghaft wirkt sein Versuch, das zarte Pflänzlein abzupflücken (Symbol des Friedens), beinahe schüchtern, ein wenig linkisch neigt die Taube den langen Hals, und beinahe zärtlich pickt der Schnabel nach dem Zweig. So zeigt das Bild eine „kraftvolle Zerbrechlichkeit". Die Taube in ihrem prächtigen Federkleid lenkt die Blicke des Betrachters auf sich und erinnert ihn vielleicht sogar an den seltenen Paradiesvogel. Sie symbolisiert nicht nur die Hoffnung auf die Bewahrung der Schöpfung, sie ist die Schöpfung, kraftvoll, zaghaft, wunderbar, zerbrechlich, zärtlich, verletzlich. Und das Zweiglein vom Ölbaum ist die Hoffnung, winzig, aber unübersehbar. Der Vogel wird das Zweiglein zu Noah bringen.

Caspar David Friedrich, Fensterausblick auf einen Park

Um 1806–11 bzw. 1835–37, 39,8 × 30,5 cm, Bleistift und Sepia, Staatliche Eremitage St. Petersburg.
Standort im Evangelischen Gesangbuch: S.782, gegenüber Nr. 437 („Morgen")

Das in Bleistift und Sepia gezeichnete Blatt hält den Blick aus einem Fenster in einen von Bäumen bestandenen Park fest. Das hohe, zehnfach geteilte Sprossenfenster des Zimmers sitzt in einer tiefen, verschatteten Wandnische (in der Abbildung beschnitten). Die obersten vier Fächer sind mit einem Laden geschlossen. Auf dem Außensims stehen zwei Blumentöpfe mit Blattpflanzen. Gegen das gleißende Außenlicht blickt der Betrachter durch das geschlossene Fenster in den Garten. Die parkartige Anlage wird hinten von hohen, schlanken Pappeln und einer Reihe dichter Laubbäume begrenzt. Links sieht man die Fassade eines eleganten zweigeschossigen Gebäudes, während rechts gerade noch ein kleines Häuschen mit geschlossenen Fensterläden und einem steilen Ziegeldach erkennbar ist.

Der dargestellte Ort bleibt unklar. Johanna Schopenhauer (1766–1838), die Mutter des Philosophen Arthur Schopenhauer, berichtet nach einem Besuch bei dem Künstler 1810 über eine Folge von Sepia-Zeichnungen, die wohl Ausblicke aus Friedrichs Wohnungen in Dresden und Loschwitz, wo er ab 1801 einen bescheidenen Sommersitz hielt, gezeigt haben mögen. Obwohl Johanna Schopenhauer von „kleinen Werken" sprach, hielt man das St. Petersburger Blatt verschiedentlich für einen Teil dieser Serie. Tatsächlich entspricht das Fenster jedoch weder denen in Friedrichs Dresdener Wohnung, noch jenen seines Loschwitzer Sommersitzes, den er einmal als Teil eines Bauernhofes mitsamt Hühnern, Schweinen und einem Kettenhund beschrieb.

Es bleibt die ansprechende Vermutung, es handle sich um den Fensterausblick in den Park des Weinberghauses von Friedrichs Malerfreund Gerhard von Kügelgen (1772–1820) in Loschwitz. Kügelgen mietete sich hier um 1810 kurz ein; kaum zehn Jahre später erwarb er das hübsche Anwesen. Noch während er mit der Renovierung beschäftigt war, wurde er auf dem Weg nach Loschwitz von einem

Straßenräuber ermordet. Friedrich könnte den Blick aus einem der Fenster des Weinberghauses entweder um 1810 oder im Gedenken an den Freund nach Kügelgens Tod ausgeführt haben, vielleicht erst in den späteren dreißiger Jahren, aus denen alle übrigen Sepia-Zeichnungen stammen, die Friedrich nach Rußland sandte.

Schon 1805–06 hielt er den Fensterausblick durch seine beiden Fenster seines Dresdener Ateliers auf zwei Sepia-Zeichnungen fest: Aus leicht verändertem Winkel geht der Blick einmal flußaufwärts, einmal auf das gegenüberliegende Ufer (beide Wien, Kunsthistorisches Museum). In beiden Blättern ist das große, geöffnete Fenster in der kahlen Wand das einzige Motiv, es treten keine Figuren auf. In dieser strengen Klarheit entspricht das St.Petersburger Blatt den beiden Zeichnungen von 1805–06. Der bezwingende Effekt des zu seiner Zeit neuartigen Sujets beeindruckte Friedrichs Nachfolger so sehr, daß sie es fest ins Repertoire der Romantik aufnahmen (vgl. Carl Gustav Carus, Balkon in Neapel, um 1829–30, ehem. Berlin, Privatbesitz).

Ein häusliches Interieur von hermetischer Einfachheit: Jenseits des geschlossenen blitzblanken Fensters baden zwei Topfpflanzen im Sonnenlicht, dahinter öffnet sich der Ausblick in einen vom Morgenlicht durchfluteten Park; wer meinte nicht, so etwas schon einmal gesehen zu haben – mehr fiele einem vielleicht zunächst nicht ein.

Die Suche nach dem Sinn beginnt im vom Künstler sicher beabsichtigten Spannungsfeld von interesseloser Wohlgefälligkeit und bildmetaphorisch verbrämter Zielgerichtetheit. Ein Rezept zu seiner Entschlüsselung liefert uns der russische Dichter Wassilij Andrejewitsch Shukowskij. Er hatte Friedrich 1821 kennengelernt und die Originalität an Friedrichs Persönlichkeit und Kunst sofort erkannt und zu schätzen gewußt. Mit poetischen Schilderungen gelang es ihm, die Adressaten seiner Briefe derart in Bann zu schlagen, daß sie Friedrichs Bilder gleichsam vor sich zu sehen glaubten. 1821 beschrieb Shukowskij jene tiefere Sinngebung in Friedrichs Werken: „...in seinen Bildern ist nichts Schwärmerisches; im Gegenteil, sie gefallen durch ihre Wahrheit, denn ein jedes erweckt in der Seele die Erinnerung an etwas Bekanntes; wenn man in ihnen mehr findet, als die Augen sehen, so ist der Grund der, daß der Maler auf die Natur nicht wie ein Artist [d.h. ein Künstler] sieht, [...] sondern wie ein Mensch mit Gefühl und Phantasie, der überall in ihr ein Symbol des menschlichen Lebens findet".

Man hat die tiefsinnigste Bedeutung unseres Blattes darin sehen wollen, daß Friedrich die beiden Topfpflanzen auf die äußere Fensterbank verbannte, was aber doch jeder Umsichtige tun würde, um sie beim Öffnen der Fenster nicht jedesmal umstellen zu müssen. Intensiver als solche Metaphorik schlägt Friedrich das Gefühl des Betrachters mit jenem fernen und geheimnisvollen Leuchten in Bann, das er intuitiv jenseits von geschlossenen Fenstern und Mauern ansiedelt. Im atmosphärischen Urelement des Daseins, dem Licht, das der materiellen Schöpfung des ersten Menschenpaares vorausging, läßt Friedrich die geistige Schöpferkraft Gottes gewahr werden; hier wird seine Gottesgestalt erfahrbar, die das Licht schuf und sich nun wieder in die lichtvolle Unerkennbarkeit des ersten Schöpfungstages zurückgezogen hat.

Die Reise in einen sich unermeßlich erstreckenden Raum kann auch ganz buchstäblich sein, wenn Friedrich uns in seinen „Nebelbildern" auf die höchsten Höhen einer Bergkette stellt, so daß unsere Füße schließlich an der äußersten Grenze irdischer Sphäre ruhen, und uns das atemberaubende Panorama eines Niemandslandes, das für uns zu Fuß nicht mehr erreichbar ist, schauen läßt. Frei sein von armseligen Gesetzen der Schwerkraft und von erdgebundener Materie, aus der Begrenzung des Gehäuses, der eigenen Kammer heraus in den Morgen, in die vom Morgenlicht transzendierte Vision eines anderen, jenseitigen Reiches schauen – solche Sehnsüchte nehmen in unserer Zeichnung ebenso konkrete wie symbolische Gestalt an.

INRI

IN MEMORY of the CHILDREN of EUROPE
WHO HAVE to DIE of COLD and HUNGER this
Xmas

Oskar Kokoschka, Christus hilft den hungernden Kindern

1946, 61,0 × 48,5 cm, Lithographie, Landessammlungen Rupertinum, Salzburg.
Standort im Evangelischen Gesangbuch: S.812, gegenüber Nr. 457 („Mittag, tägliches Brot")

Der muskulös gezeichnete Christus beugt sich in dramatisch ausholender Gestik vom Kreuz, an dessen Balken die linke Hand festgenagelt ist, zu den unter dem Kreutz vorbeiziehenden Kindern herab. Die Köpfe der hungernden Kinder sind in knappen Umrißlinien modelliert; sie blicken teils zu Christus auf, teils apathisch ins Leere. Es hat den Anschein, als ob Christus seine rechte Hand den Kindern zur Speise reicht. Dazu würde der am Kreuzesbalken angeschriebene Aufruf in englischer Sprache passen – "INRI IN MEMORY of the CHILDREN of EUROPE WHO HAVE to DIE of COLD and HUNGER this XMAS" – am Weihnachtsfest der frierenden und hungernden Kinder Europas zu gedenken.

Oskar Kokoschka hat sich in seinem langen Künstlerleben immer wieder des Christusthemas angenommen. Im Wien der letzten Jahre der K.u.k.-Monarchie setzt sich Kokoschka mit den Nachwehen der Wiener Sezession auseinander, deren Protagonisten – Klimt, Kubin und Schiele – sich an Vernichtungs- und Todesvisionen ergötzten, die die bürgerliche Gesellschaft schockieren, die Zensoren herausfordern mußten. Fasziniert von den Symptomen des Zerfalls bourgeoiser Moralvorstellungen malte er 1909 seine große Verwesungsallegorie, das „Stilleben mit totem Hammel und Hyazinte" (Wien, Österreichische Galerie). Er und Schiele zeichneten Männer und Frauen, in denen sich asketische Selbstverstümmelung zu Märtyrergebärden steigert, zugleich in der Bloßstellung ihr erotisches Verlangen preisgibt. Kokoschkas Drama „Mörder, Hoffnung der Frauen" von 1909 transponiert den Konflikt der Geschlechter in Rituale der Brutalität und physische Zerstörung. Rückblickend sieht Kokoschka in dieser frühen Erprobung des „Theaters der Grausamkeit" einen Reinigungsprozeß, der dem Mann seine Vergänglichkeit und die Überlebenskraft der Frau veranschaulichen soll. Zur Uraufführung des Dramas entwirft er das lithographische Plakat „Pietà", das die Pietà, das Bild der um ihren toten Sohn klagenden Maria, völlig ihrer christlichen Bedeutung entfremdet und – entsprechend seiner Deutung des „Theaters der Grausamkeit" – den Opfertod des Heilands mit dem Liebestod verschränkt. Über die 1914 erschienenen lithographischen Illustrationen zur Bach-Kantate „Oh Ewigkeit – Du Donnerwort" gelangte Kokoschka zu stärker religiös motivierten christlichen Darstellungen, bei denen es zwar vordergründig noch um Begegnung der Geschlechter geht, die aber nun – angesichts des Todes – zu beider Läuterung führt.

Die politischen Entwicklungen der 30er Jahre zwangen Kokoschka 1934 zur Emigration in seine Vaterstadt Prag und 1938 nach London. Von Goebbels als entartet diffamiert, engagierte sich der Künstler nun zunehmend politisch. Während des spanischen Bürgerkriegs entstand 1937 das Plakat „Helft den baskischen Kindern". 1943 stiftete er das Honorar für ein Porträt des sowjetischen Gesandten Meisky für verwundete deutsche und russische Soldaten in Stalingrad. In dieser Zeit tritt die Druckgraphik im Werk Kokoschkas weitgehend zurück, doch stellt die aus humanitären Gründen konzipierte Lithographie „Christus hilft den hungernden Kindern" vor dem Hintergrund der eben skizzierten Entwicklung keinen völligen Neuanfang dar. Kokoschka ließ das Plakat 1946 auf eigene Kosten in einer Auflage von 5000 Exemplaren drucken und in den Londoner Untergrundbahn-Stationen anschlagen.

Christus neigt sich vom Kreuz herab zu den hungernden Kindern, um ihnen seinen Arm zum Essen zu reichen. Kokoschka konzentriert das eigentliche „Geschehen" zwischen dem muskulös gezeichneten Körper Christi, seiner dramatisch ausholenden Geste und den knapp umrissenen Köpfen der Kinder in bewußtem Kontrast. Die Reduzierung auf das Wesentlichste vermittelt den ethischen Grundtenor: den Appell für eine menschlichere Welt. In der selbstlosen Fürsorge des im Leid geschundenen Christus zeigt er den Weg, um aus dem Elend, das der Krieg gerade unter den Unschuldigen geschaffen hatte, herauszukommen – den Weg des Mitgefühls.

Die Solidarität Christi kann intensiver kaum veranschaulicht werden als dadurch, daß sich der Sich-Solidarisierende selbst zur Speise reicht. Christus als der Speisende steht schützend über den Hungernden und nährt sie. Obgleich Christus als der Gebende deutlich von den Empfangenden geschieden ist, möchte das Bild letztlich zur Überwindung dieses Gegensatzes appellieren. Denn wie Christus, der um anderer Willen ganz „Speise" geworden ist, möge sich jeder bis zur Selbstaufgabe opfern.

Rembrandt Harmensz van Rijn, Christus in Emmaus

1654, 20,9 × 15,9 cm, Radierung, Staatliche Graphische Sammlung München.

Standort im Evangelischen Gesangbuch: S. 824, gegenüber Nr. 467 („Abend")

Rembrandts Radierung zeigt jenen Augenblick, in dem die Jünger ihren Herrn erkennen „als er das Brot brach" (Lukas 24, 30–31). Die Szene ist von einem baldachinartig drapierten Vorhang hinterfangen. Durch eine rechts angeschnittene Fensteröffnung fällt Licht in den gegenüber dem äußeren Bodenniveau tieferliegenden Raum. Den Boden decken derbe Holzbohlen, rechts führt ein Geländer nach oben. Die Gestalt Christi bestimmt die Komposition. Sein von einer Lichtaureole umflossenes Haupt bildet, obgleich leicht nach links versetzt, die Mitte des Bildes. Christus sitzt auf einer nach links fortgesetzten Eckbank hinter der gedeckten Essenstafel. Er hat segnend die Arme ausgebreitet und hält in jeder Hand ein Stück des gebrochenen Brotes. Sein Blick ist leicht nach rechts dem einen Jünger zugewandt, der mit einer Geste der Überraschung seinen Blick erwidert. Der andere Jünger ist von seinem Platz an der Rechten Christi aufgesprungen und wendet sich diesem mit betender Gebärde zu. Die Szene wirkt improvisiert, beide Jünger tragen noch ihre Reisekleidung. Abweichend von der biblischen Erzählung wird die Personengruppe durch einen Knaben rechts im Vordergrund ergänzt, der sich mit der Linken auf das Geländer stützt und über die Schulter auf Christus blickt.

Die Radierung ist auf das Jahr 1654 datiert. Wenige Jahre zuvor hatte der verwitwete Rembrandt die noch junge Hendrickje Stoffels als Haushälterin bei sich aufgenommen. Sie wird bald auch seine Geliebte. Das im calvinistisch geprägten Holland als besonders anstößig empfundene Verhältnis brachte Rembrandt zunehmend in gesellschaftliche Isolation. Auch wenn einzelne Gönner noch zu ihm hielten, wurden die Aufträge seltener. Unfähig im Umgang mit Geld, verschlechterte sich Rembrandts wirtschaftliche Situation, bis 1656 der Bankrott nicht mehr aufzuhalten war.

In diesen schwierigen Jahren wendet sich Rembrandt gerade in seinem graphischen Werk verstärkt biblischen Themen zu. Künstlerisch gereift, reduziert er die malerischen Details und stellt seine

Meisterschaft in der Hell-Dunkel- Komposition konzentriert in den Dienst der Bildaussage. Obwohl immer unverwechselbar, wird Christus außerordentlich menschlich dargestellt. Rembrandts Zugang zu ihm und seiner Botschaft ist stark persönlich, fast innig geprägt, und ohne erkennbare Absicht, zu verkündigen oder zu belehren. Dies zeigt auch die Behandlung des Emmaus-Themas, das Rembrandt nach einer früheren Radierung und zwei Ölbildern aus dem Jahr 1648, die sich im Pariser Louvre befinden, 1654 erneut und letztmalig aufgreift.

Die Begegnung mit dem Auferstandenen ist die Geburtsstunde des Vertrauens auf seine Gegenwart.Der Auferstandene bestimmt das Bild. Alle Blicke zieht er auf sich, auch den Blick des gegenwärtigen Betrachters. Schweift der Blick umher, um die Personen und den Raum genauer zu besehen, wird er mit fast magischer Kraft auf die Gestalt Christi zurückgelenkt, bis er auf dessen Gesicht zur Ruhe kommt. Das Licht, das von diesem Gesicht ausstrahlt, erhellt den Raum mehr als die letzten Strahlen des vergehenden Tages, die von draußen hereinfallen. Christus selbst ist das Licht.

Rembrandt konzentriert sich auf einen einzigen Moment in der Ostererzählung des Lukas: „Es geschah, da er mit ihnen zu Tische saß, nahm er das Brot, dankte, brach's und gab's ihnen. Da wurden ihre Augen geöffnet, und sie erkannten ihn."(Lukas 24, 30–31) Wie Lukas in wohlbedachter Formulierung die Erscheinung des Auferstandenen mit der Einsetzung des Abendmahls verbindet, so wirkt dessen Darstellung durch Rembrandt wie ein Zitat: Dieser Christus, der mit geöffneten Armen das gebrochene Brot segnend und schenkend in seinen Händen hält, könnte aus einem Abendmahlsbild genommen sein. Dabei bleibt das Interesse des Künstlers ganz auf die Person gerichtet, nicht auf das gebrochene Brot. In einem calvinistisch geprägten Umfeld liegt die Vorstellung von einer sakramentalen Gegenwart Christi in Brot und Wein ganz fern. Und dennoch geht es um die Vergegenwärtigung dessen, der war und ist und sein wird.

Der mit Kleopas und seinem Freund in Emmaus zu Tische sitzt, ist derselbe, der vor seinem Tod mit den Jüngern zu Tische saß. Er ist derselbe, den Rembrandt nicht müde wurde, als den Botschafter der Liebe zu den „Mühseligen und Beladenen" darzustellen. Einer, der ihnen als Mensch unter Menschen ganz nahe ist; der in Schlichtheit seinen Weg geht bis zum Kreuz. Obwohl kein Zeichen menschlicher oder göttlicher Größe ihn hervorhebt, bleibt er trotzdem unverwechselbar er selbst. Seine Gestalt leuchtet gleichsam von innen her, und von diesem Leuchten geht heilende und tröstende Kraft aus. Botschaft und Person sind eins. Christus schenkt sich selbst.

So zeigt sich der Auferstandene den beiden Männern in Emmaus. Ihre Einladung an den unbekannten Fremden war ohne Hintersinn: „Bleibe bei uns, denn es will Abend werden, und der Tag hat sich geneigt."(Lukas 24, 29) Doch nun vertauschen sich die Rollen: der Gast erweist sich als Gastgeber; die Einladenden als Menschen, die bei sich selbst nicht mehr zuhause sind. Reisende mit ungewissem Ziel. Die Schatten der Nacht sind längst schon auf sie gefallen. Das Bild Christi ist ihnen zerbrochen, mit ihm ihr Vertrauen, ihr Halt und ihre Hoffnung. So findet sie der, den sie verloren glaubten, und auf ihr Leben fällt ein neues Licht.

Mit seinem Bild zeichnet Rembrandt das Ostergeschehen in den Horizont seiner eigenen Lebenswelt ein. Angesichts der Schatten, die auf sein eigenes Leben gefallen sind, sucht er „seinen" Christus, der bei ihm einkehrt, sich ihm zuwendet und mit einer neuen Hoffnung beschenkt. Damit ist er ganz nahe bei dem spirituellen Umgang mit der Emmauserzählung, der in unserer Kirche Tradition hat: diese Hoffnungsgeschichte an der Schwelle zwischen Tag und Nacht zu bedenken. „Herr bleibe bei uns, denn es will Abend werden und der Tag hat sich geneigt" ist mit gutem Grund zu einem Abendgebet geworden. Wenn der Tag zu Ende geht, brauchen wir die Zuwendung dessen besonders, der heilend und erhellend in das Haus unseres Lebens tritt. Denn an der Schwelle des Tages treffen sich die Schatten des Tages mit dem Schatten der Nacht, die Schatten der Vergangenheit mit den Schatten der Zukunft. Sie können Blick und Seele so verfinstern, daß Vertrauen und Hoffnung verkümmern. Diese Erfahrung verbindet die Männer von Emmaus und den Künstler Rembrandt mit uns. Die biblische Erzählung und ihre künstlerische Umsetzung stellen gegen diese Erfahrung eine andere, positive: das Licht, das von dem Auferstandenen ausgeht, vertreibt die Schatten, und Menschen können aufstehen zum Leben.

Christian Rohlfs, Bergpredigt

1916, 52,5 × 41,7 cm, Holzschnitt, Museum Folkwang, Essen.
Standort im Evangelischen Gesangbuch: S.866, gegenüber Nr. 494
(„Arbeit")

Zwei breite, horizontale Balken begrenzen das annähernd quadratische Bildfeld oben und unten. So entsteht beim Betrachtenden der Eindruck, als blickte er wie vom Hintergrund einer Bühne in die Szene hinein. Links wendet sich der predigende Christus von einem erhöhten Platz aus an eine Gruppe von Zuhörern. Sein Gesicht erscheint im Profil vor einem Heiligenschein. Die strähnig in den Nacken fallenden Haare, das einfache knöchellange Gewand und die bloßen Füße kennzeichnen ihn als schlichten, fast asketischen Mann. Die leichte Vorwärtsbeugung von Kopf und Oberkörper, der Redegestus der Linken und die ausschreitende Stellung der Füße zeigen Christus in lebhafter Zuwendung zu seinen Hörern. Gleichzeitig wirkt er von ihnen abgesetzt und in sich ruhend. Obwohl in der Zuhörerschaft kaum mehr als zehn Personen deutlich auszumachen sind, wirkt sie wie ein Teil einer großen Menge von Menschen unterschiedlichen Alters, die sich zu Jesus herandrängen. Teils wenden sie sich ihm in gespannter Aufmerksamkeit zu, teils wenden sie sich ab und diskutieren heftig untereinander. Im Hintergrund öffnet sich eine einsame baumbestandene Berglandschaft und zeigt so den Ort der Handlung.

Erst mit 64 Jahren wendet sich der Maler Christian Rohlfs biblischen Themen zu. Beginnend mit dem Ausbruch des Ersten Weltkriegs 1914 bis zum Jahr 1925 entsteht eine Serie von Gemälden und Holzschnitten zum Alten und Neuen Testament, zu der auch der 1916 geschaffene Holzschnitt „Bergpredigt" gehört. Gewiß gaben die persönlichen Erfahrungen der Kriegs- und Nachkriegszeit den Anstoß zu diesen Arbeiten. Dennoch versagt sich der Künstler darin eine direkte Bezugnahme auf das Zeitgeschehen. Sein Biograph Paul Vogt schreibt dazu:

„Er malte fast alle die in der Kunstgeschichte bekannten biblischen Erzählungen… Aber er malte sie weder als eine Illustration des Geschehens noch eigentlich als seine Stellungnahme zu der ihn umgebenden Welt bestürzender Ereignisse. Er versuchte also nicht, mit ihnen zu agitieren, sie zum Aufschrei von Not und Verzweiflung werden zu lassen, wie das die Expressionisten getan hatten, obgleich die Vermutung nahelage. Er erzählte sie wie große alte Legenden mit Ernst und tiefer Würde, als Ausdruck einer urtümlichen, starken und bilderreichen Phantasie wie einer gütigen und verstehenden Menschlichkeit."

Mit dem genialen Einfall, einzelne zentrale Worte der Verkündigung Jesu zur großen Redekomposition der „Bergpredigt" zusammenzufügen, hat der Verfasser des Matthäusevangeliums ein Stück Weltliteratur geschaffen, das mit Recht zum Inbegriff der Botschaft Jesu geworden ist. Darauf bezieht sich Christian Rohlfs in seinem Holzschnitt „Bergpredigt". Sein Interesse gilt der Rede im Ganzen, von der es am Ende heißt: „Als Jesus diese Rede vollendet hatte, entsetzte sich das Volk über seiner Lehre; denn er lehrte mit Vollmacht und nicht wie ihre Schriftgelehrten." (Mth. 7, 28–29) Rohlfs illustriert deshalb nicht diese oder jene konkrete Aussage Jesu, sondern unternimmt den Versuch, spannungsvolle Beziehungen darzustellen, wie sie durch Person und Botschaft Christi entstehen.

Versuchen wir uns, den Ort des Geschehens vorzustellen, so folgt der Künstler scheinbar der Idee des Matthäus und versetzt die Szene äußerlich in die Einsamkeit der galiläischen Hügellandschaft. Aber im Gegensatz dazu erwecken der Aufbau und die innere Dramaturgie der Szene den Eindruck eines öffentlichen Geschehens. Dieser Jesus erteilt nicht in ländlicher Idylle einem vertrauten Schülerkreis esoterische Belehrung. Er erscheint auf der Bühne der „Welt" und begibt sich mit seiner Botschaft mittenhinein in den Streit der Meinungen und Weltanschauungen. Er sucht Gehör und setzt sich selbst aufs Spiel. Der Ausgang bleibt offen.

Doch für sich selbst hat Christian Rohlfs bereits eine Entscheidung getroffen. Er zeichnet „seinen" Christus wohl als Mensch unter Menschen, von großer Schlichtheit und durch kein Zeichen äußerlichen Anspruchs auf Macht und Ansehen von ihnen getrennt. Aber er stellt diesen Christus nicht auf dieselbe Ebene mit ihnen. Erhöht und wie von fernher betritt er die Szene und stellt sich seinen Zuhörern gegenüber. In seiner Gestalt verkörpern sich Zuwendung und Anspruch gleichermaßen. Alle Bewegung geht von ihm aus. Seine Hand weist neue Wege. Sein ausschreitender Fuß verheißt Schritte in eine Zukunft, die im Anbrechen ist: das Reich Gottes, eine Welt, in der Gerechtigkeit wohnt.

Wie wir wissen, hat Christian Rohlfs in seinen Bildern die Zeitereignisse nur sehr zurückhaltend kommentiert. Dennoch legt sich doch die Vermutung nahe, daß der Künstler beim Christus der Bergpredigt eine Antwort gesucht hat auf die Grausamkeit und das Elend dieser Kriegsjahre, als er 1916 diesen Holzschnitt schuf. Das war das Jahr der „Hölle von Verdun", wo 700 000 junge Deutsche und Franzosen ihr Leben lassen mußten, und das Jahr der Schlacht an der Somme, der eine Million Menschen zum Opfer fielen. Zynisch und unmenschlich wäre es, unberührt von alledem die Bergpredigt zu traktieren und das Bild des wehr- und waffenlosen Christus zu beschwören, der den Sanftmütigen das Erdreich verspricht und die Friedensstifter seligpreist.

Der Christus auf diesem Bild redet nicht nur in Antithesen, er selbst ist die Antithese, der lebende Widerspruch gegen eine Welt, die in ihrer Gottesferne verharrend nicht menschlich und gerecht handeln und nicht zum Frieden finden kann. „Ihr habt gehört, daß zu den Alten gesagt ist... – ich aber sage euch..." So wirbt er für ein Leben, das sich im „Beten und Tun des Gerechten" (Dietrich Bonhoeffer) erfüllt und sucht Nachfolger auf seinem Weg.

Eine knisternde Spannung beherrscht die Szene und will sich nicht lösen. Die Botschaft der Bergpredigt polarisiert. Sie weckt Zustimmung und Widerspruch, Glauben und Unglauben. Von den Gesichtern der Menschen ist das deutlich abzulesen. Gruppen bilden sich. Eine Diskussion ist im Gange. Deren Ausgang ist nicht abzusehen. Noch ist Jesus der Handelnde. Aber der Weg von der Aktion zur Passion ist kurz. Die Bergpredigt hat ihren Preis. So legt sich über diese Szene schon die Vorahnung einer anderen, wo Jesus ebenfalls erhöht über der Menge erscheint. Nun aber vorgeführt als der Geschundene: „Ecce homo – Seht, welch ein Mensch." (Johannes 19,5) „Hosianna" oder „Kreuzige" – beides liegt in der Luft.

Christian Rohlfs läßt den Betrachter seines Holzschnitts in der Rolle des Zuschauers, der die Szene aus der Distanz verfolgt und so die Freiheit behält, seinen eigenen inneren Ort in diesem spannungsvollen Geschehen zu suchen. Aber gerade in dieser Freiheit liegt die Aufforderung zur Parteinahme für oder gegen den, der in der Bergpredigt Botschafter und Botschaft in einem ist.

Paul Klee, Verlassener Garten

1909, 21,5 × 23,5 cm, Feder, Öffentliche Kunstsammlung Basel, Kupferstichkabinett.
Standort im Evangelischen Gesangbuch: S. 876, gegenüber Nr. 499 („Natur und Jahreszeiten")

Ein Blatt voller dicht nebeneinander gelegter, zittriger Striche. Bei genauem Hinschauen erkennt man nach oben eine senkrechte und nach unten eine waagrechte Ausrichtung. Nur langsam schält sich heraus, daß die Senkrechten einen Halbkreis bilden und daß es sich um vegetabile Formen handelt, Bäume um eine Lichtung, deren Boden mit herabgefallenen Zweigen oder niedergesunkenen Pflanzen bedeckt ist.

Paul Klee versucht zwischen 1906 und 1909, „Erlebnisse zu notieren, die sich selbst in blinder Nacht in Linie umsetzen können". Im Zusammenhang seiner Beschäftigung mit Voltaires „Candide", Klees Lieblingsroman, steht auch die im „Verlassenen Garten" verwendete handschriftliche Zeichenmanier, die alle Körperhaftigkeit in ein burlesk bewegtes expressives Linienspiel auflöst. Sie stellt die zeichnerische Entsprechung zum von Klee bewunderten „kostbarsparsam treffende(n) Ausdruck der Sprache des Franzosen" dar und versucht, die Spontaneität des ersten, gleichsam improvisierten Einfalls zu bewahren.

In seiner Jahrzehnte nach Entstehung des „Verlassenen Gartens" niedergeschriebenen „Unendlichen Naturgeschichte" äußert sich Klee zu seiner persönlichen „elementaren Lehre vom Schöpferischen": „Form ist ... nirgends und niemals als Erledigung, als Resultat, als Ende zu betrachten, sondern als Genesis, als Werden, als Wesen ... Form ist Ende, ist Tod. Formung ist Bewegung, ist Tat. Formung ist Leben".

Man sieht Striche, sehr kurze Striche, die sich teils aneinanderreihen, teils unverbunden nebeneinander herlaufen. Sie bilden keine fest konturierten Formen, sondern alles ist fließend, wie aufgelöst. Man wünschte sich den Einsatz von Farbe, durch den einzelne dieser Striche deutlich zu festen Formen würden. Doch wie sollte hier etwas verbunden werden?

Einerseits gibt es einige senkrechte Bewegungen, die nach oben und den Seiten auslaufen, Bäume, die sich gegeneinander nicht abgrenzen lassen. An der linken Seite erinnern die Striche an Buschwerk. Dieses bildet mit den Bäumen eine halbkreisförmige Lichtung. Auf ihr sind die Striche vorwiegend horizontal gezeichnet. Man denkt dabei weniger an einen Bewuchs des Bodens als vielmehr an heruntergefallenes dürres Geäst oder zu Boden gesunkene, welke Pflanzen. Eine Waldlichtung im Herbst? Nein. Der Künstler nennt das Blatt „Verlassener Garten".

Was hier dem Auge so schwer faßbar und unordentlich erscheint, das war einmal ein gepflegter und gehegter Garten, mit Liebe bearbeitet und in eine Gestalt gebracht, die den Menschen erfreute. Das ist vorbei. Die gutgemeinten Eingriffe des Menschen sind Vergangenheit, man ahnt sie kaum noch. Höchstens daran, daß die Lichtung offensichtlich nicht auf natürliche Weise entstand, denn dann hätten sich die Bäume auch in diese freie Richtung ausgedehnt. Sie sind aber einmal so beschnitten worden, daß hier Raum blieb. Nun ist der Garten verlassen, sich selbst überlassen. Er ist kein Garten mehr, aber auch noch nicht wieder Naturlandschaft.

Ist dieses 1909 gezeichnete Blatt eine Vision der Situation gegen Ende des 20. Jahrhunderts? Ist hier etwas vorweggenommen von unserem Umgang mit der Natur? Was wir sehen, wirkt nicht wie ein neu erblühendes Leben, sondern eher kraft- und hilflos. Es ist eben weder reine Natur noch gestalteter Garten.

Auf jeden Fall ist es nicht eine zufällige Zeichnung, ein beliebiges Stück Erinnerung an etwas Geschehenes. Klee hat gesagt (und danach gehandelt): „Kunst gibt nicht Sichtbares wieder, Kunst macht sichtbar". Was aber macht dieses Blatt sichtbar? Daß Natur und Mensch aufeinander bezogen sind, biblisch gesprochen: daß sie beide Teile der Schöpfung sind, und wir erinnern uns, daß Gott dem Menschen die Verantwortung für die Schöpfung übertragen hat, nicht die Herrschaft. Es soll keineswegs alles von ihm gepflanzter und gestalteter Garten sein. Das war auch das Paradies nicht. Aber es geht um Ausgewogenheit, um das Wissen, um die Verantwortung. Das aber ist uns weitgehend abhanden gekommen. Nur noch ein Bruchteil der Menschen in unserem Land hat direkten engen Kontakt zur Natur, die immer weniger werdenden Bauern und Forstleute. Was die zahlreichen Städter in ihren kleinen Vorgärten haben, ist nicht Natur, sondern Dekor, ausgewählt nach modischen Gesichtspunkten und möglichst pflegeleicht. Und wer „in die Natur" hinausgeht, der benutzt sie, zum Wandern, zur Erholung.

Paul Klees Zeichnung analysiert gewissermaßen einen augenblicklichen Zustand. Die Natur lebt, wächst, verändert sich. Und so hat auch dieses gezeigte Stück nicht nur eine Vergangenheit. Es ist kein eingefrorener Zustand, der so bleibt. Auch dies hier hat eine Zukunft. Es ist keine Tabuzone, sondern wir können diese Lichtung wieder betreten, müssen uns aber zuvor Gedanken machen, wie wir mit dem, was mit uns zusammen lebt und wächst, umgehen.

Lovis Corinth, Totenklage

1920/21, 25,2 × 23,1 cm, Radierung, Kunstsammlung des Evangelisch-Lutherischen Landeskirchenrates München.
Standort im Gesangbuch: S. 906, gegenüber Nr. 516 („Sterben und
ewiges Leben")

Erst allmählich heben sich unter den wie ein Tränenschleier über
dem Blatt und seinen Figuren liegenden Schraffuren, Deformierungen und Einschwärzungen menschliche Gestalten ab, die um einen
auf den Boden gelegten Leichnam mit steifen angewinkelten
Armen gruppiert sind. Links ist eine wohl durch den oberen Bildrand angeschnittene stehende Figur mit erhobenen Armen zu
erkennen, in der Mitte eine am Boden kauernde männliche Gestalt,
den Kopf zur Seite gelegt und wie fragend in Richtung der linken
stehenden Figur gerichtet, und rechts eine sich herabbeugende,
dem Leichnam am Boden zuwendende Gestalt. Nicht eindeutig
auszumachen ist, ob unter den Einschwärzungen und Deformierungen des Striches sich von links her ebenfalls angeschnitten eine
weitere am Boden kauernde Figur dem Toten zuwendet. Lovis
Corinth ist hier in der Bearbeitung der Kupferplatte den Weg der
äußersten Reduktion der Formen und der höchstmöglichen Deformation durch seine für das Spätwerk typische Radiertechnik
gegangen. Es ist nicht mehr eindeutig nachvollziehbar, ob es sich
bei der „Totenklage" um eine Szene aus der antiken Mythologie,
der klassischen Literatur oder um die Klage um den vom Kreuz
abgenommenen und auf den Boden gelegten Christus handelt. Erst
aus dem Kontext des übrigen Werkes Lovis Corinths lassen sich
einige Zusammenhänge erschließen: Die Haltung der links hinten
stehenden Figur ist angedeutet in Corinths Radierung „Kreuzigung" von 1920/21. Dort handelt es sich um Maria Magdalena, die
die Hände als Ausdruck ihres Schmerzes um den Tod Jesu an das
Gesicht gelegt hat. Die Armhaltung des Toten entspricht der des
toten Christus im 1895 entstandenen Gemälde „Kreuzabnahme";
eine vergleichbare Körperhaltung des Toten mit angewinkeltem
rechten Arm, auf dem Boden liegend, verwendet Corinth 1912 in
einer Radierung als Studie zu einem „Abel".

Die zittrig-deformiert wirkende zeichnerische Handschrift des späten Lovis Corinth hat wenig zu tun mit seiner organischen Krankheit – Corinth erlitt 1911 einen Schlaganfall – , sondern steht viel-

mehr im Zusammenhang mit einem seelischen Erregungszustand, in den sich Corinth in den letzten Lebensjahren über der künstlerischen Arbeit hineinsteigerte. Die Deformierungen im graphischen Werk hängen auch mit Corinths Entwicklung der Komposition ohne Vorzeichnung von der Mitte her zusammen. Die Form wird dabei von innen nach außen aufgebaut. Das Blatt „Totenklage" muß im Kontext der Radierungen „Kreuzigung" 1920/21 (nach Corinths „Tölzer Kreuzigung") und „Grablegung" (1920/21) sowie „Martyrium" gesehen werden, in denen Corinth jeweils frühere Gemälde zur Leidensgeschichte Jesu neu in Radierungen umgesetzt und in der beschriebenen Weise graphisch umgearbeitet und deformiert hat.

Lovis Corinth entwickelt durch seine Schraffurtechnik mit seinem Blatt „Totenklage" den Eindruck, als habe sich infolge der Trauer um den am Boden liegenden und gerade vom Kreuz abgenommenen toten Christus ein Tränenschleier über das Gesichtsfeld des Betrachters gelegt, der die wahrgenommene Szene nur verschwommen erkennen läßt und so den Betrachter mit in den dargestellten Trauerprozeß hineinnimmt. Durch die starke graphische Deformation der Figuren und ihre nahezu völlige Einschwärzung entwickelt sich die Totenklage um Christus zu einer allgemeinen Metapher für die Trauer, die Raum für eigene Erfahrungen des Betrachters zur Verfügung stellt und einlädt, die unterschiedlichen Körperhaltungen der um den Toten Klagenden auch gestisch nachzuvollziehen. Unterschiedliche Formen und Stadien der Trauer sind somit ablesbar. Eine direkte Kommunikation zwischen den einzelnen um den Toten Klagenden findet so gut wie nicht statt, so versunken sind sie in ihre Trauer, daß sie selbst den am Boden liegenden Toten fast nicht wahrzunehmen vermögen. Es fällt ihnen schwer, der Realität des Todes ins Auge zu schauen.

Die Radierungen Corinths zur Passion aus den Jahren 1920/21 stehen im engen Zusammenhang der persönlichen Annäherung des Künstlers an sein eigenes Sterben. Kurz vor seinem Tod, so erzählt die Ehefrau des Künstlers, Charlotte Behrend-Corinth, habe Corinth ein eigenwilliges Erlebnis gehabt, das ihn tief bewegt habe. Bei einem Spaziergang durch den Berliner Tiergarten, so habe er ihr erzählt, sei plötzlich ein Mann vor ihm gestanden und hätte die Hand nach einer Gabe ausgestreckt. „Nun, du weißt ... weil ich so etwas nicht ausstehen kann und grundsätzlich nie etwas gebe; so gab ich also eine unwirsche Antwort und ging meines Weges weiter. Wie ich einige Schritte gegangen war, wird's mir mit einem Mal bewußt, wie seltsam dieser Mann mich angeblickt hatte und wie seine Augen aussahen! Das kannst du dir gar nicht denken, wie – und mit einem Male wußte ich es, das war Jesus Christus – Er selbst – gewesen. Mich durchriß es geradezu. Ich lief den Weg zurück, ich sah ihn langsam seines Weges gehen, ich nahm schnell etwas mehr Geld und hielt es ihm hin. ,Bitte', sagte ich. Er blieb stehen und sah auf das Geld und wollte es nicht nehmen. ,Hier, bitte', sagte ich nochmal. Er sah mich dann an – du machst dir ja gar keinen Begriff von diesen Augen – dann nahm er das Geld.' Am anderen Tage war Lovis in seinem Atelier, und ich hörte ihn nebenan sprechen. Späterhin kam er zu mir, erzählte, daß jener Betreffende bei ihm gewesen wäre, und er habe ihm seine Bilder gezeigt. ,Weißt du, ich hätte immer vor ihm niederknien mögen.' Das war das einzige Mal in den dreiundzwanzig Jahren, daß ich Corinth in solcher Gemütsbewegung gesehen habe."

Unbekannter Künstler, Das Leben Christi

Um 1440/50, 27,0 × 19,4 cm, Holzschnitt, Staatliche Graphische Sammlung München.
Standort im Evangelischen Gesangbuch: S. 944, gegenüber Nr. 536 („Das Kirchenjahr")

Der schlichte Einblattholzschnitt schildert das Leben Christi in 16 Szenen von der Verkündigung an Maria bis zur Auferstehung des Gottessohnes. Trotz seiner knappen Darstellungsweise mit jeweils nur wenigen Figuren besitzt das Blatt einen ausgesprochen erzählerischen Charakter: In rascher Folge erscheinen wie in einem Bilderbuch die wichtigsten Stationen aus der Kindheit und der Passion Jesu: Verkündigung an Maria – Heimsuchung – Geburt Jesu – Anbetung der Könige – Flucht nach Ägypten – Darstellung Jesu im Tempel – Einzug Jesu in Jerusalem – Abendmahl – Jesu Gebet am Ölberg – Verhör Jesu vor Pontius Pilatus – Geißelung – Dornenkrönung – Kreuztragung – Kreuzigung – Grablegung und Auferstehung. In der Abfolge der Bilder folgt der Betrachter seiner gewohnten Leserichtung von links nach rechts und Zeile für Zeile von oben nach unten. Die Bilderfolge will nicht belehren, sondern ihre skizzenhafte, beinahe chiffrenartig kurze Darstellungsweise ruft beim Betrachter die ihm bekannten Jesusgeschichten ins Bewußtsein. Auf einen Blick erfaßt er die gesamte Heilswirklichkeit des Neuen Testamentes von der Menschwerdung des Sohnes Gottes bis zu seiner Auferstehung.

Der unbekannte Künstler des ausgehenden Mittelalters bleibt in seiner Darstellungsweise ganz den vertrauten Traditionen seiner Zeit verhaftet. Er beabsichtigte nicht, hier etwas Neues oder Einzigartiges zu schaffen. Ebensowenig ist im Bild etwas von der Persönlichkeit des Künstlers (oder vielleicht besser des Handwerkers) zu spüren, er fügte dem biblischen Sachverhalt nichts hinzu, auch keine Emotion, kein Gefühl. Dies ist aber kein negatives Urteil über diesen Meister, der seine Bildergeschichte in knappen, bisweilen derben Szenen mit sicherer Hand erzählt. Vermutlich war der Holzschnitt eine Auftragsarbeit, der in einer gewissen Auflagenhöhe anderen Menschen zu gebetsmäßiger oder meditativer Andacht diente. Beeindruckend ist die Selbstverständlichkeit der Erzählung, die in keiner Weise an der Echtheit der Christusüberlieferung zweifelt, und sie ist weit entfernt von dem Versuch, eine eigene Interpretation des Geschehens zu liefern. Bildzyklen dieser Art zählen zu den weitverbreiteten christlichen Bildprogrammen, wie sie zu ihrer Zeit auch in Kirchenräumen, auf Altären oder in bebilderten Büchern anzutreffen waren. Die Gewohnheit des Sehens setzt der Holzschnitt voraus, der nicht interpretiert, sondern nur zeigt.

Ebensowenig wie den Künstler kennen wir den oder die Betrachter des Holzschnittes. Wir wissen nicht, ob solche Bilderbogen im Besitz von Geistlichen oder von Laien waren, und wir wissen auch wenig über die Art der Benutzung. Geschah die Betrachtung in Form eines Gebetes? Diente es je zur Festigung der persönlichen Glaubensgewißheit, oder spielte einfach die Freude an der bildmässigen Darstellung die Hauptsache? Trotz aller Ungewißheit kann man einen belehrenden oder pädagogischen Zweck eher ausschließen. Wer die neutestamentlichen Jesusgeschichten nicht kannte, dem erschließen auch die Bilder den Inhalt der Botschaft nicht. Betrachtet man beispielsweise das erste Bild der zweiten Reihe, so sieht man lediglich eine Frau mit einem Heiligenschein (Nimbus) mit einem Kind auf einem Esel reitend. Der Esel selbst wird von einer männlichen Gestalt geführt. Man muß wissen, daß mit dieser knappen Szene die „Flucht nach Ägypten" gemeint ist, man muß wissen, daß König Herodes aus Angst vor einem Konkurrenten den Befehl gab, alle Neugeborenen im Lande zu töten, man muß weiter wissen, daß die „Heilige Familie" sich vor dieser Gefahr nach Ägypten rettete usw. Alle diese Sachverhalte kann und will das Bild mit Esel, Frau und Kind und Mann nicht erklären. Das Bild kann die biblische Geschichte nur erinnernd wachrufen, es ist gleichsam eine Art Piktogramm für die Erzählung von der Flucht nach Ägypten. Allerdings bediente sich der Künstler keiner selbst gewählten Bildsprache, sondern er gab die Geschichte so wieder, wie man das schon seit Jahrhunderten tat: eine Frau mit einem Kind auf einem Esel und ein Mann. Das wunderhafte Geschehen, die Rettung Jesu vor den Nachstellungen des Herodes, muß aus der Kenntnis des Betrachters dazugetan werden. Und jedes Bild ist so gestaltet, daß es jeweils nur die Kenntnisse der biblischen Geschichte weckt.

Was aber kein Buch, keine Erzählung vermag, schafft dieses Bild. Es entfaltet die Erzählung des Evangeliums, wozu der Schreiber viele Buchstaben und Wörter und Sätze braucht, auf einer einzigen Seite. Mit einem einzigen Blick erfaßt der Betrachter das Ganze als geschichtliches Geschehen: Die Jesusbotschaft. Und aus seiner

Kenntnis heraus assoziiert der Betrachter auch, daß dieses Heilsge-schehen für ihn selbst geschah. Man nennt solche Bilderfolgen des-halb auch heilsgeschichtliche Bildprogramme. Die wenigen Szenen indes reduzieren das Jesusbild nicht auf einige Begebenheiten, son-dern alles, was nicht dargestellt werden konnte, schwingt im Be-wußtsein des Betrachters mit.

Bei genauer Betrachtung möchte man meinen, entscheidende Sta-tionen aus dem Leben Jesu fehlten, so etwa die Wundergeschichten, die Gleichnisse, die Reden. Sie fehlen aber nicht, sondern werden ebenso einfach mitgedacht. Sie sind nur deshalb nicht dargestellt, weil sich diese typische Bilderbogenreihe nicht am Fortgang der biblischen Evangelien orientiert, sondern am Zyklus des Kirchen-jahres. Das Kirchenjahr beginnt im Advent mit der Verkündigung an Maria, es folgen Weihnachten mit der Geburt des Heilandes und schließlich Epiphanias (6.Januar) mit der Anbetung des Kindes durch die Heiligen Drei Könige und Lichtmeß (2. Februar) mit der Darstellung Jesu im Tempel. Im Kirchenjahr folgt darauf unmittel-bar die Leidensgeschichte (Passion) Jesu, und im Bilderbogen folgt auf die Darstellung Jesu im Tempel unmittelbar der Einzug Jesu in Jerusalem, der Beginn der Passion. Das Kirchenjahr findet dazwi-schen keine Zeit, der Wunder, Gleichnisse und Reden Jesu zu gedenken, diese folgen erst nach Ostern bzw. Pfingsten und Trinita-tis. Der Bilderbogen ist deshalb eine Wiedergabe der Jesusge-schichte und des Kirchenjahres gleichermaßen. Gerade die sich stets im Jahresrhythmus wiederholende Festfolge im Kirchenjahr ist für ein Christenleben wichtig, weil der Mensch auf diese Weise Heilsgeschichte einübt und sich ihrer Bedeutung für sein Leben vergewissert.

Vergewisserung ist ein wichtiger Aspekt auch der Bildkunst. In ihr erfährt der Mensch seine aus Katechismusunterricht und Predigt erworbenen Kenntnisse auf einer anderen Ebene neu, auf einer bildmäßigen Ebene, die für viele Menschen bis heute einen höheren Ralitätswert besitzt als das gehörte oder gelesene Wort. Noch ein Beispiel: Wer heute von einem wichtigen Ereignis im Radio hört oder in der Zeitung liest, wird trotzdem noch abends das Fernsehen einschalten, um die entsprechenden Bilder dazu zu sehen. Hören und Sehen waren und sind auch für die christliche Verkündigung zwei Ebenen, die sich gegenseitig nicht ausschließen, sondern ergänzen und befruchten.

Rembrandt Harmensz van Rijn, Ein Engel erscheint einem alten Mann (Befreiung Petri)

Um 1644/45, 17,0 × 14,0 cm, Feder, laviert, Privatbesitz.
Standort im Evangelischen Gesangbuch: S. 984, gegenüber Nr. 567
(„Der Gottesdienst")

Die Komposition, die die Begegnung eines Menschen mit einem
Engel zeigt, ist diagonal geteilt, wobei sich das Wesentliche des
Geschehens in der linken oberen Bildhälfte ereignet. Hier ist die
Gestalt eines älteren Mannes zu erkennen, der am Boden kauert
und offenbar versucht, sich aufzurichten. Der ganz in Dunkel
gehüllte Körper ist in Einzelheiten kaum sichtbar. Der Mann trägt
einen Vollbart. Sein Haupthaar ist stark gelichtet. Er hat den Kopf
erhoben und blickt, wie in starker Erwartung, fest in das Gesicht
eines Engels, der ganz dicht vor ihm erscheint. Dessen fliegendes
Gewand und die wie ein schützender Schirm über dem Alten ausgebreiteten mächtigen Flügel lassen noch die heftige Bewegung des
Herannahenden erahnen, die erst in diesem Augenblick zum Stillstand gekommen ist. In starkem Gegensatz zu dem Mann ist der
Engel eine lichte Gestalt mit jugendlichen männlichen Zügen, vol-
lem Haar und festem, energischen Gesicht. Sein Kopf ist dem alten
Mann leicht zugeneigt, und der Blick ruht fest in dessen Blick. Der
Engel breitet die Arme über ihn, als wollte er ihn fassen, aufrichten
und mit sich führen. Die Zeichnung ist ganz auf die Personen konzentriert. Ein Ort, wo diese Szene handeln könnte, ist nicht auszumachen.

Rembrandt hat diese Federzeichnung vermutlich als Studie für eine
größere Arbeit angefertigt, von der wir nicht wissen, ob sie jemals
ausgeführt wurde. Da sie auch keinen Titel trägt, läßt sich ein direk-
ter Bezug zu einer biblischen Erzählung nur durch indirekte Rück-
schlüsse ermitteln. Nach der traditionellen Darstellungsweise biblischer Personen, an der sich auch Rembrandt orientiert hat, weist
der Kopf des älteren Mannes darauf hin, daß es sich wohl um den
Apostel Petrus handelt. Demnach ist hier die Befreiung des Petrus
aus dem Gefängnis in Jerusalem (Apostelgeschichte 12, 1–17) dargestellt.

Die Zeichnung ist 1644 oder 1645 entstanden. In dieser Zeit durch-
lebt Rembrandt eine künstlerische wie private Krise. Zwar hatte er

den Gipfel der barocken Malerei erklommen, und besonders seine graphischen Arbeiten waren in ganz Europa gefragt. Trotzdem kommt es zu einem plötzlichen Erlahmen seiner Schaffenskraft. Nur wenige Bilder entstehen. Ein wesentlicher Grund dafür war der frühe Tod seiner Ehefrau Saskia im Jahr 1642, der eine tiefe Erschütterung in Rembrandts Leben brachte. Aber auch in seiner Kunst ist er verunsichert und auf der Suche nach neuen Wegen. Er versucht, den Kontrast von Hell und Dunkel noch sicherer in den Dienst der Bildaussage zu stellen, vor allem aber den psychologischen Gehalt einer Szene zu erfassen, was sich auch in unserer kleinen Federzeichnung ausdrückt.

Mit Wissen ist hier niemandem geholfen. Wüßten wir wirklich, daß hier die Befreiung des Petrus aus dem Kerker dargestellt ist, dann würde dieses Wissen eher zum Hindernis, das sich zwischen uns und dieses Bild stellt. Denn es erzählt seine eigene Geschichte. Diese Geschichte spielt an keinem festen Ort. So kann sie überall geschehen sein und noch geschehen. Und wie die Orte, so wechseln die Personen. Erzählt wird die Geschichte einer Begegnung. Zwei Welten begegnen sich. Licht ist die eine, voller Bewegung und Leben. Dunkel die andere, lastend und erdenschwer. Zwei Gestalten begegnen einander, jeder aus seiner Welt. Daß sie sich wirklich begegnen können, ist das Wunder dieser Geschichte. Da geschieht Neues. Energien werden frei. Ströme beginnen zu fließen.

Am Boden kauert ein Mann. Der will sich aufrichten, aber es gelingt ihm nicht so recht aus eigener Kraft.Das mag am Alter liegen, das sein Gesicht verrät; aber das Alter allein ist nicht der Grund. Es ist die Erdenschwere, die Lebenslast, die in seinen Gliedern hängt und ihn zu Boden zieht. Um dies zu erfahren, muß niemand erst ins Alter kommen. Nachtschwarz ist das Dunkel, das diese Gestalt umfängt. Viele Lebensgeschichten lassen sich darin einzeichnen, von alten und von jüngeren Menschen: von Eingeschlossenen und Ausgesperrten und solchen, die aus sich selbst nicht herauskönnen. Vom engen Raum, der wenig Freiheit läßt zum Leben. Von blockierten Wegen und zugeschlagenen Türen und unüberwindlichen Mauern. Von Lasten, die zu Boden ziehen, und von der bleiernen Zeit.

Halb aufgerichtet ist der Körper des Mannes, der Kopf erhoben: Eine Geste voller Sehnsucht und aufkeimender Hoffnung. So wendet er sich dem zu, der vor ihm erscheint wie aus einer anderen

Welt. Er kommt von oben her, aus der Höhe, die der symbolische Ort Gottes ist; denn aus der Höhe kommt das Licht zu uns, erhellend, wärmend und lebensspendend. Und zur Höhe wendet sich, wer den aufrechten Gang und den freien Blick wiedergewinnen will. Ganz von Licht erfüllt ist die Gestalt des Engels, und es strahlt und vertreibt die Schatten vom Gesicht des Mannes. Sein Blick wird frei, und er beginnt zu erkennen. Er sieht, daß er gesehen wird. Es kann einen Menschen tödlich verwunden, wenn niemand ihn sieht und wahrnimmt, wie es ihm geht. Denn wer nicht gesehen wird, wird in die eigene Einsamkeit verstoßen und allen Lasten hilflos preisgegeben, die auf ihm liegen. Nun aber wird er gesehen. Die Augen der beiden finden sich, halten sich fest, tauchen ineinander ein und beginnen, miteinander zu sprechen. Nähe entsteht. In sehr menschlicher Weise spricht die Bibel an vielen Stellen davon, daß Gott „sieht": Menschen die es schwer haben, und solche, die es anderen schwer machen; Opfer und Täter. Vor allem aber hat er ein Auge für jeden, der seine Hilfe braucht.

Zuwendung geschieht, Berührung. Die starken Arme des Engels strecken sich dem Mann entgegen, umschließen in fast. Seine Hände versprechen Hilfe. Sind bereit, zuzugreifen, unter die Schulter zu fassen und den Menschen aufzurichten, der dies aus eigenen Kräften nicht vermag. So bildet sich aus Kopf und Schultern des Engels, aus Armen und Händen ein Raum. Ein Kraftfeld entsteht, in dem strömen Energien, bringen Befreiung, Heilung und neue Lebenskraft. Dieser Engel ist wie ein Versprechen Gottes: „Er gibt dem Müden Kraft und Stärke genug dem Unvermögenden. Männer werden müde und matt, und Jünglinge straucheln und fallen; aber die auf den Herrn harren, kriegen neue Kraft, daß sie auffahren mit Flügeln wie Adler, daß sie laufen und nicht matt werden, daß sie wandeln und nicht müde werden." (Jesaja 40, 29–31)
Über allem die starken Flügel. Sie füllen das Bild in seiner vollen Breite, decken sich schützend über den Mann. Er braucht diesen Schutz. Auch wenn er aufgerichtet und mit neuer Kraft gestärkt seinen Weg geht, bleibt er vor Gefahren nicht verschont. Das Dunkel, aus dem der Engel ihn herausreißt, wird ihn verfolgen. Ihm werden keine Flügel wachsen, um mit der Leichtigkeit eines Engels zu entkommen. Aber Flügel sind über ihn gebreitet. Er geht in Gottes Schutz. „Denn er hat seinen Engeln befohlen, daß sie dich behüten auf allen deinen Wegen, daß sie dich auf den Händen tragen und du deinen Fuß nicht an einen Stein stoßest." (Psalm 90, 11)

Ernst Barlach, Der Barmherzige (Selig sind die Barmherzigen, denn sie werden die Barmherzigkeit erlangen)

1916, 25,3 × 22,0 cm, Lithographie, Sächsische Landesbibliothek Dresden.
Standort im Evangelischen Gesangbuch: S. 1016, gegenüber Nr. 593 („Biblische Gesänge")

Der „Barmherzige", eine christusähnlich typisierte Gestalt mit glattem, weich fallendem langen Haar, einer zeitlosen Tunika und Sandalen kniet links vor der auf dem Boden hockenden Figur des „Hilfsbedürftigen". Dieser ist rechts in der Seitenansicht wiedergegeben, mit überkreuzten Beinen auf dem Boden hockend und als ein gebrechlicher, in ein zerlumptes, kurzärmeliges Gewand gekleideter, barfüßiger Mann gestaltet. Sein Haar ist wirr, und seine Linke klammert sich stützend an eine kurze, unter die Achsel geklemmte Krücke, die gerade bis zum Boden reicht und andeutet, daß die hockende Stellung dem „Hilfsbedürftigen" durch ein körperliches Gebrechen aufgezwungen ist. Der „Barmherzige" hat seine beiden Hände liebevoll um die Schläfen des „Hilfsbedürftigen" gelegt, dessen Kopf aufgerichtet und blickt ihm nun anteilnehmend und tief in die müden Augen. Von links fällt starkes Licht ein, so daß sich zwischen dem von den Beiden umschlossenen Raum tiefe Schatten bilden. Der räumliche Bezugsrahmen der Szene wird nicht weiter konkretisiert und nur durch leichte horizontale und diagonale Schraffuren angedeutet. In der im „Bildermann" abgedruckten Fassung ist unter die Szene ein Schriftzitat aus den Seligpreisungen der Bergpredigt Jesu gesetzt: „Selig sind die Barmherzigen, denn sie werden die Barmherzigkeit erlangen." (Matthäus 5, 7)

„Der Barmherzige" gehört zu einer Reihe von Lithographien, die Ernst Barlach 1916 für die von Paul Cassirer herausgegebene pazifistische Kunstzeitschrift „Der Bildermann" gearbeitet hat, die den Untertitel „Steinzeichnungen fürs deutsche Volk" trug. Neben Ernst Barlach gehörten auch Käthe Kollwitz, Max Slevogt, Oskar Kokoschka, Ernst Ludwig Kirchner, Erich Heckel und Otto Müller zu den künstlerischen Mitarbeitern dieser Publikation, die der allgemeinen anfänglichen Kriegsbegeisterung nun das Erlebnis einer desillusionierten und pessimistischen Gegenwart folgen ließ. Mit seiner gestalterischen Umsetzung einer der Seligpreisungen Jesu stellt sich Ernst Barlach bewußt in die ikonographische Tradition des Protestantismus, die vor allem auf Emporenmalereien des 17. und 18. Jahrhunderts in didaktischer Abzweckung auch Motive aus der Bergpredigt und den Gleichnissen Jesu eigenständig illustrierte und mit Hilfe der Christustypisierung neue Bildschöpfungen entwickelt hat, die hier bei Ernst Barlach noch nachwirken. Das Motiv des sich dem anderen tief in die Augen blickend zuwendenden Christus hat Ernst Barlach dann in der 1918 entstandenen Bronzeplastik „Das Wiedersehen" (Christus und Thomas) aufgenommen, jedoch in bezeichnender Abänderung den Blick des Christus schon wieder in die Weite des Unendlichen schweifen lassen. Im 1930 begonnenen unvollendeten Projekt „Die Gemeinschaft der Heiligen", einem Figurenzyklus für die Fassade der damals museal genützten Lübecker Katharinenkirche, nahm die Klinkerfigur des „Bettlers" die auf Krücken aufgestützte Gestalt des „Hilfsbedürftigen" auf und rief vor allem beim Lübecker „Verein für Heimatschutz" wegen ihrer „undeutschen", „slawischen" Figurenart heftigen Protest hervor: „Es sind Vertreter der kraftlosen unmännlichen Lehre vom irdischen Jammertal, in denen man weder Heilige noch Gottsucher, sondern nur weltverneinende Asketen, Dulder, Sieche, Büßer und Schwärmer zu erblicken vermag."

Liebevoll wendet sich der christusgestaltige Barmherzige den vor ihm auf dem Boden hockenden Gebrechlichen zu. Er ist selbst dazu auf die Knie gesunken und hat den Mann mit dem wirren Haar aufgerichtet, ihm seine Hände an die Schläfen gelegt und blickt ihm nun tief in die Augen. Ein heilender, aufrichtender Blick, dem die Haltung des Gebrechlichen korrespondiert, der vom Barmherzigen in seine ursprüngliche, schöpfungsmäßige Würde zurückversetzt wird. Der, der sich selbst wegen seiner Gebrechlichkeit nicht mehr aufrichten kann und in sich zusammengekrümmt versunken ist, wird vom Barmherzigen liebevoll aufgerichtet. Doch zuerst mußte der Barmherzige vor dem Gebrechlichen auf die Knie sinken, ihm die erforderliche „Würde" entgegenbringen.

Ernst Barlach zeichnet ab 1914 so gut wie nicht mehr nach dem Leben. Er schöpft aus seinem Inneren Visionen und Gestalten. Der eigentlich schöpferische Vorgang im Sinne einer Vorstufe für seine Plastiken findet in der Zeichnung und auf den Lithographien statt. Auf diesem Wege nimmt der Barmherzige auch die Gestalt des Christus an. In der für die Zeitschrift „Der Bildermann" vorgesehehen Fassung der Lithographie hat Ernst Barlach bewußt ein Zitat aus den Seligpreisungen Jesu unter das Blatt gesetzt: „Selig sind die Barmherzigen, denn sie werden die Barmherzigkeit erlangen". Nicht zufällig wird der, der die Barmherzigkeit erweist, von Ernst Barlach hier als Christus gestaltet. Es ist ein Hinweis auf die Erfüllung der ethischen Gebote der Bergpredigt und insbesondere der Seligpreisungen Jesu durch Christus selbst, der in jedem Einzelnen Gestalt werden will. Nur so ist das Gebot der Barmherzigkeit zu erfüllen.

Christus erweist sich als der Bruder, der dem Du hilfreich zur Seite steht. Ernst Barlach gestaltet 1916 mitten im Ersten Weltkrieg Christus in der Gebärde des Einladenden an die Mühseligen und Beladenen. Große Glaubenszweifel haben Ernst Barlach angesichts einer Wirklichkeit des Massentodes um das Jahr 1916 bewegt. Sein Blatt steht in großer Nähe zum Denken Dostojewskis, das ihn damals – Eduard Thurneysen vergleichbar – sehr bewegt hat, und in dem Christus selbst zum betroffenen Menschen wird – für Ernst Barlach die Andeutung einer Auflösung des mit dem Ersten Weltkrieg verbundenen Zweifelns an Gott selbst.

Berührung und Zuwendung sprechen aus dieser Verbindung des Motivs des barmherzigen Samariters mit der Illustration der Seligpreisungen. Ein Motiv, aus dem heraus Barlach sein letztlich vom protestantischen Sozialethos geprägtes Werk hat entstehen lassen.

Ein bergender, schützender Raum entsteht zwischen den beiden Gestalten und verleiht dem Hilfsbedürftigen Schutz und Anerkennung in liebevoller Zuwendung. Er wird wahrgenommen. Christus blickt ihn an. Die heilende Kraft des Antlitzes Christi, die sich in der Legende um das Schweißtuch der Veronika und die Heilung des römischen Kaisers Tiberius und in Liedern wie Paul Gerhardts „O Haupt voll Blut und Wunden" niedergeschlagen hat. Die vom Antlitz und vom Anschauen Christi ausgehende heilenden Kraft findet dann in der Offenbarung des Johannes im dauerhaften Sehen des Christusantlitzes von Angesicht zu Angesicht ihre Vollendung. Eine heilende Kraft, die bis heute dort erlebt und nachempfunden werden kann, wo ich mich diesem Blick des Christus aussetze und seine Wirkung auf mich und mein Leben zulasse, so wie der auf Krücken gestützte „Hilfsbedürftige" bei Ernst Barlach, der von Christus seine ursprüngliche Würde zurückerhält.

Edvard Munch, Betender alter Mann

1902, 46,1 × 32,5 cm, Holzschnitt.
Standort im Evangelischen Gesangbuch: S. 1034, gegenüber Nr. 607
(„Glaube – Liebe – Hoffnung")

Ein nach rechts gewandter alter Mann hat die Hände zum Gebet gefaltet und kniet auf seiner Bettstatt in einer schlicht möblierten häuslichen Schlafkammer. Die dem Gebet innewohnende Ruhe des Mannes kontrastiert mit dem bedrohlich wirkenden Schatten des Betenden, den das Licht auf eine im Bildhintergrund erkennbare Wand zeichnet. Die Hingabe des Gebets mit den erhobenen Händen und der völlig konzentrierten Körperhaltung findet in der groben und wuchtigen Ausführung des Holzschnittes ihre Entsprechung, um beim Betrachter den gleichzeitigen Eindruck der Ruhe und Gespanntheit zu intensivieren. Im Original ist der Holzschnitt wie häufig bei Edvard Munch von zwei Platten gedruckt. Die erste Platte dient dem grafischen Aufbau der Szene, während die zweite Platte die Darstellung mit einem warmen Gelbton unterlegt. Haltung und Lichtführung gehen zurück auf Rembrandts „David im Gebet". Edvard Munch gibt dem Gebetesgestus etwas Beschwörendes und stellt die inständige Beharrlichkeit dieses Aktes durch seine elementaren Bildmittel und die Licht-Schatten-Wirkung heraus.

Edvard Munch hat auf dem Holzschnitt „Betender alter Mann" die Erinnerung an seinen Vater, den norwegischen Militärarzt Peter Christian Munch (1817–1889) festgehalten, der sich nach dem frühen Tod der Mutter des Künstlers – sie war 30jährig nach achtjähriger Ehe an Tuberkulose verstorben und hinterließ fünf kleine Kinder – oft in seine strenge pietistische Frömmigkeit flüchtete. „Mein Vater versuchte, für uns Vater und Mutter zu sein", erzählt Edvard Munch. „Aber er war schwermütig, nervös – erblich belastet –, mit Perioden religiöser Anwandlungen, die an Wahnsinn grenzten, wenn er tagelang im Zimmer auf- und abschritt und dabei Gott anrief. Zeitig genug habe ich Elend und Gefahren des irdischen Lebens kennengelernt und vom Leben nach dem Tod und der ewigen Höllenpein gehört, die die sündigen Menschen erwartet. Wenn er nicht unter diesen religiösen Anfällen litt, konnte er wie ein Kind mit uns scherzen, spielen und uns Märchen erzählen."

Edvard Munch berichtet auch von der Ursprungssituation, auf die sein Holzschnitt „Betender alter Mann" zurückverweist, und schildert ein als Jugendlicher mit dem Vater geführtes Streitgespräch: „Eines Abends geriet ich mit meinem Vater in Streit darüber, wie lange die Ungläubigen in der Hölle leiden müßten. Ich meinte, daß keiner ein so großer Sünder wäre, daß Gott ihn länger als tausend Jahre quälen würde. Mein Vater aber sagte, daß diese Menschen tausendmal tausend Jahre leiden müßten. Ich aber wollte nicht nachgeben. Der Streit endete damit, daß ich die Türe zuschlug und ging. Nachdem ich durch die Straßen geirrt war, ließ die Wut in mir nach. Deshalb ging ich heim und wollte mich mit meinem Vater aussöhnen. Er war aber zu Bett gegangen. Leise öffnete ich die Tür. Da lag mein Vater vor dem Bett auf den Knien und betete. So etwas hatte ich früher nicht gesehen. Da schloß ich die Türe wieder und ging auf mein Zimmer. Ich fand keine Ruhe und keinen Schlaf. Schließlich nahm ich den Zeichenblock und begann zu zeichnen, und zwar den Vater, wie er vor dem Bett kniete. Das Licht der Nachttischlampe warf einen goldenen Schein über das Nachthemd. Ich holte den Malkasten und trug Farbe auf. Schließlich war mir die Zeichnung gelungen. Ich war beruhigt und schlief sofort ein." Etliche Jahre später, 1902, entsteht dann der Holzschnitt, der diese Szene vergegenwärtigt, in der Munch erstmals die selbstheilende Anwendung der künstlerischen Tätigkeit im Sinne eines Schlüsselerlebnisses für sich entdeckt.

Der auch das Blatt „Betender alter Mann" beherrschende Schatten stellt ein Munchs Werk durchgängig begleitendes Motiv dar. 1889 nach dem Tod des Vaters heißt es bei Munch: „Wenn ich die Lampe angezündet habe, sehe ich plötzlich meinen enormen Schatten über die halbe Wand bis an die Decke herauf – und in dem großen Spiegel über dem Kamin sehe ich mich selbst – mein eigenes Gespenstergesicht. – Und ich lebe mit den Toten – meiner Mutter, meiner Schwester, meinem Großvater und meinem Vater – besonders mit ihm –."

Edvard Munch hat mit dem Holzschnitt „Betender alter Mann" seine persönliche Auseinandersetzung mit der strengen pietistischen Frömmigkeit seines Vaters verarbeitet und darüber ein zeitloses und deutungsoffenes Sinnbild des Gebets geschaffen. Der Schatten begleitet unweigerlich dieses nächtliche Gebet in der Schlafkammer, wie der Schatten der eigenen tragischen Lebensgeschichte Munchs Vater begleitet hatte. Edvard Munch zeigt uns einen alten Mann, der inständig im Gebet mit Gott ringt und ihm ganz hingegeben ist. Dennoch hat er bedrängend den Schatten im Rücken, von dem er sich im Gespräch zu befreien versucht. Aber dieser alte Mann führt in dieser intim-persönlichen Szene in der Schlafkammer kein Selbstgespräch, sondern wendet sich wirklich in aller Intensität an seinen Gott und legt ihm sein Leben und seine Lebensfragen, auch die Sorge um das Seelenheil des Sohnes und seinen Weg, vor. Die Einsamkeit der Szene ist beeindruckend und intensiviert die Dichte der angedeuteten Gottesbeziehung im Gebet. Es ist der Einzelne im stillen Kämmerlein, von dem Jesus Matthäus 6, 6 spricht.

Ernst Barlach, Der Müde (Tröstung)

1916, 29,3 × 21,7 cm, Lithographie, Museum der bildenden Künste Leipzig.
Standort im Evangelischen Gesangbuch: S. 1118, gegenüber Nr. 670 („Einführung in den Gottesdienst")

Der „Müde", dessen Gestalt sich in der Bilddiagonale von links unten nach rechts oben erstreckt, hat sich, mit beiden Händen auf seinen Stock gestützt, auf einem nicht näher präzisierten Sockel niedergelassen. Seine Beine sind weit auseinandergestellt, so daß die Füße in den beiden unteren Ecken des mit einem bildimmanenten Rahmen versehen Blattes stehen. Er trägt ein einfaches, zeitloses, bis zu den Knien reichendes Gewand und knöchelhohe Stiefel. Sein Rücken lehnt erschöpft am rechten Bildrand, die Augen sind halb geschlossen. Der Hintergrund wird durch horizontale und diagonale, flüchtig gezeichnete Striche abgedunkelt. Daraus materialisiert sich eine von links her in das Bild schwebende, engelshafte weibliche Gestalt, die ihr hellstrahlendes Gesicht dem „Müden" zugewandt hat, behutsam ihre Hände um sein Kinn legt und den Schlafenden liebevoll betrachtet.

„Bis auf wenige Landschaften steht eigentlich immer der Mensch im Vordergrund seiner zeichnerischen Schöpfungen", charakterisiert Wolfgang Schwarze Barlachs Figurenzeichnungen. Auch in seinen Zeichnungen denke Barlach plastisch: „Die Figuren sind weitgehend von materiellen Bindungen befreit. Thema ist vielmehr die Herausarbeitung des Seelischen. Barlachs Mitgefühl für das Leid, das Sehnen und die Freude der Menschen, die er skizziert, beseelt den menschlichen Ausdruck mit knappem Zeichenstrich bis in die tiefsten Tiefen. Das Innere, Verschlossene der Menschen wird durchsichtig und sichtbar in präziser, anschaulicher Erfassung. Der Kern seiner bildnerischen Schöpfung steht im Vordergrund, aus dessen Gehalt sich die Form zwangsläufig ergibt. Durch die abstrahierende Form seiner Zeichnung erscheint in bildhafter Weise ein Höchstmaß inneren Lebens und seelischen Empfindens. Dabei sind die Menschengestaltungen ohne individuelle Züge, sie sind eine Art Typenbildung von metaphorischem Charakter. Die Zeichnungen sind wenig illustrativ aufgefaßt. Jede Illustration als Beiwerk würde die plastisch aufgefaßte Zeichnung stören und die Sichtbarmachung der seelischen Sprache verwischen."

Der Wanderer mit dem Stab hat sich niedergelassen, müde von seiner Wanderschaft. Die Augen sind ihm fast wie im Schlaf halb zugefallen. Im Zustand des Ruhens ereignet sich eine geheimnisvolle Begegnung zwischen Himmel und Erde. Liebevoll und zärtlich berührt die schwebende Engelsgestalt das Kinn des Wanderers. In der Figur der „Schwebenden" seines Güstrower Ehrenmals wird Ernst Barlach 1928 diese horizontal-schwebende Engelsgestalt dann zur Vollendung führen. In aller durch seinen festen Stand zum Ausdruck kommenden Erdgebundenheit empfängt der Wanderer die himmlische Stärkung und wird gerüstet für seinen Weg. Ernst Barlachs „Müder" ist im Evangelischen Gesangbuch der „Einführung in den Gottesdienst" als ein Hinweis zugeordnet, daß unser Gottesdienst solche Ruhe, Tröstung und Zuwendung auf der irdischen Wanderschaft ermöglicht und in seiner Tiefendimension uns dem zärtlich-liebevollen Anschauen Gottes aussetzt, von dem Heilung ausgeht.

Michelangelo Buonarroti, Christus am Kreuz (Kruzifix für Vittoria Colonna)

Um 1540, 37,2 × 27,2 cm, schwarze Kreide, British Museum, London, Department of Prints and Drawings.
Standort im Evangelischen Gesangbuch: S.1136, gegenüber Nr. 674 („Gebete für den Gottesdienst")

Größe und zeichnerische Plastizität des äußerst differenziert modellierten Körpers des gekreuzigten Christus dominieren die Kreidezeichnung. Der Leib ist in ungewöhnlichem Bewegungsreichtum gegeben; Knie und Hüfte reagieren auf das kraftvolle Ausbiegen des Oberkörpers, der Kopf Christi ist leicht nach rechts oben gewandt und der Blick deutlich erhoben. Seine Lippen sind zum letzten Zwiegespräch mit seinem himmlischen Vater leicht geöffnet. Unter den Kreuzarmen schweben zwei Engel auf Wolken. Der linke stützt seinen Kopf in die rechte Hand und weist mit seiner Linken auf Christus, wendet sich dabei aber gramvoll vom Gekreuzigten ab. Der rechte Engel hingegen blickt – versonnen seinen Kopf in beide Hände gestützt – zu ihm auf. Am Fuße des Kreuzes erinnert der Schädel an die Grabstätte des Erzvaters Adam, die sich gemäß der Überlieferung auf dem Berge Golgatha befunden haben soll.

Michelangelo schuf die zarte, subtil ausgearbeitete Zeichnung in den Jahren um 1540, als er an dem Jüngsten Gericht in der Sixtinischen Kapelle arbeitete, für Vittoria Colonna. In einem Brief bittet sie den Maler, ihr die nach der Zeichnung gemalte Kreuzigung für eine Weile zu überlassen, selbst wenn diese noch nicht vollendet sei (heute Privatsammlung in Neapel). Mit Vittoria Colonna verband Michelangelo bis zu deren Tod im Jahre 1547 eine innige, tiefe Freundschaft, wovon einige Briefe sowie die Sonette und Madrigale, die ihr Michelangelo widmete, zeugen. Vittoria verkörperte für Michelangelo den Inbegriff des tugendhaften Lebens, sie war seine spirituelle Mentorin, sein Weg zur Errettung, seine „Divina Donna" (göttliche Frau), die er in der Tradition des mittelalterlichen platonischen Liebesideals zu seiner „Laura" oder „Beatrice" erhob. Auch von anderen Zeitgenossen erfuhr sie eine fast mystische Überhöhung.

Vittoria Colonna war eine höchst gebildete Frau, die nach dem Tod ihres Mannes, des Marchese von Pescara, Trost in der Einsamkeit eines Klosters in Viterbo suchte, wo sie ihre Zeit allein dem Andenken ihres verstorbenen Gatten und den christlichen Idealen widmete. Seit 1544 lebte sie in Rom. Dort trafen sich in ihrem Palast Künstler, Politiker und Geistliche, und sie verfaßte eine berühmte geistliche Liedersammlung, den „Canzoniere spirituale". Damals stand sie den bedeutendsten Denkern der Zeit nahe, vor allem dem Kreis der sogenannten „italienischen Reformation" und des „Oratorio del Divino Amore". Deren Ziel war eine umfassende Reformierung des Glaubens, und beide Strömungen sollten später eine entscheidende Rolle sowohl in der italienischen Reformations- wie auch der Gegenreformationsbewegung spielen.

Einer der zentralen Artikel der italienisch-reformatorischen Glaubensbewegungen war die Lehre von der Rechtfertigung des Sünders allein durch die im Kreuzestod Christi bewirkte Aussöhnung der Menschen mit Gott, die bekanntlich auch in der nordalpinen Reformation eine zentrale Rolle spielte. Michelangelo wurde durch Vittoria Colonna mit dieser Strömung bekannt, und wie kaum eine andere prägten diese Begegnungen so nachhaltig seine Schaffen.

Die Quellen bezeugen einen regen theologischen Gedankenaustausch zwischen Vittoria Colonna und dem Künstler, wobei der Gedanke der Rechtfertigung des Sünders nicht nur in den Gedichten Vittorias, sondern auch im literarischen Werk Michelangelos zu finden ist: „O carne, o sangue, o legnio, o doglia strema, Giusto per vo'si facci el mio peccato" – "Oh Fleisch, oh Blut, oh Kreuzesholz, oh tiefster Schmerz, durch Euch möge meine Schuld gesühnt werden". Ausdruck desselben Gedankens ist der Vers: „Signor, col tuo sangue l'alme purghi e sani, Dal infinite colpe e moti umani" – „Herr, segne und heile Du durch Dein Blut die mit unendlicher Schuld beladenen Seelen der Menschheit".

Jene hohe Frömmigkeit, die „Pietà superna" Vittoria Colonnas führte Michelangelo zu tiefster christlicher Devotion. Sichtbarster Ausdruck dieser Geisteshaltung ist die vorliegende Kreidezeichnung mit der Kreuzigung Christi, die deshalb in mehrerlei Hinsicht bemerkenswert erscheint: Der muskulöse, heroische Körper des Gekreuzigten, der doch keinerlei Spuren der erlittenen Qualen aufweist, steht deutlich in Kontrast zu der konventionellen, spirituellen Auffassung des Dargestellten, der um die Sünden der Welt starb. Seit dem 13. Jahrhundert hatte man in Italien nicht mehr den gekreuzigten Christus im Moment des Todes dargestellt. Ein letztes Mal bäumt sich Michelangelos Christus am Kreuz auf und ruft laut: „ Mein Gott, mein Gott, warum hast du mich verlassen?" (Markus 15, 34).

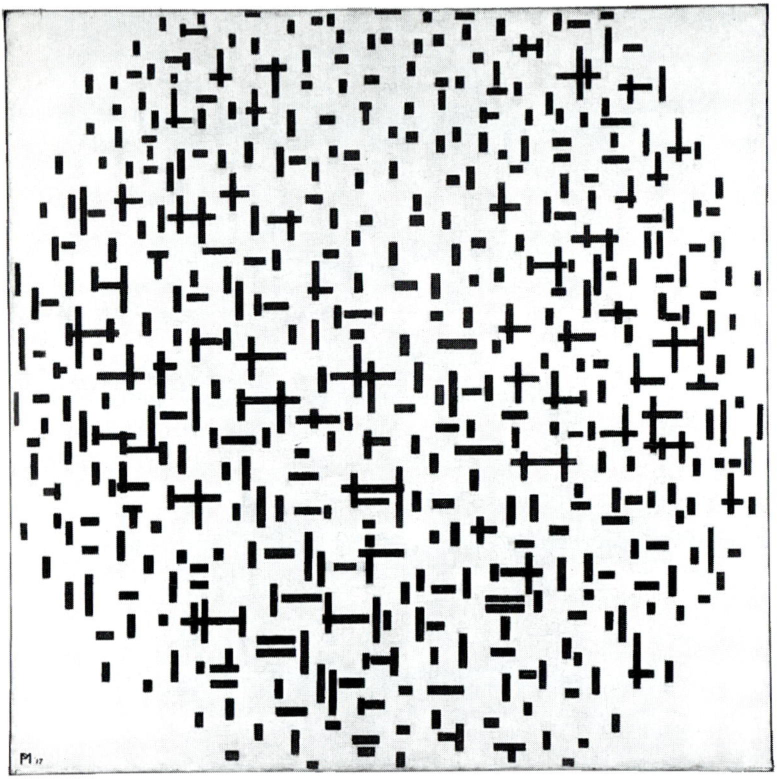

Piet Mondrian, Komposition in Schwarz und Weiß

1917, 108,4 × 108,4 cm, Öl auf Leinwand, Rijksmuseum Kröller-Müller, Otterloo.
Standort im Evangelischen Gesangbuch: S.1144, gegenüber Nr.679 („Ordnungen des Gottesdienstes")

Das 1917 entstandene Gemälde „Komposition in Schwarz und Weiß", in Öl auf Leinwand gemalt, zeigt graphische Qualitäten, die der malerischen Technik eigentlich widersprechen. Eine schmale Rahmenlinie umschließt dichtgefügte, scharf konturierte horizontale und vertikale, sich dabei ein- oder mehrfach rechtwinklig überschneidende Rechtecke und Linien, die sich zu einer Kreisform verdichten. Die Länge und Dichte der Striche nimmt von einem Punkt im oberen Bereich des Kreises nach außen und nach unten hin zu, so daß sich die an sich flächige und völlig gegenstandslose, abstrakte Komposition zu einem plastischen, kugeligen Gebilde fügt, in dem das Diffuse der einzelnen Elemente aufgehoben und zu einer Form gebändigt ist. Das Bild ist unten rechts mit „M 17" signiert und datiert.

Mondrian ist zweifellos einer der großen klassischen Abstrakten. Wie manch anderer kommt auch er von persönlich-mystischen Erfahrungen her, die er in seinem Werk sublimiert. Aus der Zeit seines Kontaktes mit der Theosophie stammen drei 1908 entstandene Kohlezeichnungen, auf denen Mondrian in drei suggestiv immer näher rückenden Bildausschnitten seiner eigenen Augen der bildikonografischen Christusdarstellung folgt, mit der er sich als Künstler identifizierte. 1901 war Mondrian der „Theosophischen Gesellschaft" beigetreten, die damals unter dem Einfluß des bedeutenden spiritistischen Mediums Madame Blavatsky stand und mit übersinnlichen Erfahrungen experimentierte. Die Lösung aus diesem Spannungsfeld beginnt für Mondrian in Paris um 1914 durch die Konfrontation mit dem Kubismus als möglicher Auflösung des Raum-Zeit-Widerspruches. Künstlerisch kommt es u.a. zu einer Auseinandersetzung mit der Kreuzform und der bewußten Durchdringung von Horizontal-Vertikal-Gegensätzen in der Synthese einer als gesetzmäßig begriffenen geometrischen Bildform. „Auf dem Weg der Reduzierung zur ‚reinen Gestaltung' des Neo-Plastizismus hat Mondrian durch eine jahrelang durchgehaltene intellektuelle Disziplin die Wahrnehmung des spirituellen Kosmos geläutert von dem anthromorphen Gefühlschaos und unbewußt wirkenden religiösen Traditionen" (Hannah Weitemeier-Steckel). Das Ölbild „Komposition in Schwarz und Weiß" gehört in diesen Zusammenhang.

Der Reiz des Bildes liegt in den in Spannung zueinander stehenden Gegensätzen. Auf der einen Seite sind da graphische Formen, Striche, Balken, Punkte mit der inneren Tendenz, auseinander zu fließen und sich ins Uferlose auszubreiten, ungeordnet, chaotisch, alles überströmend und unter sich begrabend. Auf der anderen Seite kommt es zu einer Verdichtung dieser graphischen Formen, ihrer Bändigung und Zusammenfügung zu einer Kugelgestalt. Aus der chaotisch auseinanderströmenden Fülle entsteht Form und Ordnung. Das Chaos wird ertragbar, ja anschaubar. Es bedroht nicht mehr, sondern in seiner Vielfalt erfreut es geradezu. Das gebändigte Chaos wirkt selbst bändigend auf unbewußte innere Seelenkäfte. Dieser Eindruck wird noch einmal verstärkt und überhöht durch die feine quadratische Linie, die als Rahmen alles umgibt und zusammenhält. Ein Höchstmaß von Form und Ordnung ist erreicht. Kugel wie Quadrat sind Symbole von Ganzheit.

In die Balance gebrachte Unordnung, verarbeitete und dadurch befruchtend wirkende Spannung zwischen Chaos und Form ist das Geheimnis allen Lebens. Bei sich anbahnenden Katastrophen, so sagt die Chaostheorie, sind es winzige Ordnungsstrukturen, die zu Kernen neuer, größerer und dauerhafterer Ordnungsgefüge werden. Mondrians Bild eignet sich dazu, betrachtet und meditiert zu werden, wenn die Unordnung in einem selbst übermächtig zu werden droht. Durchaus also ein therapeutisches Bild. Es gibt eine Ordnung, wird vermittelt, die alle Unordnung, alles Zerrissene und Unvollkommene umschließt, aufhebt und in eine neue Form bringt. Das Leben wird, wenn es von der göttlichen Ordnung berührt wird, zu einem runden Ganzen, das bleibt.

Wenn Gottesdienstordnungen (Mondrians Bild ist diesen im Gesangbuch zugeordnet) etwas ausstrahlen von dieser schöpferischen, gestaltenden Kraft, haben sie Sinn und wirken heilsam. Kritischer Prüfstein für Liturgien und Liturgen...

Rembrandt Harmensz van Rijn, Jakobs Traum

Um 1644, 25,0 × 20,8 cm, Feder, Bister, Deckweiß, laviert, Louvre,
Paris, Departement des Arts Graphiques.
Standort im Evangelischen Gesangbuch: S.1212, gegenüber Nr.718
(„Andachten").

Die lavierte Federzeichnung stellt nach 1. Mose 28, 11–15 Jakobs
Traum von der Himmelsleiter dar. In der unteren Bildhälfte im Zentrum hat sich Jakob, sein Haupt auf einen Stein gebettet, auf die
nackte Erde zum Schlafen gelegt. Seine Ausrüstung – Wanderstock,
Getränkeflasche und Hirtentasche – lehnt rechts an einem Baum-
stumpf. Links über ihm erscheinen zwei Engel. Sie beherrschen die
linke Bildhälfte. Beide beugen sich etwas vor, und der im Bild rechte
der beiden breitet die Hände in einer segnenden Geste über dem
Schlafenden. Von seinem Gewand scheint auch das Licht auszuge-
hen, das Kopf und Oberkörper des Schlafenden berührt und ein-
hüllt. Die Himmelsleiter, auf der die Engel Gottes herabstiegen, ist
nicht dargestellt. Der Akzent liegt ganz auf der Botschaft, die Jakob
im Traum zuteil wird.

Rembrandt hat Zeit seines künstlerischen Schaffens immer wieder
biblische Motive aufgegriffen. Dabei wird zunehmend der menschliche Gehalt der dargestellten Szenen herausgearbeitet. Vor allem in
den religiösen Darstellungen der vierziger Jahre, in denen auch die
Zeichnung von Jakobs Traum entstand, war das so. Auch das sogenannte „Hundertguldenblatt" gehört in diesen Zusammenhang.
Mehr und mehr wird alles Anekdotische weggelassen. Das religiöse, biblische Vorbild wird im menschlichen, persönlichen
Bereich gedeutet.

Inhaltlich steht die Zeichnung Rembrandts im Kontext der sogenannten Vätergeschichten. Nach dem Scheitern des ersten Mensch-
heitsweges in Sintflut und Überheblichkeit fängt Gott mit Abraham
noch einmal neu an. Er, ein Einzelner, wird herausgerufen aus allen
seinen Bindungen und Bezügen, um auf einem neuen Weg neuer
Verheißungsträger zu werden. Die Verheißung gerät in Gefahr, als
Abraham und seine Frau schon alt sind. Gleichwohl bekommen sie
Isaak, den versprochenen Erben. Von dessen Söhnen erschleicht
sich Jakob durch eine List das Erstgeburtsrecht und damit den
Segen der Verheißung. In der Folge muß er vor dem Zorn seines

Bruders Esau fliehen. Ort- und heimatlos geworden, ist er auf dem Weg in die Heimat seiner Mutter Rebekka. Hier, unterwegs, offenbart sich ihm Gott im Traum.

Die Gestalt des schlummernden Jakob im Bild rührt den Betrachter an. So sehen kleine Kinder aus, wenn sie abends in ihrem Bettchen liegen und hingegeben schlafen, gelöst und selbstvergessen und geborgen. „Am Ende dieses langen Tages lege ich ab Bücher, Briefe, Akten, Schlüssel, Kleider und die Uhr. Am Ende dieses langen Tages lege ich auf Dich Ängste, Sorgen, Mühen, Lust, Trauer, Sehnsucht und meine Schuld. Am Ende dieses langen Tages lege ich mich ganz und gar, still und geborgen, mein guter Gott, in deinen Schutz und Frieden" (Johannes Hansen). Geborgenheit, selbstverständliche Geborgenheit in Gott. Geheimnis kindlichen Glaubens.

Aber auch die Verlorenheit des Schläfers Jakob macht den Betrachter betroffen. Das Gelände, in dem er sich zur Ruhe gelegt hat, ist unwegsam. Die Erde, auf der er ruht, ist hart. Das Kissen unter seinem Kopf ist ein Felsbrocken. Ein Mensch auf der Flucht. Ausgestossen aus der Gemeinschaft. Ohne Heimat und Dach über dem Kopf. Gewiß, er hat das selbst verschuldet. Aber macht das seine Einsamkeit geringer? Jeder, der will, kann ihn umbringen. Der schwere Wanderstock lehnt zwar in Reichweite. Aber wenn es darauf ankäme, könnte er ihn wohl nur zu spät als abwehrende Waffe ergreifen. „Vogelfrei" nannte man früher solche Menschen.

Aber Jakob schläft. Vertrauensvoll. Umgeben von einer Aura des Friedens. Das Licht seines Traumes erhellt seine armselige Gegenwart. Es fängt sich im Gewand der beiden Engel. Groß sind sie, und ihre Gesichter und Flügel sind von der Nacht überschattet. Und doch sind sie hell. Ihr Weg hat sie aus der lichten Welt Gottes in die Dunkelheit der Welt Jakobs geführt. Sie haben sich auf diese Sendung eingelassen. So wurden sie zu Boten des Lichtes. Auch das ein Geheimnis. Gott geht, wo er sich Menschen naht, das Risiko ihrer Nacht ein. Geheimnis der Inkarnation.

Weil sich Gott selbst der Nacht und ihrer Bedrohung aussetzt, kann Jakob schlafen wie ein Kind, geborgen und hingegeben. Und gerät zugleich ins Licht. Sein im Schlaf lächelndes Gesicht, sein Oberkörper, sogar sein verrutschter Hut sind von diesem Licht umspielt. Mitten in Jakobs Nacht ist der Himmel über ihm aufgegangen. Und

178

aus dem aufgegangenen, offenen Himmel dringen die alten Worte der Verheißung und werden nun ihm, dem Betrüger und unsteten Flüchtling, zugesprochen: „Ich bin der Gott deines Vaters Abraham...Das Land, darauf du liegst, will ich dir und deinen Nachkommen geben...Durch dich und deine Nachkommen sollen alle Geschlechter der Erde gesegnet werden...Ich bin mit dir und will dich behüten, wo du hinziehst..." (1. Mose 28, 11–15 in Auswahl). Himmelsleiter. Verbindung zwischen oben und unten, Oszillation von Leben zwischen Himmel und Erde.

Damit öffnet sich noch einmal ein Geheimnis: Die Nacht hat noch ein anderes Gesicht. Zur Pforte für Gott kann sie werden und zum Raum, in dem der Mensch den Zustrom und Ansturm seiner Segensfülle erfährt. Die Mystiker aller Religionen wußten das und die Dichter auch. „Ich will satt werden, wenn ich erwache", sagt der Psalmist, der dieses Geheimnis teilt, „ich will satt werden, wenn ich erwache, an deinem Bild" (Psalm 17, 15).

Man muß wohl immer wieder erst durch die Nacht hindurch, durch die selbst verursachte und durch die verhängte, um zu erfahren, daß der Himmel offen steht und daß die Kräfte des Himmels, die Engel Gottes, hin- und hergehen zwischen ihm und mir. Man muß wohl immer wieder erst den Schlaf wagen, den getrosten Schlaf des Loslassens und der Entäußerung, in dem alles weggetan wird, was einen sonst beschäftigt, bewegt und umtreibt.

Als Jakob am Morgen aus seinem Traum erwacht, kann er kaum fassen, was ihm geschehen ist. „Fürwahr, der Herr ist an dieser Stätte, und ich wußte es nicht!" (1. Mose 28, 16). Und er errichtet dem Gott, der in der Nacht kommt und die Nacht zum Licht macht, einen Altar und betet ihn an.

Marc Chagall, Der schützende Engel

Um 1956/59, 35,6 x 26,8 cm, Kohle und Tusche, Privatbesitz, Verlag
Philipp von Zabern, Mainz.
Standort im Evangelischen Gesangbuch: S.1264, gegenüber Nr.731
(„Psalmen").

Chagall selbst schrieb auf die Rückseite des Blattes in französischer
Sprache „Psaume 10" (Psalm 10), ordnete die Darstellung also diesem biblischen Text zu. In der Mitte, mehr als die Hälfte des Blattes
ausfüllend, schwebt der Engel mit schützend erhobenen Armen
und großen, in die Fläche gebreiteten Flügeln vor einem nächtlichen, mondbeschienenen Himmel. Der segnende Gestus der
Hände ist der eines Priesters. Er findet sich auch auf jüdischen
Grabsteinen bei Gräbern von Nachkommen der Kohanim(Priester)
aus dem Geschlecht Aarons. Dem entspricht die Stellung des
unverhüllten Antlitzes zwischen den Händen, das an den aaroniti-
schen Segen denken läßt: „Der Herr lasse sein Angesicht leuchten
über dir. ..."
Die Flügel des Engels teilen sich wie ein Vorhang und öffnen den
Blick auf eine turmbewehrte Stadt. Eine dichtgedrängte Figuren-
gruppe schreitet nach vorne. Auch Mütter mit Kindern auf dem
Arm sind dabei. Eine Gestalt am linken Bildrand trägt ein Bündel
von Habseligkeiten über der Schulter – bei Chagall stets ein Zeichen für Flucht und Vertreibung, das auf vielen seinen Bilder aus
den 30er und 40er Jahren begegnet. In der Ecke rechts unten liegt
kopfüber gestürzt ein Haupt. Der zugehörige Arm hält einen im
Vergleich zu den Menschen überdimensioniert großen Krummsä-
bel. Oben ganz links sieht man eine dunkle Gestalt mit geweiteten
Augen, vielleicht der Beter des Psalms, der das Unrecht anschauen
muß und darüber in die Klage ausbricht: „Herr, warum stehst du
von ferne und verbirgst dich zur Zeit der Not?" (V.1). Die Krone
könnte aber nach V.16a des Psalms auch auf Gott selbst hinweisen,
der sich verborgen hat und nicht einzugreifen scheint. Ganz rechts
im Bild unter dem Halbmond, der von einem Halo umgeben ist,
sind ebenfalls menschliche Gestalten vage zu erkennen.

Im Frühjahr 1990 zeigte das Landesmuseum Mainz 106 Bibelillu-
strationen aus dem Nachlaß von Marc Chagall. Zu sehen waren
Studien und Entwürfe zu den beiden graphischen Zyklen „Illustra-
tions pour la Bible" und „Dessins pour la Bible", die Chagall 1956
und 1960 für die Zeitschrift VERVE geschaffen hatte. Anders als in

181

dem Zyklus von Radierungen zur Bibel, an dem Chagall mit Unterbrechungen von 1931 bis 1956 gearbeitet hatte, kommen hier neue Motive hinzu: Illustrationen zu Frauengestalten und zur Dichtung der Bibel. Während viele dieser Illustrationen in dem Zyklus von 1960 veröffentlicht sind, wurden andere Zeichnungen zu den Lehrbüchern und Psalmen erst durch die genannte Ausstellung bekannt. Ihre Besonderheit ist es, daß sie sich auf Teile der Bibel beziehen, die nicht so zur Umsetzung ins Bildliche einladen wie die Vorlagen aus den früher behandelten Mosebüchern, den Königs- und Prophetenbüchern. Vielleicht haben sie deswegen in die Zyklen von 1956 und 1960 keinen Eingang gefunden. Zur Gruppe der bisher nicht veröffentlichten Bilder zählt auch die Zeichnung zu Psalm 10 „Der schützende Engel". Ob und wieweit sich in der Zeichnung Chagalls eigene Worte angesichts des Grauens widerspiegeln, das dem jüdischen Volk in unserem Jahrhundert widerfahren ist, ist nicht deutlich. Immerhin hatte er einmal zu Anfang der vierziger Jahre, selbst im Exil und an der Verheißung Israels irre geworden, den schweren Satz geschrieben: „Unser Mose ist tot". Doch jetzt, in größerem zeitlichen Abstand, findet er die Kraft, die Klage des Psalms über das Entsetzliche zusammenzusehen mit der Gewißheit, daß Israel Bestand haben wird.

Ich blicke noch einmal auf die Zeichnung. Ich sehe Menschen, die eine Stadt verlassen. Sie fliehen. Sie teilen das Geschick von so vielen in unserem Jahrhundert. Fast immer sind es Unschuldige, die von diesem Schicksal ereilt werden. Sie sind es, die über die Klinge springen müssen, die quer unten im Bild liegt. Die Schuldigen können sich in der Regel salvieren. Die Stadt, aus der die Fliehenden kommen, ist dunkel. Der Himmel, von dem sie sich abhebt, gleißend hell. Assoziationen von Brand und Untergang stellen sich ein, Bilder aus den Bombennächten des 2. Weltkrieges. Die fliehenden Menschen schleppen mit sich, was sie tragen können. Auch Kinder bleiben vom Elend der Flucht nicht verschont. „Herr, warum stehst du so ferne, verbirgst dich zur Zeit der Not?" So beginnt der 10. Psalm, den Chagall illustriert. „Herr, warum? Warum Tschetschenien? Warum Sarajewo? Warum Auschwitz? Warum?"

Ist die dunkle gekrönte Gestalt links oben im Bild dieser Herr? Ein Gott, der selbst nicht mehr zu begreifen vermag, was Menschen einander antun? Der nur noch verzweifeln kann an diesem Geschöpf, das doch aus seinen Händen einst hervorging?

Rechts unten im Bild liegt ein auf den Kopf gestelltes Haupt. Man erschrickt, wenn man das Bild herumdreht (so daß der Schriftzug

‚Chagall' links oben zu stehen kommt). Was nicht recht zu identifizieren war, entpuppt sich als ein brutales Monstrum: Ein säbelschwingender Schlächter, der mit stierenem Blick niederzumachen droht, was immer seinen Weg kreuzt. Mit dem Wechsel der Perspektive bekommt das Bild eine beklemmende Dramatik. Die Schlächtergestalt verbildlicht, was die Anfechtung des Beters ausmacht: Heimtücke, Hochmut und Skrupellosigkeit des Gottlosen. „Er sitzt und lauert in den Höfen, er mordet die Unschuldigen heimlich, seine Augen spähen nach den Armen... Er duckt sich, kauert nieder, und durch seine Gewalt fallen die Unglücklichen" (Psalm 10, 8–10).

Allerdings liegt etwas Maskenhaftes, etwas Puppenhaftes auf dem Gesicht des Schlächters. Er wirkt wie fremdgesteuert. Sein Blick geht eigentümlich an den Opfern vorbei ins Leere. So sieht er auch nicht die Wirklichkeit des Engels. Er kann sie nicht sehen. Sähe er sie, würde er vielleicht umkehren auf seinem Weg. Seine Verdammnis ist aber, daß er den Boten Gottes nicht mehr zu sehen vermag. Der Engel in der Mitte des Bildes ist dessen Hauptaussage. Übermächtig groß steht er für eine andere Wirklichkeit als die des Bösen. Wie ein Priester tritt er dem Betrachter entgegen. Seine Hände gleichen denen, die in jüdischen Friedhöfen auf den Gräbern der Nachkommen Aarons zu sehen sind. Es sind Hände, die segnen, bergen und schützen: „Der Herr lasse sein Angesicht leuchten über dir und sei dir gnädig..." (4. Mose 6, 24–26). Die Flügel des Priesterengels füllen fast das gesamte Bild. Wie durch ein weites, helles Tor gehen die Flüchtenden zwischen ihnen hindurch wie einst das Volk Israel, als es durchs Schilfmeer in die Freiheit ging (2. Mose 14). Israel wird nicht untergehen, will Chagall sagen und artikuliert so die Zuversicht nicht nur des 10. Psalms. „Keiner wird zuschanden, der auf dich harrt" (Psalm 25, 3). Der Schlächter, fanatisch in sein Tun verkrallt, ist in Wahrheit besiegt. Er liegt am Boden. Zertreten wird der Kopf der alten Schlange. Nein, ein leiser Flügelschlag des Engels nur, und er ist nicht mehr.

Aber dieses Wissen der Psalmen will bewährt werden, im Glauben, und durchaus nicht immer im Schauen. Vor Augen ist in aller Regel das andere: „Herr, warum stehst du so ferne, verbirgst dich zur Zeit der Not?" (Psalm 10,1). Deshalb wollen die Psalmen gebetet werden, immer und immer wieder. Sie wollen meditiert und gesungen werden, im Wechsel, so daß die einen den andern die Hoffnung zusprechen. Damit die Bilder des Bösen ihre bannende Macht verlieren. Damit Zuversicht wächst. Und mit ihr das Lob aus der Tiefe.

Franz Marc, Schöpfungsgeschichte II

1914, 23,7 × 20,0 cm, Holzschnitt, Museum Folkwang, Essen.
Standort im Evangelischen Gesangbuch: S. 1374, gegenüber Nr. 803
(„Geburt und Kindheit")

Franz Marc führt uns in seinem Holzschnitt mittenhinein in das
Schöpfungsgeschehen. Eine Welt ist im Werden. Teils fließende,
teils wogend aufspringende Linien und Formen schaffen einen
Bildraum, der von starken Kontrasten und pulsierenden Bewegungen erfüllt ist. So wird Schöpfung vorgestellt als eine noch offene,
dynamische Entwicklung vom Chaos zur harmonischen Ordnung,
vom Unbelebten zur Vielfalt des Lebens. Gestirne im oberen Bildhintergrund lassen erkennen, daß die Trennung von Himmel und
Erde, Licht und Finsternis bereits vollzogen ist. Zwischen pflanzli-
chen Motiven lenken Tierfiguren die Aufmerksamkeit auf sich,
geben sich aber nicht als uns bekannte Arten zu erkennen. Bewußt
verweigert sich der Künstler, dem Betrachtenden ein äußeres
Abbild der sichtbaren Natur zu zeigen. Alle konkreter wahrnehmbaren Geschöpfe kreisen wie in einem Reigen um eine unsichtbare
Mitte, als wären sie von einem musikalischen Rhythmus bewegt. So
sind sie gehalten und aufeinander bezogen. Trotz aller Bewegtheit
zerfließt das Bild nicht, und bei längerem Betrachten stellt sich eine
Empfindung von Harmonie ein.

Eine kurze Schaffenszeit von kaum mehr als fünf Jahren begründet
den Rang Franz Marcs in der europäischen Malerei. Sie endet mit
dem Jahr 1914, in dem auch dieser Holzschnitt entstand. Als Kriegs-
freiwilliger meldete sich Marc an die Front. Am 4. März 1916 fiel er
vor Verdun. Franz Marc, der unter dem Einfluß des Münchener
Pfarrers Otto Schlier ursprünglich Theologie studieren und Pfarrer
werden wollte, hat nur wenige biblische Motive gestaltet. Der in
einem Brief von der Front geäußerte Plan für eine Reihe von Bibelil-
lustrationen wurde durch seinen frühen Tod vereitelt. Nicht im
kirchlichen Sinne fromm, war sein Denken und Empfinden doch
von einer starken, eigenwilligen und oft leidenschaftlichen Religio-
sität geprägt, die mit seinem künstlerischen Schaffen untrennbar
verbunden war. Alle Kunst war für ihn der Versuch, vom Schein
zum Sein durchzudringen: „Die Sehnsucht nach dem unteilbaren
Sein, nach Befreiung von den Sinnestäuschungen unseres epheme-
ren Lebens ist die Grundstimmung aller Kunst. Ihr großes Ziel ist,

(alle unsere Sinnesbegriffe) das ganze System unserer Teilempfindungen aufzulösen, ein unirdisches Sein zu zeigen, das hinter allem wohnt, den Spiegel des Lebens zu zerbrechen, daß wir in das Sein schauen."

Franz Marc, dessen Werk sich zwischen Gegenständlichkeit und Abstraktion bewegt, macht dem Betrachter des Holzschnitts „Schöpfungsgeschichte II" den Zugang nicht leicht. Zwei Wege scheinen sich anzubieten, erweisen sich aber bald als Holzwege. Wer sich von dem scheinbar chaotischen Gesamteindruck nicht schrecken läßt, wird zunächst mit seinen Augen Halt bei den konkreter faßbaren Tierfiguren und Himmelskörpern suchen. Aber die Hoffnung, hinter der abstrakten Darstellung vertraute Abbilder der uns umgebenden Natur zu entdecken, wird enttäuscht. Die Wesen bleiben fremd und rätselhaft. Der zweite Weg führt über den Titel des Bildes und legt die Vermutung nahe, es könnte sich um eine phantastische Illustration des biblischen Sechs-Tage-Werks aus 1. Mose handeln, etwa des „Fünften Schöpfungstags". Doch auch diese Deutung führt nicht zu einer tieferen Begegnung mit dem Bild.

In seinen Selbstzeugnissen begegnet uns Franz Marc als ein Künstler, der seine Kunst in großer Nähe zu Philosophie und Religion sieht. Malend sucht er nach der Wahrheit, die „hinter der bunten Bühne der Welt" liegt, hinter dem äußeren Abbild der Dinge und hinter den Weltbildern, die wir entwerfen. Seine leidenschaftliche Sehnsucht geht dahin, „ein unirdisches Sein zu zeigen, das hinter allem wohnt, den Spiegel des Lebens zu durchbrechen, daß wir das Sein schauen". Um der Einheit des Seins näherzukommen, begnügt sich Marc nicht damit, durch Farbe, Form und Raum den Augensinn anzusprechen, sondern bezieht Wärmeempfindungen und Gehöreindrücke in sein Schaffen ein, wohl wissend, daß jede menschliche Anschauungsweise „der sterblichen Struktur unseres Geistes" entstammt, den Grund des Seins also niemals in unmittelbarer Schau erreicht. Nur in Träumen kommt ihm der Künstler nahe.
So kann der Holzschnitt „Schöpfungsgeschichte II" als ein Teil des großes Versuches von Franz Marc gesehen werden, dem Geheimnis des Lebens nachzuspüren und träumend in das „unteilbare Sein" zu schauen. Dieses Sein liegt hinter den auf dem Bild sichtbaren Formen und Gestalten verborgen. Es ist die unsichtbare Quelle, aus

der die Lebensströme fließen, die das Bild durchwogen. Es ist das Zentrum der schöpferischen Kraft, die alles bewegt und unablässig wirkend die Evolution der Schöpfung vorantreibt und das Leben immer neue Gestalt gewinnen läßt. Es ist die Mitte, die die Vielfalt der Teile vor dem Auseinanderstreben bewahrt und die Schöpfung als unteilbar Ganzes zusammenhält.

Dies ist auf dem Bild nicht als formulierte Botschaft abzulesen, sondern in ruhiger Versenkung intuitiv zu erfassen. Dabei kann es hilfreich sein, der Intention des Malers zu folgen und nicht nur den Augensinn, sondern alle Sinne spielend einzusetzen: das Fluten, Strömen und Wogen innerlich wahrzunehmen, das Schwellen und Pulsieren, Feuchtes und Trockenes, Wärme und Kühle. Vor allem auch Rhythmen zu erspüren, Klänge zu hören; denn je länger man sich diesem Bild hingibt, desto deutlicher stellt die die Vorstellung ein, die Schöpfung wäre erfüllt von Gesang und bewegt von einem nie zuendegehenden Tanz.

„Am Anfang war also das Wort.
Der, der ist und sagt, was er ist.
Das heißt: der sich vollkommen ausdrückt.
Geheimnis, das sich gibt. Ein Ja.
Er ist an sich ein Ja.
Enthüllte Wirklichkeit.
Ewige Wirklichkeit, die sich ewig enthüllt…
Als alles Nacht war,
als alle Wesen noch dunkel waren, bevor sie Wesen wurden,
war es eine Stimme, ein klares Wort,
ein Gesang in der Nacht.
Am Anfang war der Gesang.
Den Kosmos schuf er singend.
Und deshalb singen alle Dinge,
sie tanzen nur der Worte wegen (durch die die Welt geschaffen wurde)…" (Ernesto Cardenal)

Wer mit Hilfe biblischer Texte in ein Zwiegespräch mit Franz Marcs „Schöpfungsgeschichte II" eintreten will, dem wird dies mit Psalmen wie dem 104. oder 148. Psalm leichter gelingen als mit den Schöpfungserzählungen aus dem 1. Buch Mose. Ihre alle Grenzen der sinnlichen Naturwahrnehmung sprengende Schau der Schöpfung als eines unteilbaren Ganzen ist dem ganz nahe, wonach Franz Marc sehnsüchtig gesucht hat: das Sein, „das hinter allem wohnt".

Otto Dix, Taufe Jesu

1960, 29,1 × 22,8 cm, Lithographie, Staatliche Kunstsammlungen Dresden, Kupferstichkabinett.
Standort im Evangelischen Gesangbuch: S. 1382, gegenüber Nr. 807 („Taufe")

Johannes der Täufer und der bis zur Hüfte in den Fluten des Jordan stehende Jesus mit der senkrecht über ihm schwebenden Heilig-Geist-Taube haben in der Komposition von Otto Dix eine einprägsame gestalterische Lösung erfahren, die zwar bewußt die traditionelle Ikonographie der Taufe Jesu aufnimmt, jedoch in ihrer Ausgestaltung eigenständige Akzente setzt. Der rechts stehende, in ein Fellgewand gekleidete und im Profil wiedergegebene Täufer gießt mit seiner erhobenen rechten Hand Wasser über das Haupt Jesu. Dieser steht mit verhaltener Körperhaltung, niedergeschlagenen Augen und entblößtem Oberkörper bis zur Hüfte im Wasser, hat seine Arme vom Körper abgespreizt und ist frontal auf den Betrachter ausgerichtet. Über seinem Haupt erscheint die in den biblischen Berichten erwähnte Taube als Zeichen der Anwesenheit des Geistes Gottes. Der aus der überproportional mächtig dargestellten, fast pratzenhaften rechten Hand des Täufers sich über Jesus ergießende und nach unten hin verbreiternde Wasserstrahl, der Jesus wie der Lichtkegel eines Scheinwerfers umfängt und seine zierliche, jünglingshafte Gestalt hinter einem zarten Wasservorhang verbirgt, scheint graphisch von der wie auf Schalldeckelunterseiten von Kanzeln in der Untersicht wiedergegebenen und bewußt negativ in ein schwarzes Feld gesetzten Heilig-Geist-Taube seinen Ausgang zu nehmen, sich in der Hand des Täufers bündelnd zu verjüngen, um sich dann wieder zu Jesus hin sich auszubreiten und stellt den gestalterischen Versuch dar, den in der Taufe an Jesus vermittelten Heiligen Geist als einen Energiestrom nachzuzeichnen. Bildbestimmend bleibt das Gegenüber der beiden völlig unterschiedlichen Figuren: Rechts der rohe, rauhe, zottelige und erdverbundene, fest am Ufer stehende Johannes der Täufer, und links der zierliche, fast tänzerisch-spielerisch im Wasser innehaltende Jesus, der sich ganz dem Vorgang seiner Taufe hingibt und in den weiten, durch die Wasserfülle räumlich wirkenden Bildraum eingetaucht ist. Umgekehrt hat aber auch Johannes der Täufer sich behutsam und wie die Bedeutung des Aktes ahnend in der Körper- und Kopfhaltung gegenüber Jesus zurückgenommen. Jesu Gesicht wird bei der Taufe im Gegensatz zu den folgenden Darstellungen des Zyklus noch unschuldig, nahezu „jungfräulich" von Otto Dix dargestellt und nimmt erst später beim Handelnden und Verkündigenden scharfkantigere Züge an. Vom Einzug in Jerusalem an legen sich dann auch Schatten um sein Gesicht, die hier noch völlig fehlen. Stattdessen wird Jesu Gesicht hier bei der Taufe trotz des Wasserstrahlenvorhanges als hell erleuchtet wiedergegeben und fällt von ihm her auch ein Lichtstrahl auf die ansonsten beschattet wiedergegebene Gestalt des Täufers.

Otto Dix erhält 1959 vom Käthe-Vogt-Verlag Berlin (West) den Auftrag, Lithographien zum Luther-Text des Matthäus-Evangeliums zu gestalten. Es entstehen insgesamt 33 lithographierte Blätter, die 1960 veröffentlicht werden. Jedes einzelne dieser Blätter, zu denen auch die „Taufe Jesu" zählt, stellt eine individuelle Bearbeitung dar. Eine Geschlossenheit des Werkes ist nicht von Dix intendiert. Der „Taufe Jesu" gehen die „Opferung Isaaks", „Die Weisen aus dem Morgenland", „Die Flucht nach Ägypten" und „Der Kindermord zu Bethlehem" voraus. Auf die „Taufe Jesu" folgen die „Versuchung Jesu", die „Berufung Petri" und die „Bergpredigt". Otto Dix hat für die Mappe einen einprägsamen, jugendlichen und bartlosen Christustypus gewählt. Erst bei den Blättern zur Leidensgeschichte wird dieses Antlitz von tiefem Schmerz umschattet und bewegt.

Otto Dix hat sich selbst über seine Arbeit an der Mappe zum Matthäus-Evangelium geäußert: „Das Christliche ist keine Atelier-Idee. Mein Leben war Anlaß genug, die Passion am Bruder, ja am eigenen Leib durchzuerleben. Hiob, Christophorus, Der verlorene Sohn, Petrus mit dem Hahn – das alles sind nicht einfach biblische Themen, die ich um ihrer Interessantheit willen gestaltete, sondern sie sind Gleichnisse meiner selbst und der Menschheit. Das ist es, was mich drängt. Aber es gibt darüber hinaus auch noch etwas, das mich reizte – die große Aufgabe, aus abgegriffenen Themen immer wieder etwas Neues zu machen, die Kunst zu erneuern, wie auch das Christentum sich immer wieder erneuert. Das christliche Motiv gewährt die Freiheit der Gestaltung. Jeder kennt und versteht es, nun gilt es, daß es neu erlebt wird, erlebt aus dem Leben heraus, nicht aus illusorischen Bilderbogen."

Auf der einen Seite steht Johannes der Täufer, der zuläßt, daß sich der von ihm taufen lassen möchte, dessen Taufe er selbst bedarf, und ihm gegenüber Jesus, der ihn bittet, es jetzt so sein zu lassen, damit „alle Gerechtigkeit" erfüllt wird. Bei Otto Dix ist die biblische Handlung zusammengesehen und fallen das Gespräch des Täufers mit Jesu, die Taufhandlung am Jordan mit dem sich öffnenden Himmel und dem gleich einer Taube herabfahrenden Geist Gottes in eins. Sein Blatt zeigt uns die Körperhaltung Jesu im Augenblick, als der Geist Gottes, dargestellt in Gestalt eines energiegeladenen Wasserstrahles, über ihn kommt und die Stimme vom Himmel herab spricht: „Dies ist mein lieber Sohn, an welchem ich Wohlgefallen habe". Die Haltung und der Ausdruck Jesu lassen diesen Augenblick nacherleben. Energieerfüllt und wie innerlich – trotz des dunklen Wasserstrahlenvorhangs erleuchtet – steht die Gestalt Jesu im Wasser des Jordan. Johannes mit den Füßen fest am Ufer stehend wird zum Medium des Heiligen Geistes und läßt sich mit seiner ganzen wunderlich-zotteligen Gestalt von Gott in den Dienst nehmen. Er beugt sich mächtig nach vorne und weicht doch zugleich zurück vor der Größe dessen, der von ihm die Taufe erbeten hat.

Otto Dix hat mit seiner Lithographie „Die Taufe Jesu" wie mit der gesamten Mappe zum Matthäus-Evangelium dieses neue Erleben des biblischen Textes aus dem Leben heraus gestaltet, von dem er im Blick auf seine Mappe zum Matthäus-Evangelium gesprochen hat. Auch wenn er sich weitgehend an die biblische Handlung in Matthäus 3, 13–17 anlehnt, so setzt er doch in der Durchgestaltung der Szene am Jordan und im Zueinander der beiden Figuren ganz bewußt seine eigenen Akzente. Sein Blatt geht vom Kontrast zwischen Jesus und Johannes aus. Ihre ganz unterschiedlichen Körperhaltungen verdeutlichen, was in der Taufe geschieht, und machen den unsichtbaren Vorgang der Ausrüstung des Getauften mit der Energie des Heiligen Geistes sichtbar. Es ist jedoch keine vordergründig machtvolle Ausstattung, die durch den Täufer an Jesus vermittelt wird, sondern eher etwas Sanftes, Zärtliches, Unschuldiges, ja Kostbares, das hier Jesus von Gott her durch Johannes den Täufer als Mittler zugeeignet wird. Zugleich aber spiegelt sich im Zueinander der beiden der tiefe Ernst der Taufe als einer wirklichen Übereignung des Lebens an Gott und werden Johannes und Jesus zum Grundbild jeder in der christlichen Kirche vollzogenen Taufe.

Otto Müller, Mädchenkopf (Bildnis Irene Altmann)

1921/22, 39,2 × 28,8 cm, Lithographie, Galerie Nierendorf, Berlin.
Standort im Evangelischen Gesangbuch: S. 1394, gegenüber Nr. 815
(„Konfirmation")

Das Mädchenporträt ist in Form einer Büste gestaltet. Seine Raumwirkung wird erzielt durch den dunklen Hintergrund links und die stark aufgehellte Fläche rechts. Diese ist zum Bildrand hin leicht abgeschattet. Das schafft im Bild einen Tiefenraum, vor dem sich die Mädchenbüste wirkungsvoll abhebt. Helligkeit umspielt das Antlitz des jungen Mädchens. Das Mädchen blickt den Betrachter über die Schulter direkt an. Mit lockeren, knappen Strichen hebt Müller das Charakteristische ihre Physiognomie heraus: Den fast geschlossenen Mund mit den aufgeworfenen, sinnlichen Lippen, die gerade Nase mit den großen Nasenflügeln, die hohen Wangenknochen, das schmal zulaufende Kinn, die großen dunklen Augen mit den markanten, kritisch nach oben gezogenen Brauen, der zarte, feingeschwungene Schwanenhals. Vom Hinterkopf gerade nach vorne und nach unten dichter gezeichnete Linien bilden den Haarschopf. Der Bubikopfschnitt unterstreicht das Kantige und Eckige des schmalen Mädchenkopfes.

Otto Müller verzichtete bei seiner künstlerischen Arbeit bewußt auf gewerbsmäßige Modelle. Denn, so äußerte er sich einmal, „Ich kann nur malen, was ich liebe." Der Mädchenkopf ist ein Bildnis von Irene Altmann, einer Schülerin Otto Müllers an der Breslauer Kunstakademie. 1919 hatte der Künstler dort eine Professur angetreten. 1920, nach der räumlichen Trennung von seiner Frau Maschka, trat Irene Altmann in sein Leben. Sie kümmerte sich intensiv um das Wohl ihres Lehrers, und ihre Fürsorge regte Otto Müller zu neuer Schaffenskraft an. Das Liebesglück währte allerdings nur kurz, weil Irene Altmann einer jüdisch-orthodoxen Familie entstammte, für die die Verbindung mit einem Nichtjuden nicht in Frage kam. Trotzdem hat die kurze Beziehung bleibende Spuren in seinem Werk hinterlassen: „Selbstbildnis mit Frau und exotischer Blume", „Paar mit Maske" und „Polnische Familie". Im Mädchenkopf hat Otto Müller Irene Altmann ein Denkmal gesetzt. Der slawische Zug im Gesicht der Menschen, der mit seiner ersten Frau

Maschka Meyerhofer in sein Werk kam, ist auch in dieser Arbeit unverkennbar. Nach der Trennung von Maschka Anfang der zwanziger Jahre behielt der Künstler die eckig gezeichneten Kopfformen bei. Dennoch läßt sich die jeweilige Lebenspartnerin identifizieren. Die Mädchendarstellungen Otto Müllers sind von einer zarten Sinnlichkeit, die erotische Direktheit und Anstößigkeit seiner expressionistischen Weggefährten fehlt ihnen ganz. Der Blick der jungen Irene Altmann ist nicht herausfordernd auf den Betrachter gerichtet, eher suchend und fragend.

Ein junges Mädchen steht an der Schwelle zum Erwachsenwerden. Das Gesicht hat schon seinen eigenen Charakter, und doch ist es noch nicht ausgereift. Und vieles ist noch im Flusse. Ein Mensch im Werden seiner Persönlichkeit. Die weichen Linien der Wangen korrespondieren mit den harten des energischen, leicht vorgestreckten Kinns. Das Gesicht spiegelt die Ambivalenz der Gefühle wider zwischen Ohnmachts- und Allmachtsgefühlen, zwischen „himmelhochjauchzend" und „zu Tode betrübt": Ich kann alles schon allein, und ich brauche doch auch noch Hilfe und Schutz. Ich möchte selbständig sein und suche doch Anlehnung, meine Gefühle bewegen sich zwischen „alles oder nichts". Das junge Mädchen ist noch auf der Suche nach seinem Platz in der Welt, nach seinem Standpunkt unter Gleichaltrigen, nach einem Verhältnis zu seinem Körper. Die hochgezogenen Augenbrauen zeigen, daß noch Skepsis vorherrscht, Zweifel an dem Bewährten. Überkritisch und leicht überheblich geht der Blick über die Schulter auf den Betrachter: Kann, soll ich dir vertrauen? Kann, soll ich mich einlassen auf den Glauben? Trägt der Glaube mein Leben, trägt er ein Leben lang? Wo finde ich Halt, der mich nicht festhält, sondern mich ernstnimmt? Andere signalisieren mir manchmal unbarmherzig, was sie von mir halten. Sie werfen mir meine Unreife, mein Suchen, meine Träumereien vor. Manchmal bin ich sehr einsam – auch als junger Mensch. Gibt es da einen direkten Weg von der Einsamkeit einer jungen Seele zu Gott? Vor Gott muß ich jedenfalls nicht perfekt sein. Ich darf, kann zu ihm kommen – auch nach einer längeren Durststrecke. Die Verbindung zu ihm ist durch die Taufe geschaffen. Sie zerreißt von seiner Seite nicht. Ich bin und bleibe Gottes Ebenbild. Das Dunkle liegt hinter mir. Ich stehe schon im Licht, dem Hellen zugewandt, auch wenn ich es selbst nicht weiß. Wer bin ich? Ein Mensch, der sich nicht selbst ins Leben gerufen hat, ein von Gott geliebter Mensch, mit Ecken und Kanten, mit Fragen und Zweifeln, unvollkommen und voller Kritik, uneins und voller Sehnsucht nach Harmonie. Kann ich mich in Dietrich Bonhoeffers Gedicht wiederfinden? „Wer bin ich? Sie sagen mir oft, ich träte aus meiner Zelle gelassen und heiter und fest wie ein Gutsherr aus seinem Schloß. Wer bin ich? Sie sagen mir oft, ich spräche mit meinen Bewachern frei und freundlich und klar, als hätte ich zu gebieten. Wer bin ich? Sie sagen mir auch, ich trüge die Tage des Unglücks gleichmütig, lächelnd und stolz, wie einer, der Siegen gewohnt ist. Bin ich wirklich, was andere von mir sagen? Oder bin ich nur das, was ich selbst von mir weiß? Unruhig, sehnsüchtig, krank, wie ein Vogel im Käfig ... dürstend nach guten Worten, nach menschlicher Nähe, ... müde und leer zum Beten, Denken, zum Schaffen, ... Wer bin ich? Der oder jener? Bin ich denn heute dieser und morgen ein andrer? Bin ich beides zugleich? Wer bin ich? Einsames Fragen treibt mit mir Spott. Wer ich auch bin, Du kennst mich, Dein bin ich, o Gott."

Rembrandt Harmensz van Rijn, Schlafendes Mädchen (Hendrickje Stoffels)

Um 1655/56, 24,5 x 20,3 cm, Feder, Bister, laviert, British Museum, London, Department of Prints and Drawings.
Standort im Evangelischen Gesangbuch: S. 1402, gegenüber Nr. 820 („Jugend und Erwachsensein")

Mit wenigen, kräftig gesetzten Pinselstrichen ist die spontan aufgenommene Skizze des schlafenden Mädchens (Hendrickje Stoffels) wiedergegeben. Hendrickje hat sich auf einem Sofa oder einer Bank niedergelassen. Ihr Kopf ruht auf dem rechten Arm, die linke Hand hat sie unter den Bauch geschoben. Die Beine der Schlafenden sind ganz eng an den Körper gezogen und angewinkelt. Ihr lockiges Haar ist nach hinten gekämmt und wird von einem Haarreif zusammengehalten.

Hendrickje Stoffels ist Rembrandts Geliebte und Lebensgefährtin, die 1649 erstmals erwähnt wird und wohl Ende 1645 in Rembrandts Dienste getreten ist. Nach dem Tod von Rembrandts Ehefrau Saskia van Uhlenburgh 1642 hatte Rembrandt die damals Zweiundzwanzigjährige als Haushälterin engagiert, um seinem beim Tod Saskias erst einjährigen Sohn Titus die Mutter zu ersetzen. Hendrickje, der wohl durch eine testamentarische Verfügung Saskias die offizielle Eheschließung mit Rembrandt versagt war, blieb ihr Leben lang bei Rembrandt und teilte Tisch und Bett mit ihm, was im puritanisch gesinnten, calvinistisch geprägten Holland öffentliches Ärgernis erregte, so daß Hendrickje zeitweise sogar vom Besuch des Gottesdienstes ausgeschlossen wurde. Nach seiner Bankrotterklärung mußte Rembrandt 1656 einen Vertrag mit Hendrickje und seinem Sohn Titus schließen, der verfügte, daß der Erlös der Arbeiten Rembrandts den beiden für den Rest seines Lebens zufloß. Rembrandts Sohn Titus und die Lebensgefährtin Hendrickje etablierten sich daraufhin als Kunsthändler. Vor Hendrickje Stoffels hatte Rembrandt schon Geerthge Dircx als Kinderfrau für Titus in seinen Haushalt geholt. Angeblich wurde auch sie Rembrandts Geliebte, mußte jedoch 1649 wegen ihrer schweren psychischen Erkrankung in ein Irrenhaus gebracht werden.

Eine leicht hingeworfene Skizze. Rembrandt umgab sich während des Malens mit allen möglichen vorbereitenden Zeichenskizzen, um daraus Details zu entnehmen und Anregungen zu schöpfen. Mit freier Unmittelbarkeit hat er auch im „Schlafenden Mädchen" das Wesen des Subjekts erfaßt. Seelische Einfühlungsgabe und persönliche Sympathie für die geliebte junge Frau verbinden sich in dieser Zeichnung, die Tieferes als eine der üblichen Modellstudien aussagt.

Fast ein Traumbild, die junge Frau, in sich versunken, schlafend. Sie strahlt Nähe und Jugendlichkeit aus. Das Körperliche an ihr ist verhüllt und zurückgetreten. Sie vermittelt einen Ausdruck von Unberührtheit, zugleich aber auch wirkt sie müde wie von harter Arbeit. Die bewußte Unschärfe der Skizze hält den Augenblick des Bildeindrucks fest. Die junge Frau ist wie zwischen kurzem Tagschlaf und Nachtschlaf wiedergegeben, mit entspannter Körperhaltung und einem Ausdruck der völligen Ruhe. Ein wirklich rekreativer Schlaf. Für den Augenblick ist jeder Bezug zur Außenwelt aufgehoben. Das Licht kommt halbhoch von vorne und unterstützt den Ausdruck von Geborgenheit.

Ernst Barlach, Sitzendes Liebespaar

1922, 37,0 × 29,3 cm, Kohle, Ernst-Barlach-Stiftung, Güstrow.
Standort im Evangelischen Gesangbuch: S. 1410, gegenüber Nr. 824
(„Trauung")

Der viel größere und auch etwas ältere Mann mit seinen kräftigen
Backenknochen hält mit beiden Armen eine zarte junge Frau, die
auf seinem rechten Bein sitzt, aber im Augenblick ohne jegliche
Kraft und Bewegung ist. Nicht einmal Arme sind bei ihr zu sehen,
und ihre Augen sind im Unterschied zu denen des Mannes
geschlossen. Sie schweigt, während der Mann redet, aber beim
Reden merkwürdig unsicher wirkt, wie hilfesuchend ins Leere
schauend. Beide sitzen sie eng verbunden auf einer Bank, aber zu
ihrer Verbindung tragen merkwürdig schwarze Linien bei, die, von
links oben ausgehend, einen starken Zug nach unten haben. Sie wirken, wie wenn der Maler zwei V-Buchstaben miteinander verbunden hätte, beide auf dem Kopf stehend, der linke ganz dunkel, der
rechte zum Teil. Auf der linken Bildseite herrschen dicke, nach
unten weisende Kohlestriche vor, die das Mädchen fast als einen
schwarzen Engel mit angedeuteten Flügeln erscheinen lassen. Auf
der rechten Seite finden sich waagrechte Striche, die von unten her
gesehen immer heller werden und dann sogar etwas nach oben
weisen.

Ernst Barlach hat auch andere, sehr lebensfreudige, entspannte Lie-
bespaare gezeichnet, in seinen ersten Jahren als Maler immer wieder unbeschwerte Mädchen, aber das Jahr 1922, so kurz nach dem
1. Weltkrieg, hat wohl viele junge Paare vor größte äußere und dann
auch innere Nöte gestellt. Auf einem anderen Blatt, „Mann und
Mädchen" betitelt, sehen wir die beiden wieder: Sie sind immer
noch barfuß, aber es hat sich etwas Entscheidendes geändert: Mädchen und Mann sind aufgestanden. Das Mädchen hat plötzlich
Hände, hat die Augen geöffnet, geht zögernd, immer noch vom
Manne beredet, nach vorn, läßt sich von der Vision einer Zukunft
mitnehmen.

Viele Darstellungen von älteren Frauen, die Barlach geschaffen hat,
lassen aber nur wenig Spielraum für Gedanken an eine gute
Zukunft: Armut, Hunger und Elend prägen eine Reihe von Bar-

lachs Frauenbildern aus den zwanziger Jahren. Grundsätzlich sieht der Künstler den Zweifel und die Not eines in sich zusammenfallenden Menschen erst in der Begegnung des Thomas mit dem Auferstandenen aufgehoben. So hat er es in seiner Skulptur „Das Wiedersehen" von 1926 gezeigt. Ehe die Aufhebung von Zweifel und Not aber geschehen ist, muß Barlach versuchen, „die Menschengestalt als Ausdruck Gottes, soweit er im Menschen und hinter dem Menschen brütet, steckt, wühlt", freizulegen.

In solcher Armut werden viele Ehen in der Welt begonnen. Außer den beiden Liebenden gibt es nichts auf der Welt, nur ein wenig Hell und viel Dunkel. Aber trotz Armut und Schwierigkeiten müssen Ehen begonnen werden, und so muß einer den anderen zu überzeugen oder überreden versuchen, damit wenigstens die Idee einer sinnvollen Zukunft entsteht. Vom Körper her sind sich die beiden auf dem Bild sehr nahe, bilden fast ein X – aber es ist eine schwere Nähe: Das Mädchen muß gehalten und geschützt werden, hat wenig Lebenskraft, wirkt müde und angespannt. Barlach hat in sie und um sie dicke Kohlestriche gemalt, die nach unten zu immer breiter werden – das Fundament dunkel, das Oben dunkel.

Auch die Rede ihres Freundes scheint ihr keine Kraft zu geben. Woher soll er auch eine Vision nehmen? Seine Augen suchen, während er redet und reden muß, damit sie gemeinsam Mut fassen können. Ihm erscheint alles ein wenig heller: Die wenigen dunklen senkrechten Kohlestriche auf seiner Seite werden nach oben zu abgelöst von waagerechten, dann leicht aufwärts gerichteten Linien, die am rechten oberen Bildrand immer leichter werden. Wie wird es mit den beiden weitergehen, mit dem zarten dunklen Engel, der nicht fliegen kann, und mit ihrem leidenden Freund, der aber vielleicht doch genügend Kraft hat für die Zukunft? 1919 hatte Barlach eine kniende Frau gemalt, die ihrem sterbenden Kind nichts zu essen geben kann. 1927 entstand eine Hungergruppe. Ist das die Belastung, mit der das junge Paar fertig werden muß? Oder stehen da ganz andere Dinge belastend vor ihnen oder zwischen ihnen?

Die Kräfte sind im Laufe einer Ehe oder einer Partnerschaft manchmal vertauscht. Dann ist die Frau die Stärkere und Größere und er der Zusammengesunkene. Dann muß sie versuchen, eine Vision zu entwickeln und zu vermitteln, will man nicht auseinandergehen. Auseinandergehen aber werden die beiden bei Barlach nicht – jetzt nicht – solange sie im Gespräch miteinander sind und der eine sich ganz intensiv am anderen ausrichtet, verbunden durch die Wärme des Körpers und durch das Nichts um sie herum.

Rembrandt Harmensz van Rijn, Abraham und der Engel

Um 1636/37, 10,9 × 11,4 cm, Feder, Bister, Privatbesitz.
Standort im Evangelischen Gesangbuch: S.1418, gegenüber Nr.829 („Alt werden")

Die flüchtige Federzeichnung zweier Halbfiguren zeigt rechts einen alten, bärtigen Mann mit Kappe, der sich leicht nach vorn neigt. Er hat seinen Blick fest auf einen Engel gerichtet, der vor ihm erscheint. Mit der Linken scheint er sich aufzustützen, mit der Rechten unterstreicht er, was er sagt. Vermutlich handelt es sich hierbei nach 1.Mose 18,2ff. um die Begegnung Abrahams mit den Engeln in Mamre. Sie kündigen ihm an, daß seine Frau Sarah trotz ihres hohen Alters schwanger werden würde. In bildlichen Darstellungen wird dabei seit dem 17.Jahrhundert die Dreizahl verlassen und häufig nur einer der Engel dargestellt.

Rembrandt hat Zeit seines künstlerischen Schaffens immer wieder biblische Motive aufgegriffen und bearbeitet. Dabei wird zunehmend mit der künstlerischen Reife der menschliche Gehalt der dargestellten Szenen herausgearbeitet. Mehr und mehr wird das Anekdotische weggelassen. Die kleine Zeichnung „Abraham und der Engel" ist ein frühes Beispiel für diese Entwicklung.

Der biblische Kontext, in dem die kleine Federzeichnung steht, ist der Komplex der sogenannten Vätergeschichten im 1.Mosebuch. Nach dem Fiasko, das durch die Stichworte „Sündenfall", „Sintflut", „Turmbau zu Babel" angedeutet ist, macht Gott einen neuen Anfang. Er ruft einen einzelnen Menschen aus seinen Verflechtungen von Familie, Volk und Glaube heraus und befiehlt ihm, wegzugehen und die Zukunft zu suchen, die Gott selber ihm verheißt. Das wird 1.Mose 12,1–4 erzählt. Abraham tut, wie Gott ihm geboten hat, aber der Sohn, an dem die Verheißung des „großen Volkes" hängt, wird ihm trotz einer zwischenzeitlichen Bestätigung derselben (1.Mose 15,1–6) nicht geboren. Nun sind Abraham und seine Frau Sarah alt. Menschlich gesehen sind Zeugung und vor allem Geburt nicht mehr möglich. Da erscheinen drei Männer bei Abraham und erneuern ein zweites Mal das Versprechen Gottes (1.Mose 18). Hier spielt die Szene, die Rembrandt zeichnet.

Zwei Männer reden miteinander. Der eine legt etwas dar, erklärt. Der andere spricht dagegen, bringt seinerseits Argumente vor. Gleichwohl hört er zu, intensiv. Fragend hält er sein Gegenüber im Blick und ist ihm ganz zugewandt.

Wären die großen, mehr als ein Drittel der Bildfläche ausfüllenden Flügel nicht, die den, der da am Reden ist, als Gottesboten kennzeichnen, hereingeweht vom fernen Ufer einer andern Welt, wären also diese Flügel nicht, die Szene könnte auf irgendeiner Piazza im Süden spielen: Menschen sitzen im Schatten eines Baumes, unterhalten sich über Gott und die Welt, reden und hören, hören und reden.

Die Welt, um die es hier geht, sind Abrahams Zelte, seine Herden, seine Frau Sarah, sind die Knechte und Mägde, ein nomadischer Großbetrieb. Die Welt ist auch Abrahams Kinderlosigkeit. Und die Welt, Abrahams Welt, ist auch der Gott, der ihm einst eine Verheißung gegeben hatte: „Geh aus deinem Vaterland und von deiner Verwandtschaft und aus deines Vaters Hause in ein Land, das ich dir zeigen will. Und ich will dich zum großen Volk machen und will dich segnen und dir einen großen Namen machen, und du sollst ein Segen sein" (1.Mose 12,1ff.). Der das gesagt hat, steht immer noch in Pflicht, denn nichts von alledem ist noch zu sehen. Nur das eine, daß Abraham den Worten geglaubt hat. Er ging in die Fremde und vertraute. Er hat sein Teil getan. Und jetzt ist er alt.

Wenn ein Mensch alt ist, können die Gedanken und Wünsche und Hoffnungen noch genau so heiß sein wie in der Jugend. Aber sie kommen langsamer daher. Das Gesicht des Abraham ist voller Furchen. Es hat vieles gesehen. Und doch wirkt es fast jung. Bedächtig, aber deutlich bringt Abraham vor, was er denkt. Auf schnell hingesagte Worte fällt er nicht mehr herein. Er schaut den an, der redet. Er studiert sein Gesicht. „Bist du wirklich der, als der du dich ausgibst? Kommst du wirklich von Ihm, auf den ich mich einst einließ?"

Eine zutiefst menschliche Szene! Da wird niemand überfahren. Da darf einer sich Zeit nehmen und sich Zeit lassen. Da darf einer argumentieren, auch dagegenreden, und so langsam loslassen, was war und was ist. Die über Jahre hinweggehende Enttäuschung des immer noch nicht eingelösten Versprechens hat die Hoffnung Abrahams wund gemacht. So legt der Engel geduldig den Weg dar, den Gott gegangen ist und gehen will. Und hört seinerseits zu. Wartet, daß sich langsam die Krusten zu lösen beginnen, daß Vertrauen wieder wächst.

Das Alter braucht Geduld. Alte Menschen wollen ernstgenommen werden. Ihre Lebenserfahrungen, ihre Lasten und Leiden wollen gehört werden. Wir wissen es. Aber das Alter empfängt auch Geduld. Hier im Bild wird es als Verheißung sichtbar: „Ja, ich will euch tragen bis ins Alter; ich will es tun. Ich will heben und tragen und erretten". So steht es einmal beim Propheten Jesaja (46,4).

Es ist der Blick dieses altgewordenen Abraham, der den Betrachter nicht losläßt. Wie der trotz allen eigenen Redens an den Lippen des andern hängt, des Hereingewehten, der eben nicht überfährt und dekretiert, sondern Zeit und Raum gibt.

Wir haben einen menschlichen, einen geduldigen Gott. Davon leben wir, nicht nur im Alter.

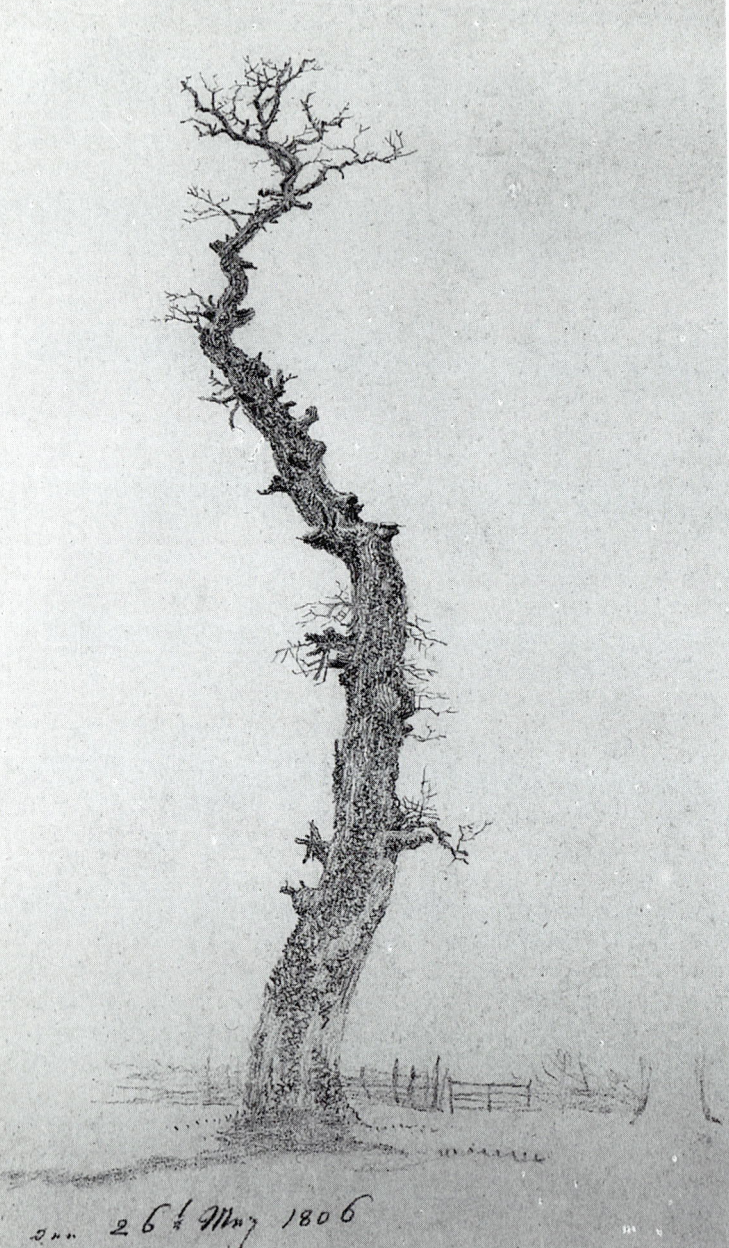

den 26^t May 1806

Caspar David Friedrich, Dürrer Baum

1806, 28,1 × 19,1 cm, Bleistift, Sächsische Landesbibliothek Dresden.
Standort im Evangelischen Gesangbuch: S.1426, gegenüber Nr. 831
(„Sterben, Tod und Bestattung")

Das Dresdener Skizzenblatt Caspar David Friedrichs aus dem Jahr
1806 zeigt einen dürren, stark verstümmelten, leicht ausschwin-
gend sich nach oben windenden Baum. Die karge landschaftliche
Umgebung, in der er noch wurzelt, ist mit nur wenigen Strichen
angedeutet: vereinzelte Grassoden und ein ungleichmäßig gezim-
merter Weidezaun, der gleichfalls dem Verfall preisgegeben
scheint. Das Unheimliche, Erstarrte der abgestorbenen Eiche ergibt
sich aus ihrer isolierten Position im Vordergrund, aus dem strengen
Grundschema von Vertikaler und Horizontaler und dem scharfen
Kontrast ihres dunklen Stammes gegen den leeren Himmel. Dieser
bildet jenen schon von Friedrichs Zeitgenossen bewunderten trans-
zendenten Lichtraum, in den Friedrich seine Zeichnungen und
Gemälde tauchte: „Das Interesse des Malers beschränkt sich völlig
auf das Spiel des Lichtes, auf die Gesamtwirkung. Friedrichs Bega-
bung liegt in der Einfachheit des Empfindens und seines Strichs;
sein Stift hat etwas von der lakonischen Beschränkung des großen
Redners" (David d'Angers, 1788–1856, französischer Bildhauer).

Dem Baum kommen in der christlichen Theologie und Kunst ver-
schiedenste Bedeutungen zu, etwa als Baum des Lebens oder als
Baum der Erkenntnis. Auf unserem Blatt ist die einst mächtige,
schon durch ihre Größe imponierende Eiche zum monumentalen
Denkmal der Vergänglichkeit geworden. Zahlreiche Zeichnungen
und Graphiken der ersten Werkperiode Friedrichs (1800–1815) zeigen eine intensive Auseinandersetzung des Künstlers mit Vergäng-
lichkeits- und Todesthematik, wobei der Baum als zentrales Leit-
motiv immer wiederkehrt.

„Caspar David Friedrich ist keineswegs ein Liebling des Glücks
gewesen", so lautet die knappe Charakterisierung durch den ihm
freundschaftlich verbundenen norwegischen Landschaftsmaler
Johann Christian Clausen Dahl. Der frühe Tod seiner Mutter sowie
das einschneidende Erlebnis des Todes seines Bruders wurden
schon von Zeitgenossen als Erklärung für Friedrichs tiefe Melancholie herangezogen.

Friedrichs scheinbar ganz individuelle Vergänglichkeitsthematik wurzelt aber zu einem nicht unbeträchtlichen Teil in der Empfindsamkeitsbewegung des ausgehenden 18. Jahrhunderts, der literarischen Romantik, mit ihrer Vorliebe für morbide, Tod und Verfall beschreibende Stoffe, und der romantischen Naturphilosophie. Natur kann als Zufluchtsstätte die Gegenwart des Allmächtigen spüren lassen. Sie kann aber auch melancholisch stimmen, die eigene Unwürdigkeit bewußt werden lassen: „Armer Tor! der du alles so gering achtest, weil du so klein bist" (Johann Wolfgang von Goethe, Die Leiden des jungen Werther) – oder eben mit dem ewigen Prozeß von Wachsen und Vergehen an die Vergänglichkeit gemahnen: „Ich sehe nichts als ein ewig verschlingendes, ewig wiederkäuendes Ungeheuer" (Werther). Wie Werther muß auch Friedrich empfunden haben, als er das resignierende Bekenntnis ablegte: „Heute ruft mir zum ersten mal die sonst so herrliche Gegend Vergänglichkeit und Tod zu, da sie mir sonst nur Freude und Leben entgegenlächelte". Angesichts der Werke Friedrichs sprach der französische Bildhauer David d'Angers den vielzitierten lakonischen Satz: „Voilà un homme qui a découvert la tragédie du paysage!" – „Da ist ein Mann, der die Tragik der Landschaft entdeckt hat!".

Doch beginnt nicht auch der alte Stamm noch einmal Grün zu treiben? Ein Zeitgenosse Friedrichs, der Dresdener Kunstsammler und Kunstschriftsteller Karl Schilderer (1767–1843), nimmt den Baum, der neu austreibt, zum Gleichnis für den historischen Prozeß. In jedem Tod liegt der Keim zu neuem Leben. So erscheint auch Caspar David Friedrichs „Dürrer Baum" nicht leblos, führt vielmehr den Tod als Durchgangsstufe und unausweichliche Voraussetzung eines dahinter liegenden neuen Lebens vor. Lassen wir als Kronzeugen von Friedrichs tief religiös motivierter Naturauffassung noch einmal Goethe zu Wort kommen: „Friedrich ist noch immer der einzige geblieben, welcher in landschaftliche Gemälde und Zeichnungen mystisch-religiöse Bedeutungen zu legen versuchte. Er unterscheidet sich übrigens von denen, so ähnliches mit Figuren beabsichtigen, darin, daß er nicht alte Meister, sondern unmittelbar die Natur nachzuahmen beflissen ist".

Marc Chagall, Aaron mit dem siebenarmigen Leuchter

Um 1956/59, 38,0 × 28,3 cm, Tusche, Privatbesitz, Verlag Philipp von Zabern, Mainz.
Standort im Evangelischen Gesangbuch: S. 1440, gegenüber Nr. 841 („Der Tag")

Der Bildaufbau ist sehr klar: Der größte Teil des verfügbaren Zeichenraumes wird von einem siebenarmigen Leuchter eingenommen, der nicht einmal ganz dargestellt werden kann, sondern dessen untere Arme man sich selbst weiterdenken muß – und das macht diesen Leuchter noch bedeutender. Sehr schön beschrieben ist er in 2.Mose 25, 31–39 und 37, 17–24. Sein symbolischer Wert für Juden bis hin zur Verwendung als offizielles Emblem des Staates Israel entspricht dem des Kreuzes für Christen. Dieser Leuchter neigt sich leicht dem Menschen zu, der in drei Bezügen dargestellt wird: Einmal im Bezug auf den Leuchter als Zeichen für das bei Gott immer vorhandene Licht der Schöpfung und der Erleuchtung für Menschen. Zum andern bezieht sich der Mensch Aaron auf sich selbst, auf sein eigenes Herz, auf das er seine rechte Hand legt, und schließlich baut Aaron ein abwartungsvolles Verhältnis zum Betrachter auf. Die Gestalt des Hohenpriesters ist nahezu halbkreisförmig um den Leuchter gebogen und deutet so größte Nähe, aber auch eine gewisse Ferne an. Chagall hat weithin mit feinen Linien gezeichnet, aber an einigen ihm wichtigen Stellen setzt er betonende dicke Striche.

Vom ersten Tag seines Lebens ist Chagall intensiv mit dem Leben seiner jüdischen Zeitgenossen verbunden. Sein Geburtsbericht beginnt mit: „Die Stadt stand in Flammen, das Viertel der armen Juden." So ist es nicht verwunderlich, daß sich Chagall zu allen Zeiten seines Lebens zum Teil sehr intensiv mit Juden und mit dem Alten Testament befaßt: Immer wieder mit dem wie Christus gekreuzigten, leidenden jüdischen Menschen, dann mit seinem biblischen Zyklus, mit Glasfenstern in christlichen Kirchen und dem Glasfensterzyklus zu den zwölf Stämmen Israels in der Synagoge des Jerusalemer Hadassah-Krankenhauses. Die Körperneigung des Aaron auf unserem Bild findet sich wiederholt, wenn Chagall Juden mit ihrer Thorarolle darstellt. Auch wenn der Künstler weder orthodoxer Jude noch sonst einer Synagoge angehörender Glaubender war, so gilt doch sicher für seine „geistlichen" Bilder, was er einmal so beschrieben hat: „Gäbe es ein Versteck in meinen Bildern, ich würde hineinschlüpfen …" Wenn Chagall Aaron mit dem Leuchter der Gotteslehre malt, drückt er aus, was Martin Buber einmal von Rabbi Pinchas berichtet hat: „Wer sagt, die Worte der Lehre seien eine Sache für sich und die Worte der Welt seien eine Sache für sich, wird ein Gottesleugner genannt." Bei Chagall sind beide Worte eng verbunden, Aaron mit dem Leuchter Gottes, Gott mit dem Aaron, in dem sich Chagall verstecken möchte.

Der Mensch da mit dem siebenarmigen Leuchter sieht mich erwartungsvoll an: Wie siehst Du mich denn? Natürlich bleibe ich an diesem beobachtenden Auge hängen, schaue immer und immer wieder hin, weil ich ja gemeint bin. Dann gehen meine Blicke zu den Händen, die eine Aussage über die Person machen, die mich da so anschaut. Sie will mir sagen: Mein Herz unter meiner rechten Hand und Gottes Leuchter unter der anderen – die gehören zusammen. Das macht mein Wesen aus. Zwei Welten werden da mit den beiden Händen zusammengespannt: die des Lichtes von Gott und die Welt meines eigenen Herzens, der Gedanken, der Gefühle, die Welt des Zusagens und Versagens. Gehören die beiden Welten für Aaron wirklich zusammen, untrennbar, wie beide Hände eben zu der einen Person gehören?

Die wirkliche Welt des Aaron sah nicht so ideal aus, wie es dieses Bild zeigt. Da hat die Hand den Leuchter sicher mehr als das eine Mal losgelassen, von dem wir wissen, und der Zustand des Herzens und der Gedanken hat dann Anlaß zu großer Unsicherheit vor Gott geführt. Schauen wir uns ein solches Loslassen einmal an: von den über 300 Stellen des Alten Testamentes, an denen Aaron genannt wird, berichtet die eine davon, daß Aaron vom Volk Gold gesammelt und ein goldenes Kalb daraus gebildet hat. Und das Volk sprach: „Das ist dein Gott, Israel, der dich aus Ägypten geführt hat." (2.Mose 32,4) Chagall malt hier nicht jenen gefallenen, den vom Volkswillen abhängigen Aaron, sondern den anderen, der sein Leben in Ordnung gebracht hat und die Hand an den Leuchter legt, von dem es 2.Mose 25 heißt, daß er aus einem Zentner feinen Goldes sein soll, sehr schön mit Schaft, Kelchen, Knäufen und Blumen, mit Kelchen wie Mandelblüten. Dieser Leuchter soll an das Paradies erinnern, an den Gott des Lichtes in der Finsternis der Welt.

Zweimal haben Feinde Hand an diesen Leuchter gelegt: die Babylonier, wie Daniel 5 berichtet, und dann die Römer, wie der Titus-Triumphbogen in Rom bis heute zeigt, auf dem der Triumphzug des Kaisers Titus in Rom mit dem erbeuteten Jerusalemer Tempelschatz und vor allem dem Leuchter abgebildet ist. Beide Male haben Israeliten sich gefragt, ob dieses Geschehen etwas mit ihrem Loslassen von Gott zu tun hätte. Heute sind wir die Gefragten, die von dem wissenden Aaron und dem wissenden Chagall Gefragten: Ist Euer Herz durch die Hand mit Gott verbunden? Ist Gott durch die Hand mit Euch verbunden? Um meinetwillen ist das Bild entstanden, auch um Chagalls willen als mögliches Gegenüber für Selbstkritik und Rückkehr zur eigentlichen Bestimmung.

"Tod, bist mächtig, aber neu!"

Paul Klee, Alas! (Ach, aber ach!)

1937, 29,9 × 18,1 cm, schwarze Wasserfarbe mit Kleister, Sammlung Rolf und Kätti Bürgi, Belp bei Bern.
Standort im Evangelischen Gesangbuch: S. 1458, gegenüber Nr. 852 („Feiern im Kirchenjahr")

Zehn, zwölf breite Pinselstriche und ebensoviele flott, aber sicher gesetzte Tupfer genügen dem Künstler zur Darstellung eines offenen, kindlichen Gesichtes, das sich dem Betrachter frontal zuwendet. Eine einzige durchgezogene Linie bestimmt die Form des Gesichts. Sie beginnt bei dem schmal gezeichneten Mund und setzt sich, dem Nasenrücken folgend, aufsteigend fort. Sie schwingt mit dem Brauenbogen nach oben und wendet sich, die linke Gesichtskontur mit der breiten Wangenpartie bildend, im weiten Schwung nach unten. Dort biegt sie nach rechts, deutet in einer langen Geraden ein flaches Kinn an und endet im Halsbereich. Ein leicht nach unten gebogener horizontaler Strich zeichnet die Schädelpartie nach und schafft zusammen mit mehreren daruntergesetzten Tupfen die Vorstellung einer kurzgeschnittenen Frisur. Mit zwei breiten Halbkreisbögen werden die ungleich gezeichneten Augen gesetzt. Der linke ist nach oben, der rechte nach rechts außen geöffnet. Nasenflügel und Mund sind durch zwei schmale Querstriche markiert. Aus zwei satten, breit nach unten geführten Strichen und einer energisch von links nach rechts gezogenen Waagrechten werden Hals und Schulterpartie gebildet. Sie geben dem Portrait ruhigen Halt und Gleichmaß. Alter und Geschlecht der dargestellten Person sind nicht eindeutig auszumachen.

1901 schrieb der zweiundzwanzigjährige Maler in sein Tagebuch: „Gedanken über die Portraitkunst. Mancher wird nicht die Wahrheit meines Spiegels erkennen. Er sollte bedenken, daß ich nicht dazu da bin, die Oberfläche zu spiegeln (das kann die fotografische Platte), sondern ins Innere dringen muß. Ich spiegele bis ins Herz hinein. Ich schreibe Worte auf die Stirn und um die Mundwinkel. Meine Menschengesichter sind wahrer als die wirklichen."

Erst nach langen Reifejahren verfügte Klee über die künstlerischen Mittel, um diesen Anspruch in seinen Bildern zu erfüllen. Die Zeichnung „Ach, aber ach!" stammt aus dem Jahr 1937. Weihnachten 1933 war Klee, von den Nationalsozialisten geächtet, in die

Schweiz emigriert. 1935 machten sich die ersten Anzeichen einer schweren Krankheit bemerkbar, die fünf Jahre später zum Tod des Künstlers führen sollte. Durch die Krankheit behindert, entstehen im folgenden Jahr nur wenige Bilder. Erst 1937 nimmt er die Arbeit mit einer sich zum Lebensende hin steigernden Schaffenskraft wieder auf. Daß im selben Jahr 17 seiner Arbeiten in der diffamierenden Ausstellung „Entartete Kunst" gezeigt wurden, konnte ihn innerlich nicht mehr verletzen. Noch hat in dieser Zeit die Krankheit nicht die frühere Beschwingtheit und Musikalität aus Klees Werken verdrängt. Aber seine Arbeiten werden symbolträchtiger, „zwiegesichtiger".

„Bilder blicken uns an", sagte Klee in einem Vortrag. Auf diesen Sichtwechsel sollte sich einlassen, wer diesem Bild näherzukommen versucht. Sich von diesem Bild anblicken zu lassen, bereitet keine Mühe. Mit stiller Gelassenheit erscheint es vor dem Betrachtenden; öffnet sich, wehrlos und verletzbar wie ein Kind, ohne jede Spur von Aggression und Härte. Anmutig und mit einem Anflug unaufdringlicher Heiterkeit neigt sich der Kopf zur Seite, und es ist, als spürte man den Hauch eines ruhigen Atems, hörte leise Worte.

Schon der erste Anblick dieses Bildes berührt den Betrachtenden und verändert sein Befinden. Er selbst wird ruhiger. Verkrampfungen lösen sich. Die Außenwelt tritt zurück. Liebevoll und mit sanfter Kraft lädt dieses Menschenantlitz ein, mit derselben Offenheit seinem Blick zu entgegnen und ohne Verletzung tief darin einzutauchen. Wer sich darauf einläßt, folgt dem vom Künstler selbst gewiesenen Weg, der nach eigener Aussage nicht den Auftrag verspürt, die Oberfläche zu spiegeln, „sondern ins Innere dringen muß. Ich spiegele bis ins Herz hinein. Ich schreibe Worte auf die Stirn und um die Mundwinkel. Meine Menschengesichter sind wahrer als die wirklichen."

Wahr ist dieses Gesicht, weil es sich nicht verstellt. Es läßt die Widersprüchlichkeiten und Spannungen bestehen, die zum Wesen eines Menschen gehören. „Ach, aber ach!" Schon der Titel des Bildes ist mehrdeutig; kann entzücktes Staunen ebenso ausdrücken, wie Enttäuschung und Klage. Ein früher Eintrag im Tagebuch des Künstlers ist wie eine intuitive Vorahnung dieser Zeichnung: „In der Führung der Augenlider kann man sich in weicher Klage ergehen. Der kleine Mund ist Pol des Schmerzes und Pol der Seligkeit zugleich." So sind tatsächlich widersprüchliche Worte in dieses Gesicht geschrieben: Naivität und Wissen, Schwachsein und Gegründetsein, Standhalten und Zurückweichen, Liebe und Schmerz, Wachsen und Vergehen. So führt die Zwiesprache mit diesem Gesicht bald in die Zwiesprache des Betrachtenden mit sich selbst und zur Begegnung mit den eigenen Widersprüchen und spannungsvollen Selbsterfahrungen. Das Bild wird zum Spiegel.

Werden die Spannungen auch nicht aufgehoben, so führen sie doch nicht zur inneren Zerrissenheit, sondern bleiben von einer positiven Grundstimmung getragen. Ein stilles Leuchten liegt auf dem Gesicht und läßt keinen Raum für Grübelei und Selbstmitleid. Es wirkt tröstlich und entlastend. Und es erzählt von einer inneren Freiheit, die nur haben kann, wer fest gegründet ist. Daß der Künstler den Kopf mit Leichtigkeit auf dem so kräftig gezeichneten Hals ruhen läßt, ist mehr als nur ein formales Spiel, ist Zeichen: Dieses Menschenkind kann „erhobenen Hauptes" gehen, weil es einen Halt hat. Das ist gewiß nicht der verkrampfte Halt der „Hartnäckigkeit", der heutzutage vielen Menschen Verspannungen und auch körperlichen Schmerz bereitet. Es ist vielmehr der Halt eines Menschen, der einen Lebensgrund gefunden hat.

Hierzu soll noch einmal Paul Klee selbst zu Wort kommen:

„Eine Art von Stille leuchtet zum Grund.
Von ungefähr scheint da ein Etwas,
nicht von hier, nicht von mir,
sondern Gottes. Gottes!
Wenn auch nur Widerhall, nur Gottes Spiegel,
so doch Gottes Nähe.
Tropfen von tief, Licht an sich.
Wer je schlief und der Atem stand:
der ...
Das Ende heim zum Anfang fand."

Käthe Kollwitz, Die Eltern

1920, 39,0 × 52,0 cm, Lithographie, Kunstmuseum Bern.
Standort im Evangelischen Gesangbuch: S. 1468, gegenüber Nr. 864
(„Allein und gemeinsam leben")

Ein Mann und eine Frau knien so eng einander zugewandt, daß sich
ihre Knie berühren. Beide haben sich in der gegenseitigen Umar-
mung wie zu einem kompakten monolithischen Block verzahnt.
Die Frau links, in einem langen, die Füße bedeckenden Gewand, ist
stark gebeugt zusammengekauert. Ihr Kopf ruht in der linken Arm-
beuge ihres Gegenüber, dabei greift sie mit ihrer Rechten an dessen
Unterarm. Der Mann, der eine Hose und ein einfaches, über die
Hüfte reichendes Obergewand trägt, stützt sein Gesicht auf den
gebeugten Rücken der Frau. Seine rechte Hand hat er vor seinen
Kopf auf den Rücken der Frau gelegt. Der linke Arm, in den sich die
Frau schmiegt, ist eng am Körper anliegend angewinkelt. Die
Gewänder liegen am Boden in rechteckiger Drapierung wie den
Sockel einer Plastik andeutend auf und unterstreichen die pla-
stisch-monumentale Komposition des Blattes, die das traditionelle
Motiv der Pietà aufgenommen und weiterentwickelt hat.

Die Lithographie „Die Eltern" von 1920 steht im Zusammenhang
der Planung und Ausführung eines Denkmales der Künstlerin für
ihren 1914 in Belgien als Kriegsfreiwilligen gefallenen Sohn Peter.
Käthe Kollwitz erlebte den Tod des Sohnes als den entscheidenden
Einschnitt in ihrem Leben als Künstlerin: „von da an datiert für
mich das Altsein. Das Dem-Grabzugehen. Das war der Bruch. Das
Beugen bis zu einem Grade, daß es nie mehr ein ganzes Aufrichten
gibt. Es zeigte sich, daß ich von nun an nach unten zeige", notiert
die Künstlerin am 12.10.1917. Zunächst entwickelt Käthe Kollwitz
den Plan für ein Denkmal in Berlin. Im Sommer 1917 entsteht dann
der Gedanke, zusätzlich auch einen Grabstein für den Soldatenfriedhof Roggevelde in Belgien zu arbeiten, auf dem Peter Kollwitz
begraben liegt. Erst 1925 nimmt die Künstlerin die 1919 abgebro-
chene Arbeit am Denkmal wieder auf und gestaltet die Plastiken
des Vaters und der Mutter für den Soldatenfriedhof Roggevelde.
1931 hat sie die Vorarbeiten in Gips abgeschlossen, 1932 erfolgt
nach 17jähriger künstlerischer Trauerarbeit die Aufstellung der in
Granit gehauenen Elterngruppe in Belgien im Sinne eines öffentlich
ausgestellten privaten Monumentes. Bei der endgültigen Aufstel-

lung sind die Figuren des Vaters und der Mutter wieder voneinander getrennt und verharren parallel zueinander kniend über den Gräbern des Soldatenfriedhofs. Die Lithographie „Die Eltern" von 1920 gibt noch ein früheres Stadium der Planung des Denkmals wieder. Sie kehrt auch in Käthe Kollwitz Holzschnittfolge „Krieg" von 1922 wieder. Dort sind die „Eltern" Blatt 3 der Folge. Im Gegensatz zur lithographischen Fassung des Themas wird der Vater auf dem Holzschnitt stärker aufgerichtet und mit seiner unmittelbar vor das Gesicht gelegten rechten Hand dargestellt, während er in der Lithographie wie die Frau noch weiter gebeugt war.

Die Eltern, im Schmerz um den Kriegstod des Sohnes vereint, als statuarisch geschlossene Gruppe von ergreifender und unmittelbarer Einfachheit der Geste. Verzweiflung und Trauer sind ineinander gefügt. In der tragischen biografischen Situation der Trauer um den toten Sohn spielt die körperliche Nähe der beiden eine entscheidende Rolle der Bewältigung und ist der formale Rückgriff auf das Motiv der Pietà nicht zufällig. Miteinander können die beiden wirklich trostlos sein. Darin liegt der Trost, der von diesem Blatt ausgeht. Die Verzweiflung darf ausgehalten werden.

Käthe Kollwitz hat in ihren Tagebüchern ganz persönliche Rechenschaft über den mit den „Eltern" verbundenen Trauerprozeß abgelegt:

„Ich denke manchmal, seinen Bräutigam oder auch seinen jungen Mann jetzt zu verlieren, ist nicht so schwer, wie seine jungen Söhne verlieren, denn die Zurückbleibende ist jung und nach der Trauer muß die Lebenskraft sich wieder erheben. Aber was Karl und ich verlieren, wenn die Jungen sterben, ersetzt sich nicht mehr." (27.8.1914) – „Abschiedsbrief an Peter. Als ob das Kind einem noch einmal vom Nabel abgeschnitten wird. Das erstemal zum Leben, jetzt zum Tode." (5.10.1914) – „,Ihr Sohn ist gefallen.'" (30.10.1914) „Mit dem Gewehr im Arm, in voller Ausrüstung, in deine Zeltbahn gehüllt, schlank, stark und schön ... bist du in dein Grab gelegt. Die achtzehn wunderschönen Jahre sind beendet. Der Karl tut seine Arbeit, aber er weiß dich zu behalten, nachts nach der Tagesarbeit ist er bei dir." (31.12.1914) – „In unser Leben ist ein Riß gekommen, der nie wieder heil wird. Soll auch nicht. Ein Kind gebären und groß zu ziehn und nach achtzehn köstlichen Jahren zu sehen, wie alle Anlagen sich entfalten, wie reich der Baum Frucht tragen will – und

dann aus. Ich habe eine Arbeit im Sinn, Peter zu Ehren." (4.1.1915)
– „Das erste Jahr ganz ohne Peter. Daß es viel Tränen und Schmerz
gebracht hat, ist klar. Was hat es Gutes gebracht? Haben wir erfahren, daß ‚Gott nie mehr nimmt als er gibt'? . . . Vor einem Jahr schrieb
ich, daß ich Dein Vermächtnis erkennen und ehren wollte. Was sei
das? Den beiden nächsten Menschen alles zu geben, was ich
könnte. Ja, der Karl und ich, wir sind auf eine neue Weise aneinan-
dergefügt, auf eine feste, unzerreißbare." (2.1.1916) – „Meine Zeich-
nungsmappe . . . hab ich dem lieben Karl geschenkt. Das letzte Blatt
ist ‚Die Eltern'. Ich weinte, auch wie ich es jetzt wieder sah. Wie hab
ich geweint, als ich es machte." (22. 10. 1920)

Hans Thoma, Der verlorene Sohn

1919, 27,2 × 20,3 cm, Radierung, Museum der Stadt Ulm.
Standort im Evangelischen Gesangbuch: S. 1478, gegenüber Nr. 871
(„Krankheit und Heilung")

Auf der Radierung von Hans Thoma wird eine Szene aus dem biblischen Gleichnis „Vom verlorenen Sohn" (Lukas 15, 11–32) dargestellt. Ein junger, athletisch gebauter Mann sitzt in sich versunken
auf einem karstigen Felsplateau, welches zum Meer hin wohl steil
abfällt. Mit angewinkelten Knien sitzt er da, gesenkten Hauptes,
der Kopf ruht in der linken Armbeuge, die sich auf das linke Knie
stützt. Das Angesicht bleibt so vor dem Betrachter verborgen. Der
durchmodellierte Körper des Jünglings ist unbekleidet. Der Mann
scheint in tiefes Nachdenken versunken. Die seelische Einsamkeit
wird durch den Hintergrund einer menschenleeren Landschaft hervorgehoben. Am Horizont ragt ein schroffer Bergrücken aus dem
Meer. Die vegetationslose Landschaft verstärkt den Eindruck von
Isolation und Verzweiflung, die den jungen Mann umgeben. Der
Künstler hat aus dem biblischen Gleichnis den Augenblick des In-
sich-gehens des jüngeren Sohnes ins Bild gesetzt. Ihm wird das
Ausmaß seiner Schuld deutlich, aber er faßt wohl auch in diesem
Moment tiefster Verzweiflung den Entschluß zur Rückkehr. Der
Himmel hinter dem Körper des jungen Manne ist weitgehend
schraffiert und wirkt dadurch düster und abweisend. Nur von links
kommt mit den aufziehenden, hellen Wolken etwas Licht ins Bild,
welches einzelne Körperpartien und die Felsplatte beim Abgrund
über dem Meer erleuchtet. Obwohl der Blick des Betrachters in die
Ferne schweifen könnte, bleibt er unweigerlich an der Gestalt des
verlorenen Sohnes im Vordergrund haften.

Vom „Verlorenen Sohn" von 1919 sind insgesamt 9 Druckvarianten
mit kleinen unbedeutenden Abweichungen bekannt. Mit diesen
Radierungen greift Thoma auf ein altes Vorbild, das Gemälde „Einsamkeit" von 1894 zurück. Auch dort sitzt ein nackter Jüngling in
introvertierter Haltung auf einer Felsplatte hoch über dem Meer.
Für die „Einsamkeit" hat Thoma eine Symbolfigur von J.H. Fland-
rin abgewandelt, die ihm auf einer Parisreise im Louvre vermutlich
so beeindruckt haben muß, daß sie Vorlage für einige Jünglingsbil-
der in seinen späteren Werken blieb. Das Thema „Einsamkeit" hat

225

Thoma als einsames Unterwegssein des Menschen vielfach variiert: „Der Wanderer" (1903), „Einsamer Ritt" (1893), „Sehnsucht" (1900). „Ich kann nun mit Gewißheit sagen, daß Gott mich führt und daß er dunkle Wege mich geführt, bis ich erkannt habe, wie eitel alles ist, was den meisten Menschen so wichtig erscheint ...", schreibt der Künstler. Der Tod der Mutter, der Frau und vieler langjähriger Freunde haben in dem alternden Künstler das Gefühl des Verlassenwerdens verstärkt. Im Gemälde „Einsamkeit" von 1906 hat sich Thoma mit der Einsamkeit abgefunden. Im Jahre 1919 ist der Künstler ein alter Herr von 80 Jahren. Kriegsschluß, der Zusammenbruch Deutschlands und die daran anschließende Revolution haben Hans Thoma tief erschüttert. In einem Brief an Josef August Beringer schreibt er seine Gefühle nieder: „Wenn ich an Deutschlands Schicksal denke, so muß ich nur sagen, es muß büßen für seine Sünden ... zu einem Schuldbekenntnis müßten wir alle kommen." 1919 überträgt er einige Erzählungen der Bibel in den alemannischen Dialekt, unter anderem auch das Gleichnis vom „Verlorenen Sohn". Besonders die Gleichnisse waren ihm wohl Deutungshilfe für die schuldbeladene Gegenwartssituation: „ ... in dem ich die seelische Bedeutung solcher biblischen Gleichnisse hervorheben werde, sie gewissermaßen in die Gegenwart versetze ...", schreibt er aus Marxzell an eine alte Vertraute. Im Zusammenhang dieser Arbeit könnte er auch zu der Radierung „Der verlorene Sohn" angeregt worden sein.

In einer Traumfigur wird uns der „Verlorene Sohn" auf dem Felsplateau präsentiert. Welche Kraft könnte in dem muskulösen, athletischen Körper zur Entfaltung kommen! Welche Möglichkeiten bleiben da verborgen! Denn vor uns sitzt kein Held, eher ein einsamer Mensch, eine traurige Gestalt. Die Kraft, die in ihr steckt, kann er nicht einsetzen. In-sich-gekrümmt wendet sich der junge Mann von uns ab. Er ist mit sich und seinem Leben beschäftigt. Können wir ihn und seine Motive verstehen? Warum mußte er seine eigenen Wege gehen, die ihn in tiefe Abhängigkeit und Verlassenheit geführt haben. Nichts ist ihm geblieben von seinen Freiheitsträumen. Am Ende seines Aufbruchs in die Freiheit steht eine viel demütigendere Abhängigkeit als die zuhause vom Vater. Der junge Mann ist nackt. Er hat nichts vorzuweisen, nur das Leben ist ihm geblieben. Er fühlt sich nicht nur schuldig, er ist auch schuldig geworden. Sein Leben scheint verspielt. Aber noch ist nicht alles aus. Der Vater hat ihn wegziehen lassen, aber er hat ihn nicht verstoßen. In den alten Status des Sohnes wird er nicht zurückkehren dürfen, aber vielleicht in den als Knecht. Die Abhängigkeit vom Vater ist leichter zu ertragen als das Ausgeliefertsein an fremde Menschen. All diese Gedanken arbeiten in ihm. Der Entschluß zur Rückkehr reift. Zu dem Erkennen seiner Schuld tritt zaghaft das Hoffen auf einen barmherzigen Vater. Noch ist der junge Mann ganz mit seiner Schuld allein. Er ist auf sich allein gestellt wie Menschen nach der Diagnose einer schweren, vielleicht tödlichen Krankheit. Da kreisen die Gedanken auch immer um dasselbe Thema. Einen klaren Gedanken können wir zunächst nicht fassen. Wir fragen nach dem Warum. Sind wir an unserem Zustand vielleicht selbst schuld? Langsam freilich gewinnen die Kräfte des Lebens, der Blick nach vorne, die aufkeimende Hoffnung, das „Dennoch" wieder über unsere Gedanken die Oberhand. Wir überlassen uns nicht dem, was ist. Wir blicken nach vorne. Der junge Mann ist noch sehr auf sich geworfen. Er kann sich noch nicht lösen vom Kreisen um sich selbst. So kann er die Umgebung nicht wahrnehmen, das Meer, das den Blick weit hinausträgt, das Licht, welches über den Wolken aufleuchtet. Wenn er wieder aufsehen und von sich absehen kann, wird der junge Mann die Weite des Meeres, die Bewegung, den Lebensstrom entdecken. Schuld macht einsam. Aber von der Einsamkeit der Seele führt manchmal der Weg direkt zu Gott, in die barmherzige Weite des göttlichen Herzens. Willi Hoffsümmer erzählt die Geschichte eines schuldbeladenen Menschen, der sich von einer Felsklippe ins Meer stürzen will. Einem Freund vertraut er an, wie wenig er Gott geliebt und den Menschen gedient hat. Seine Schuld ist zu groß, um noch mit dem Erbarmen Gottes rechnen zu können. Sein Freund entgegnet ihm darauf. „Aber du weißt doch, die Barmherzigkeit Gottes ist unvorstellbar groß. Er bietet uns immer seine verzeihende Liebe an. Wir brauchen sie nur anzunehmen." Aber der schuldbeladene Mensch ist untröstlich: „Mein Herz ist wie ein Eimer voller Risse und Löcher. Sobald Gott seine Vergebung hineingießt, geht sie verloren!" Da ergreift der Freund seine Hand: „Vielleicht ist dein Herz vergleichbar mit einem Eimer voller Risse und Löcher. Aber wenn er geworfen wird in das Meer der barmherzigen Liebe Gottes, ist es gleich, wieviel Risse dann sind; denn das Meer der Liebe Gottes umschließt dich von innen und außen, von unten und oben und von allen Seiten." Ob der Jüngling den Weg nach Hause findet zum Vater, der ihm seine Schuld abnehmen kann? Wer Schuld an der richtigen Stelle abladen kann, der findet neue Kraft. Das ist manchmal traumhaft.

Christian Rohlfs, Gethsemane

1916, 53,8 × 36,8 cm, Holzschnitt.
Standort im Evangelischen Gesangbuch: S. 1488, gegenüber
Nr. 876 („Schule, Arbeit und Freizeit")

Ein breiter Rand umschließt eine Komposition von spitzen und
runden Formen. Die dunklen Flächen des Holzschnitts gewinnen
ihre figürlichen Konturen durch wie eingeritzt wirkende Schräg-
schraffuren. Auf der Unterkante des Bildes kniend tritt Christus
aus dem Bild heraus als eine von Bangen erfüllte Gestalt. Seine
Hände sind zum Gebet gefaltet, ja krampfhaft zusammengepreßt,
daß die Knöchel der Finger weiß erscheinen. Der rechte Unterarm
ruht dabei auf dem erhobenen, rechten Knie, der Rücken duckt sich
wie unter der Last der kommenden Ereignisse. Auf dem Gesicht
steht Verzweiflung, die Augen blicken angstvoll auf den Betrachter.
Aus den spitzen und harten Formen der Angst und Verzweiflung
steigen die großen, ruhigen und erlösenden Formen des Engels
empor. Der Engel steht dabei leicht nach vorne geneigt hinter Christus. Er hält seine Hände schützend über den Kopf Christi. Die
lichterfüllten Flügel und der langgezogene S-förmige Körper des
Engels füllen den Raum hinter Christus fast ganz aus. Die gerundeten, geschwungenen, weicheren Konturen der Engelsgestalt umschließen die harten, eckigen Formen der Gestalt Christi. Der Ruhe
und Sicherheit austrahlende Engel kann abwarten und hält das
qualerfüllte Antlitz Christi aus. Zu den verkrampften Händen von
Christus im Vordergrund treten die offenen und helfenden Hände
des Engels. Im Gegensatz der Formen kündigt sich schon die Befreiung und Erlösung an.

Der Druck „Gethsemane" gehört in die Reihe jener Holzschnitte
nach biblischen Themen, mit denen sich Christian Rohlfs in den
Jahren des Ersten Weltkriegs vornehmlich beschäftigte. 1920 wurde
der Holzschnitt von ihm mit Rot- und Brauntönen übermalt. In den
Kriegsjahren zwischen 1914 und 1918 erlebte der schon an der
Schwelle des Alters stehende Maler seinen vielleicht schwersten
Lebensabschnitt. Vereinsamung, seine zunehmende Schwerhörig-
keit, die Verleugnung seiner Kunst und die seelischen Lasten des
Krieges bedeuteten für ihn eine Prüfung, an der andere zerbrochen
wären. Er schuf sich mit den biblischen Bildthemen eine Welt der

inneren und zeitlosen Bilder, mit der er sich gegen die Härte der realen Welt schützte. Er setzte dem erschreckenden Zeitgeschehen, dem Schmerz und der Verzweiflung die nicht an Zeit gebundene, schützende Nähe Gottes entgegen. Im Gegensatz etwa zu Ernst Barlachs „Gethsemane-Holzschnitt" aus dem Jahre 1919 als leidenschaftlich expressiver Aufschrei und Protest erweckt Rohlfs Komposition den Eindruck von Schutz und Bewahrung. Nicht die Anfechtung steht im Mittelpunkt, sondern ihre Überwindung in Hoffnung und Vertrauen.

Der französische Schriftsteller Albert Camus sagt einmal: „Jeder hat sein Gethsemane". Er meinte wohl, daß jeder Mensch in seinem Leben einmal auf irgendeine Weise den Kelch des Leidens trinken muß. Gethsemane-Erfahrungen waren Christian Rohlfs zum Zeitpunkt der Entstehung seines Holzschnittes aus seinem bisherigen Leben nicht fremd. Der Künstler zählte, als er diesen Holzschnitt schuf, bereits 67 Jahre. Er kannte Stunden, in denen das Herz verzagt ist, wo die Seele betrübt ist und ein Mensch zu keiner geregelten Arbeit mehr fähig ist. Er kannte das Gefühl, am Ende seiner Kraft angelangt zu sein und nicht mehr zu wissen, wie das Leben zu tragen ist. Gethsemane – gefordert, überfordert im Beruf, gebeutelt in der Schule, überlastet mit Haushalt und Kindern. Wer kann schon immer hundertprozentige Leistung erbringen, wer schafft es, immer topfit zu sein, sich nie eine Blöße zu geben? Irgenwann knickt der eine seelisch ein, ist ausgebrannt und leer, der andere bricht körperlich zusammen. Am eigenen Willen kann man sich nicht mehr aufrichten. Gethsemane: Wer nimmt uns die Lasten ab, die sichtbaren und unsichtbaren? Wer stärkt uns den Rücken? Wer stellt sich hinter uns? Christus hatte auch sein Gethsemane. Mit letzter Kraft betete er: „Laß' diesen Kelch des Leidens an mir vorübergehen!" In wievielen Situationen ist das auch uns aus dem Herzen gesprochen. Christus fuhr allerdings fort: Doch nicht wie ich will, sondern wie du willst. Mit den Worten des Vaterunsers: Dein Wille geschehe. Christus, der Leidende, sagt also nicht „Ich", sondern „Du". Leidensdruck führt immer in eine von zwei möglichen Haltungen. Wir sagen „Ich" und hadern mit dem Geschick, versuchen, uns am eigenen Schopf aus dem Sumpf zu ziehen, und zerbrechen dann doch unter den harten Verhältnissen. Oder wir lernen, „Du" zu sagen: Dein Wille geschehe. Das Du-sagen lebt aus dem Vertrauen, daß über uns ja nicht irgendein wankelmütiges, gehässiges Schicksal waltet, sondern der, der Christus im Leiden anrührte mit seiner lebendigen Kraft. Wenn wir am Boden liegen, wünschen wir uns Flügel, die uns wegtragen. Wir möchten fort und alles stehen und liegen lassen. Jeder hat sein Gethsemane. Aber jeder – so lautet die zeitlose Botschaft Christian Rohlfs' – hat auch einen Engel, der uns mit offenen und helfenden Händen berührt. Er tritt behutsam hinter den erschlagenen, erschöpften, von der Zeit gehetzten, von Trauer versteinerten, von Angst getriebenen Menschen. Gott steht hinter dir in der zärtlichen Berührung eines Engels. Die Berührung hilft dem Kauernden nicht gleich auf die Füße, aber sie fängt ihn auf und trägt ihn hindurch. Der Glaube bewahrt uns auch nicht vor Ängsten, Nöten, Zweifeln, vor Leid und Tod. Aber er bewahrt uns vor dem Abgrund von Verzweiflung. Es reicht uns schon, wenn er mit seiner Hand leise und sanft unsere Stirn berührt. Er muß nicht gleich den Kelch des Heils bereithalten, wie auf den alten Passionszyklen gotischer Meister üblich. Christian Rohlfs beschränkte sich in seinem Gethsemane-Holzschnitt auf die Geste der Berührung. Auch in Zeiten existentieller Not darf und kann ein Mensch auf die Berührung durch einen Engel warten und hoffen.

Michelangelo Buonarroti, Christus am Kreuz mit Maria und Johannes

Um 1550–56, 41,2 × 27,9 cm, schwarze Kreide, British Museum, London, Department of Prints and Drawings.
Standort im Evangelischen Gesangbuch: S.1502, gegenüber Nr. 879 („Abendmahl")

Die in schwarzer Kreide gegebene Zeichnung konzentriert sich allein auf eine physische und psychische Zustandsschilderung ihrer Akteure, denn auf präzise Details ist gänzlich verzichtet worden. Das konstruktive Gerüst der Zeichnung, Kreuz und Horizontlinie, ist scharf mit einem Lineal gezogen. Der leblose Leib Christi hängt mit leicht angewinkelten Armen und gestrecktem Körper am Kreuz. Das Haupt ist auf die linke Brust gesenkt, das Gesicht aber nicht erkennbar. Die linke Körperpartie ist sanft modelliert, die rechte wirkt muskulöser. Unter dem Kreuz stehen – gänzlich nackt! – Maria und Johannes. Maria, zur Rechten Christi, drückt ihre linke Seite eng an den Kreuzesstamm, schmiegt dabei ihre rechte Wange und den rechten Arm an den Oberschenkel des Gekreuzigten. Johannes schreitet von hinten auf das Kreuz zu und blickt zu dem toten Christus auf. Sein linker Arm löst sich in einer weit ausholenden Geste vom Körper, mit seiner Rechten greift er um den Kreuzesstamm.

Das Blatt ist wahrscheinlich das letzte einer Serie von sieben Skizzen, die alle in kurzer Folge zwischen 1550 und 1556 entstanden. Sicherlich dienten sie zur Konzeption einer Kreuzigungsgruppe, die später in Marmor ausgeführt werden sollte, denn eine der Zeichnungen in Windsor Castle zeigt auf der Rückseite den Gekreuzigten innerhalb der Umrisse eines Steinblocks. Die sieben Zeichnungen, alle Variationen des einen Themas, der Kreuzigung des Herrn, weisen aber in ihrer inhaltlichen Konzeption eine deutliche Entwicklung auf. Das schlecht erhaltene Blatt in Paris (Louvre) mag das früheste der Serie sein. Maria und Johannes schreiten, streng symmetrisch unter dem Kreuz angeordnet, deutlich nach vorne, um sich nach mittelalterlicher Auffassung als „neue Mutter" und „neuer Sohn" mit Christus zu vereinigen. Die nächste Zeichnung wird in Windsor Castle (Royal Library) verwahrt. Maria hat nun ihren Kopf zu Christus erhoben; dessen Gesicht ist leicht nach rechts gegen Johannes geneigt. Am Fuße des Kreuzes hat Michelangelo vage die kauernde Magdalena skizziert. Das nächste Blatt ist wahrscheinlich jenes in London (British Museum). Christus ist nun – im Gegensatz zu den früheren Entwürfen – straff auf das Kreuz gespannt, in Kontrast zu den sanft gekurvten Figuren von Maria und Johannes. Maria hat wie erschauernd ihre Arme vor der Brust gekreuzt, Johannes lauscht den letzten Worten des Herrn. Eine zweite Zeichnung in Windsor Castle (Royal Library) intensiviert die ausdrucksvolle Gebärdensprache des Londoner Blattes: Wieder schreckt Maria mit überkreuzten, gegen die Brust gedrückten Armen zurück, und Johannes scheint aufmerksam zu lauschen – dem Todesschrei Christi oder schon dem Donner, der seinen Tod begleitete? Die Oxforder Zeichnung (Ashmolean Museum), das vorletzte Blatt der Serie, zeigt nun nicht mehr – wie die vorhergehenden – Maria und Johannes unter dem Kreuz, sondern den römischen Centurion Longinus zur Rechten und den Soldaten, der Christus den Essigschwamm reichte, zur Linken des Gekreuzigten. Christus wirkt ausgezehrt, sein Körper hängt zusammengesunken am Kreuz. Der Künstler illustrierte den bei Matthäus 27, 54 und Markus 15, 39 geschilderten Moment, als der Centurion unter dem Eindruck des Todesschreis Christi bekehrt wurde. Die zwei Soldaten symbolisieren das Bewußtsein der Menschheit um die Schuld am Tode Christi: Longinus flieht wie ein Mörder, der Soldat drückt in ohnmächtiger Verzweiflung und Angst die Hände gegen seine Schläfen.

Die Zeichnung Michelangelos ist in einen unruhig schimmernden Glanz getaucht und scheint innerhalb ihrer flüssig verschwimmenden Konturen wie aus einem dünnen Nebel aufzutauchen. Die Körper der Figuren verlieren ihre physikalische Substanz, ihre Silhouetten zeigen einfache Umrisse; die inneren Kräfte, die sie eigentlich lebendig schwellen lassen sollten, verflüchtigen sich, ja verschwinden. Die Zeichnung entsteht allein aus der Vorstellungskraft des Künstlers. Sie erscheint auf dem weißen Papier unabhängig von jedem definierten Raum, gebildet aus der Schöpfung innerer, geistiger Bilder Michelangelos.

Diese geistige Welt des Künstlers schwankte in den letzten zwei Jahrzehnten seines Lebens zwischen Aufwallungen brennenden Glaubenseifers und innerer Leere, zwischen dem Wissen um eine innige Vereinigung mit Gott und dem verzweifelten Gefühl, dennoch von ihm getrennt sein zu müssen. Seine religiösen Dichtungen und Kunstwerke dieser Zeit drücken diese inneren Schmerzen im Warten auf Gott aus. Michelangelos späte Dichtungen enthalten keine Lobpreisungen Gottes, sondern ergreifend flehende Gebete um die Gnade des Erlösers.

Mehr noch als aus seinen Gedichten strömt aus seinen spätesten Kunstwerken jenes unbeschreibliche Gefühl tröstlicher Gewißheit, am Ende des Lebenskampfes in tiefstem Frieden geborgen zu werden. Seine späten Zeichnungen lassen uns seine Vision des ewig Göttlichen schauen, und wie hätte Michelangelo seine gewandelte religiöse Gedankenwelt schöner darstellen können als in unserer Zeichnung? Alles Gefühl von Schuld und Verzweiflung hat Michelangelo abgestreift. Maria und Johannes schmiegen sich nackt gegen das Kreuz und die Beine Christi, um hier, in ihrer Verzweiflung, Schutz und Trost zu finden. Sie fühlen sich sicher unter den Armen des gekreuzigten Erlösers, der über ihnen wie ein schützender Schirm schwebt. Nun nimmt der Tod Christi seine eigentliche Bedeutung an als ein Symbol der Erlösung.

Otto Dix, Verleugnung Petri (Petrus und der Hahn)

1958, 57,0 × 45,8 cm, Lithographie, Sächsische Landesbibliothek Dresden.
Standort im Evangelischen Gesangbuch: S. 1510, gegenüber Nr. 883 („Beichte")

Vor einem im unteren rechten Drittel des Blattes angedeuteten Mauerabsatz erscheint links in dunklem Ton der gramverzerrte bärtige und kahlköpfige Petrus, der sein Gesicht in den grobschlächtigen Händen birgt. Hinter der Mauer ist eben hell und strahlend die Morgensonne aufgegangen. Auf der Mauer steht ein mächtiger, krähender Hahn. In der Seitenansicht nach links gewandt bedecken seine geöffneten Flügel nahezu den Rest des Blattes.

Die Lithographie „Verleugnung Petri (Petrus und der Hahn)" von 1958, die auf die Szene in Matthäus 26, 69–75 zurückgeht, stellt die letzte Fassung eines mehrfach von Otto Dix bearbeiteten Motivs dar. Die 1950 als Ölbild entstandene erste Fassung wird 1957 ebenfalls in Öl wiederholt. Beide Fassungen unterscheiden sich wenig voneinander, und der Vordergrund wird wie in der Lithographie vom weinenden Petrus beherrscht, über dem ein mächtiger Hahn kräht. In der zweiten Fassung hat Dix jedoch die leuchtend aufgehende Sonne im Mittelgrund hinzugefügt und damit das Ereignis dramatischer gestaltet. Die nochmalige Bearbeitung des Motivs 1958, die sich in unserem Blatt widerspiegelt, steht im Zusammenhang eines Auftrags an Otto Dix, der für die evangelische Petruskirche in Kattenhorn am Untersee drei große Glasfenster mit dem Wirken des Namenspatrons der Kirche zu gestalten hatte. Otto Dix entwickelt aus kleinen Skizzen, anschließenden Entwürfen und dann originalgroßen Kartons als Grundlage für die Glasfirma die drei Themen „Christus mit Petrus: Weide meine Schafe", „Petrus als Fischer mit Netz" und die „Verleugnung des Petrus", die 1959 vollendet und deren Glasflächen zuletzt von der Hand des Künstlers mit Schwarzlot bemalt werden. Ein letztes Mal begegnet das Motiv des Petrus mit dem Hahn dann in den 1960 veröffentlichten Lithographien zum Matthäusevangelium.

Der mächtige Hahn auf der Mauer mit seinen ausgebreiteten Flügeln und den großen Krallen ist aus der Wahrnehmungsperspektive des Petrus heraus dargestellt. Sein Schnabel ist herrisch aufgesperrt und kräht laut seine Botschaft nach links aus dem Bild heraus. Der Hahn ist der, der durch seinen Schrei aufdeckt, was geschehen ist, durch einen Schrei, der sichtlich durch Mark und Bein geht. Das Gesicht des Petrus mit den groben Händen, die es bergen, erzählt von der inneren Verzweiflung, die Petrus in dem Augenblick erlebt, als sich die Morgensonne mit ihrem Leuchten über die Mauer erhebt. Der krähende Hahn macht manifest, daß der Verrrat geschehen ist. Er beendet die Nacht und damit die Traumwelt, in der Petrus sich mit seiner scheinbaren Stärke befunden hat. „Und wenn ich mit dir sterben müßte, will ich dich nicht verleugnen", hatte er noch kurz zuvor zu Jesus gesagt (Matthäus 26, 35). Und nun wird durch das Krähen des Hahnes offenbar, was Jesus zu Petrus gesprochen hatte: „Wahrlich, ich sage dir: In dieser Nacht, ehe der Hahn kräht, wirst du mich dreimal verleugnen" (Matthäus 26, 34).

Der übermächtig dargestellte Hahn auf der Mauer ruft Petrus in die Realität zurück. Petrus nimmt erst durch den Hahn und sein Krähen den Verrat an Jesus wahr, den er überhaupt nicht beabsichtigt hatte. Langsam weichen die Hände des Petrus von seinem gramerfüllten Gesicht zurück. Bald werden seine Augen sich öffnen, um sich dem mit aller Konsequenz zu stellen, was in der Nacht geschehen ist. Ein schmerzhafter, wirklich durch Mark und Bein gehender Vorgang der Einsicht in eigenes Versagen, unbeabsichtigt und gerade deshalb von so tiefer Tragik.

Der Hahn stellt den personfizierten Vorwurf des verhafteten Herrn an seinen Jünger dar. In ihm und seinem Schrei wird dem Petrus in Erinnerung gerufen, was vorgefallen ist, wozu er sich hatte hinreißen lassen, in dieser nun durch die Morgensonne beendeten Nacht. „Und alsbald krähte der Hahn. Da dachte Petrus an das Wort, das Jesus zu ihm gesagt hatte: Ehe der Hahn kräht, wirst du mich dreimal verleugnen. Und er ging hinaus und weinte bitterlich." (Matthäus 26, 74–75)
Mit seinem Hahn, der viel mehr Gewalt besitzt, als ein richtiger Hahn sie haben kann, mit einem Schrei, der durch Mark und Bein geht, ist es Otto Dix gelungen, die innere Dynamik der Szene aus dem Matthäusevangelium einzufangen und nachzugestalten. Worte und biblische Handlung sind umgesetzt in Erleben.

Wenige Jahre vor seinem Tod hatte Otto Dix über die Bibel gesagt:

„Jedes Wort muß man lesen. Die Bibel ist nämlich ein wunderbares Geschichtsbuch. Es ist eine große Wahrheit in allem. Die meisten lesen doch keine Bibel. Aber die Bibel lesen, die Bibel lesen, wie sie ist, in ihrer ganzen Realistik ... Das ist schon ein Buch ..., in jeder Beziehung, ein großartiges Buch, ganz großartig."

An der Lithographie des Petrus mit dem Hahn wird deutlich, wie Otto Dix dieses Lesen jedes einzelnen Wortes der Bibel verstanden und persönlich in sein künstlerisches Werk umgesetzt hat – als seinen typisch protestantischen Zugang zum Evangelium.

Emil Nolde, Prophet

1912, 32,1 × 22,1 cm, Holzschnitt, Sächsische Landesbibliothek Dresden.
Standort im Evangelischen Gesangbuch: S. 1518, gegenüber Nr. 887 („Bibel")

Das Holzschnittporträt des „Propheten", in ein Hochrechteck gestellt, lebt vom Wechselspiel zwischen schwarzen und weißen Partien. Die Gestaltungsvielfalt der Holzschnittechnik wird bei diesem Porträt bewußt nicht ausgeschöpft. So sind die Gesichtszüge des „Propheten" gerade nicht fein herausgearbeitet, im Gegenteil: es wird auf eine harmonische und differenzierte Linienführung verzichtet zugunsten des Kontrastes zwischen vollkommen schwarz gelassenen und weiß herausgeschnittenen Flächen. Aus dem Schwarz des Holzes wachsen rindenähnliche Formen. Sie ziehen sich zu einem Antlitz zusammen. Ein dicker horizontaler Strich markiert die Augenbrauen. Breite Linien deuten Nase, Mund und Bart an. Die Stirnpartie gleicht einem zerrissenen See. In der Mitte, durch den Steg der Augenbrauen geschützt und hervorgehoben, treten die Augen heraus. Sie sind weit aufgerissen. Das rechte Auge blickt fast stechend den Betrachter an, das linke schaut, leicht abgewinkelt, weg zu Boden oder in die Ferne. Die Augen des „Propheten", des Visionärs, schauen tief in die Welt hinein und über sie auch hinaus. Im ausgemergelten Gesicht mit den dunklen, zusammengezogenen Augenbrauen, der scharfen Nase und dem dunklen Mund fallen die hellen Flächen von Stirn und Wangen auf. Sie mildern das Glühende und Beschwörende des Angesichts und erleuchten es von innen her. Der Kopf des „Propheten" wächst gewissermaßen aus dem Rahmen heraus, wie grob herausgeschnitzt aus einem Baumstamm. Der „Prophet" mit dem hohlwangigen Antlitz blickt nach links ins Helle und zieht den Betrachter geheimnisvoll in seinen Bann.

Der Holzschnitt des „Propheten" ist 1912 entstanden, einem krisenhaften Jahr in Noldes Leben. 1910 war sein Bild „Pfingsten" von der Jury der Berliner Sezession zurückgewiesen worden. Der enttäuschte Nolde griff daraufhin in einem offenen Brief den alternden Präsidenten Max Liebermann und seine diktatorische Herrschaft in der Jury der Sezession an. Das führte zum Ausschluß Noldes aus der Berliner Sezession und zu zunehmender Isolierung auch unter der jungen Künstlergeneration. Im gleichen Jahr trat Nolde dann über Franz Marc zu den Malern des Blauen Reiter in Beziehung und konnte auch an der großen internationalen Ausstellung des „Sonderbundes" in Köln teilnehmen. 1912 war so für ihn ein Jahr der Enttäuschung und der Niederlagen, aber auch ein Jahr, das neue, vielversprechende Aussichten zeigte für den damals schon 45 Jahre zählenden Nolde. Bis der menschenscheue und grüblerische Einzelgänger endlich zur Malerei gefunden hatte, lagen bewegte Jahre hinter ihm. Gegen die bäuerliche Familientradition mußte er seine Berufung zum Künstler durchsetzen. Der Vater wollte aus ihm einen Bauern machen, doch Emil Nolde drängte schon früh zur Kunst. Nach einer Schnitzerlehre und einer längeren Tätigkeit als Gewerbelehrer wurde er erst mit 31 Jahren Malschüler in München. Der Zweifel an seiner künstlerischen Berufung hat ihn nie ganz losgelassen und erhielt mit der ausbleibenden künstlerischen Anerkennung neue Nahrung.

Es ist möglich, daß Emil Nolde mit dem „Propheten" von 1912 auch sich selbst gemeint hat. Dieser Holzschnitt scheint jedenfalls mehr Persönliches und Bekenntnishaftes zu enthalten als sonst bei ihm üblich. Gewisse Ähnlichkeiten in der Physiognomie (Nase und Augen) zu seinen Selbstbildnissen lassen diesen Schluß zu. Er sieht sich den alttestamentlichen Propheten gleich als Rufer in der Wüste, als noch unverstandener Bekenner und verschmähter Künstler. Ins Tagebuch notiert er: „Es waren bedrängte Jahre, dunkel und quälend. Nur meine körperliche Gesundheit und der unvernichtbare Glaube an die eigene Kunst – die Treue zu ihr – hielten mich und uns beide hoch". „Im Schatten ging ich meinen Weg. Wem die Vorsehung ihre Gabe gegeben, dem ist auch der Weg gegeben ..." In den verachteten und unverstandenen Propheten des Alten Testaments wie Jeremia oder Amos sah er das biblische Urbild für seine eigene Existenz. Der Weg des unverstandenen, aber unbeirrbar seiner Berufung folgenden Künstlers gleicht den Propheten, die den Menschen nicht nach dem Munde reden, sondern dem göttlichen Auftrag dienen.

Ein Mensch läßt sich nicht beirren. Er geht konsequent seinen Weg, allen Spöttern und Besserwissern zum Trotz. Er redet den Menschen nicht nach dem Mund und läßt sich nicht auf halbherzige Kompromisse ein. Eine solche Haltung schreckt ab. Denn wir lieben nicht das Schroffe, das Einzelgängertum, sondern das Gefällige, Verbindliche. Wir wollen gerne nach allen Seiten hin offen, immer kompromißbereit sein. Wir wollen uns auch nicht festlegen und uns festlegen lassen: nur nicht anecken und sich der Kritik aussetzen, im Strome mitschwimmen, möglichst weit vorne. Die Anerkennungssehnsucht, ja Anerkennungssucht unserer Tage verhindert, daß wir für die Wahrheit, die manchmal bittere, eintreten und uns so ins Kreuzfeuer der Kritik begeben. Wir sind außengesteuert und damit beeinflußbar und manipulierbar. Wir bewundern heimlich die Unabhängigen, die zu keinen Konzessionen an den Zeitgeschmack bereit sind, die sich nicht opportunistisch nach der Meinung der anderen richten. So ein Selbstbewußtsein stünde uns gut an! Der Prophet ist kein Schönredner. Er redet nicht von dem, was die Menschen gerne hören. Er redet den Menschen ins Gewissen. Kompromißlos deckt er die Verfehlungen ihrer Herzen auf. Damit eckt er an. Damit lenkt er Wut und Zorn auf sich. Wer hört schon gerne die unbeschönigte Wahrheit? Woher hat der Prophet sein Selbstbewußtsein, so gegen den Trend der Zeit zu schwimmen? Er ist nicht außengesteuert. Er ist fremdgesteuert, gesteuert von Gott. Das schenkt ihm Unabhängigkeit von der Anerkennung und Zuneigung der Masse. Die Propheten aus dem Alten Testament haben sich diesen Lebensweg nicht ausgesucht. Er macht ja auch einsam. Amos wurde von der Viehherde wegberufen, die Kraft und Macht des göttlichen Wortes kam über ihn. Er konnte sich dem Wort nicht entziehen. Jeremia, der junge, unerfahrene und sensible Prophet, ist an dem Kampf mit den Schönrednern und Schönwetterpropheten fast zerbrochen. Der Zweifel an seinem Auftrag führte ihn an den Rande des Selbstmords. Und doch gab er nicht auf. Von der Liebe Gottes auf den ersten Blick kam er nicht los – sein Leben lang. Nicht immer ist es für Außenstehende einsichtig und nachvollziehbar, wenn ein Mensch so unbeirrbar seinen Weg geht. Der Glaube an die eigene Kraft genügt dabei nicht. Das Ich ist zu schwach, um allen Erschütterungen von außen standzuhalten.

Auf Noldes Prophetenantlitz liegt ein helles, göttliches Leuchten von innen. Er „sieht" seinen Weg, den er sich nicht selbst ausgesucht, auf den er geschickt, „gesendet" wurde. Mit seinen Augen blickt er tief in die Welt hinein und gleichzeitig über sie hinaus. Der Prophet wurde für Emil Nolde zum sichtbaren Zeichen seines einsamen Widerstandes gegen alles Gefällige und Mittelmäßige, gegen den Massengeschmack und den Zeittrend. Er wurde auch zum Symbol der Hoffnung, daß er mehr sieht als die Masse der Menschen. Der Künstler Nolde blieb einsam, auch im Kampf mit sich selbst, aber er glaubte unbeirrbar an seine Kunst.

Michelangelo Buonarroti, Kopfstudie

Um 1533, 21,2 × 14,2 cm, schwarze Kreide, The Royal Collection Her
Majesty Queen Elisabeth II., Windsor Castle.
Standort im Evangelischen Gesangbuch: S. 1526, gegenüber Nr. 890
(„Gebet und Meditation")

Die äußerst qualitätvolle, in schwarzer Kreide auf leicht getöntem
Papier gezeichnete Kopfstudie ist unvollendet. Die sanften, edlen
Gesichtszüge sind in sensiblen tonalen Abstufungen feinst modelliert, Hals und der Ansatz der Büste aber in flüchtigen Schraffuren
nur skizziert. Der Kopf ist weit nach rechts, über die linke Schulter
ins Dreiviertelprofil gewendet. Das Haupt deckt eine über die
Ohren reichende, eng anliegende Kappe. Der sinnliche Mund und
der versunken nach unten gerichtete Blick unterstreichen den in
sich gekehrten Ausdruck des wohlproportionierten Antlitzes.

Ob es sich bei der Zeichnung um eine junge Frau oder einen Mann
handelt, ist unklar. Die Kopfbedeckung deutet freilich eher auf eine
Frau, denn Michelangelo staffierte damit gelegentlich Darstellungen der Maria aus. Vereinzelt wird in der Art der Sensibilität des
Blattes ein – nicht zwingender – Zusammenhang mit den Lünetten-
bildern der Sixtinischen Kapelle oder der Grabstatue des Lorenzo
de Medici in San Lorenzo in Florenz gesehen. Ebenso entbehrt die
ansprechende Annahme, es handle sich um ein Porträt des jungen
Adeligen Tommaso Cavalieri, letztlich des Beweises. Der Florentiner Künstler und Künstlerbiograph Giorgio Vasari spricht – leider
ohne Zeitangabe – von „disegnate di lapis nero e rosso, teste
divine", also von „göttlichen Köpfen" in schwarzer und roter
Kreide, die Michelangelo in seinem Freundeskreis zu verschenken
pflegte. Es wäre so immerhin denkbar, das Blatt gehörte zu den
Zeichnungen, die Michelangelo auch für jenen Cavalieri anfertigte.
In einem Brief vom 1. Januar 1533 erwähnt Cavalieri seine eigenen
dilettantischen Zeichenversuche und das dafür von Michelangelo
geerntete Lob. Zeichnet vielleicht sogar jener Cavalieri für die
flüchtige Skizze einer Frau auf der Rückseite des ihm von Michelangelo verehrten Blattes verantwortlich?

Michelangelo zeigte – mehr als jeder andere Künstler seiner Zeit –
nicht nur eine ausgeprägte Vorliebe für die Darstellung edler nackter Körper; auch in seinem eigenen Leben war er vom Schönen, im

speziellen von schönen und geistvollen jungen Männern fasziniert. Gegen 1530 schien er sich in den jungen Adeligen Tommaso Cavalieri verliebt zu haben, dem er zahlreiche Gedichte widmete. Vermutlich blieb diese Freundschaft, die bis zum Tode Michelangelos andauerte, rein platonisch. Allein die unsterbliche und engelsgleiche Seele war es, so behauptete Michelangelo enthusiastisch, die seine Liebe entflammte. Edle Liebe setze nach dem schon alternden Künstler ihr Hoffen nicht auf Dinge, die letztlich der Vergänglichkeit anheimfallen müssen, doch kann Michelangelo nichts als das von Gott geschaffene ewig Schöne und Gute zu reinerer Andacht enthüllen, als eben die irdische Leiblich- und Lieblichkeit – Gottes Spiegelbild, vor dem er ehrfurchtsvoll kniet. Michelangelo war sich durchaus bewußt, daß jene so gepriesene äußerliche Schönheit gründlich zu lügen vermag, und gibt seinem Begriff von Schönheit in einem Sonett auf die von ihm hochverehrte Vittoria Colonna eine höhere, zutiefst religiös motivierte Sinngebung: „Die Schönheit, die du siehst, gehört ihr zwar, doch wächst sie, da sie steigt zum bessern Ort, und wird vom Auge bis zur Seele mehr". Michelangelo hat nie um der Erwiderung willen geliebt. Fast alle seiner Liebesgedichte stammen aus seinem letzten Lebensabschnitt, bis in die Siebzigerjahre hinein, und oft kehrt darin der Gedanke wieder, es sei Aufgabe seiner eigenen Häßlichkeit, die Schönheit und Erhabenheit des erkorenen Objektes noch höher zu treiben. So ist das Blatt nicht einfach Verbildlichung idealster äußerlicher, körperlicher Schönheit, sondern das Abbild höchster innerer Schönheit, die dem Menschen zum Mittel für seine Begeisterung um das Göttliche wird. Wie sehr ersehnt Michelangelo den Tag, an dem er für immer die Arme schließen kann um seinen „heißersehnten Herrn", bei dem allein alle Schönheit und Liebe ist und von dem er nichts als ein wenig Mitleid, Güte und Gnade zu erwarten hat!

Christian Rohlfs, Der Gefangene

1918, 62,3 × 48,9 cm, Holzschnitt, Museum Folkwang, Essen.
Standort im Evangelischen Gesangbuch: S. 1532, gegenüber Nr. 894
(„Nächstenliebe und Verantwortung")

Aus zwei vertikalen und drei horizontalen Stäben ist ein Gefängnis-
gitter ineinander gefügt, das die gesamte Bildfläche überspannt.
Hinter den sperrenden Quadraten des Gitters erscheint eine
gequälte menschliche Kreatur, ein Gefangener. Mit beiden Händen
umklammert er die Gitterstäbe. An ihnen zieht er sich mehr hoch,
als daß er die Kraft besäße, sie zu durchbrechen. Aus tiefen, leeren
Augenhöhlen starrt der Gefangene den Betrachter an. Das Gesicht
ist eingefallen, der Körper unbekleidet und völlig ausgemergelt,
spitz treten die Knochen an Brust und Schulter hervor. Der Kopf des
Gefangenen ist noch von Dunkelheit umgeben. Hinter dem Körper
ist der schwarze Hintergrund weggenommen, so daß das Auge des
Betrachters in Leere geht und der Gefangene erst recht den Blicken
des Betrachters ausgesetzt ist. Und doch sucht die Gestalt hinter
dem Gitter den Kontakt und die Aufmerksamkeit, das Mitleid der
Außenwelt. Wo die Gitterstäbe sich mit der Stirn und der Brust des
Gefangenen berühren, scheinen sie ihrer Starre und Festigkeit
beraubt.

Von dem „Gefangenen" existieren zwei Varianten. Der abgebildete
Holzschnitt mit dem aufgehellten Hintergrund zählt zu den
bekanntesten Drucken von Christian Rohlfs. Weniger bekannt ist
die ursprüngliche Fassung mit dem dunkel belassenen Hintergrund. Der Gefangene gehört in die Reihe der Arbeiten mit religiöser Thematik. In der christlichen Botschaft, die Rohlfs von Jugend
an vertraut war, fand er Trost angesichts des entsetzlichen Leids im
letzten Kriegsjahr 1918. Dieser Holzschnitt beschreibt nicht eine
ganz und gar ausweglose Situation, er will nicht nur zum Mitleiden
aufrufen. Er weist über die unmittelbare Anklage und Zustandsbe-
schreibung hinaus. „Er wird zu einem Symbol gegen alle Unfreiheit, die auf Erlösung wartet, in realem, wie in übertragenem
Sinne" (Paul Vogt). Christian Rohlfs hat die schwere Verstörung,
die ihn mit dem Ausbruch des Ersten Weltkriegs heimgesucht hat,
überwunden. Er fand trotz Vereinsamung und Isolation durch seine
zunehmende Schwerhörigkeit zur Arbeit zurück. Er konnte seinem

seelischen Erleben in seiner Kunst Ausdruck geben. Mit den biblischen Themen hat er ein inneres Porträt seiner seelischen Empfindungen gegeben. Im „Gefangenen" hat er sich mit den dunklen Seiten des Lebens auseinandergesetzt. Er bleibt nicht bei Haß, Verzweiflung, Hoffnungslosigkeit und Untergang stehen. In der Bewegung der Gitterstäbe, in der Kontaktaufnahme mit dem Betrachter bahnt sich ein Ausweg, ein Hauch von Erlösung an. Die Gitterstäbe der Einsamkeit und Isolierung begannen sich nach 1918 auch für Christian Rohlfs zu lockern. Sammler entdecken den Zauber seiner Blumenaquarelle und brachten ihm unerwarteten Erfolg. 1919 fand der vereinsamte Künstler auch eine Lebensgefährtin, die ihn aus seiner jahrelangen „Mönchszelle" herausholte.

Gefangensein geht an die körperliche und seelische Substanz. Im ganz realen Sinn warten Menschen im Gefängnis hinter Gittern darauf, daß sie besucht werden. Hinter Gitter kommen Menschen durch eigenes Verschulden, aber auch für ihre politischen und religiösen Überzeugungen müssen Menschen ins Gefängnis. Sie sind darauf angewiesen, daß der Kontakt zur Außenwelt bestehen bleibt. Hinter Gittern lernt man die Unfreiheit kennen und die Freiheit schätzen. Gefangene warten manchmal sehr lange, bis sie aus ihrer Unfreiheit erlöst werden. Der Gefangene von Christian Rohlfs hat viele Gesichter. In den kroatischen und bosnischen Gefangenenlagern der Gegenwart begegnet uns zivilisierten Europäern der stumme, leidende Blick des „Gefangenen" wieder. Gefangen in Ängsten, in Schuld, in Haß, gefangen hinter unsichtbaren Gittern im eigenen Ich – auch so zeigt sich uns die menschliche Existenz. Der psychisch Kranke vegetiert im Gefängnis seiner Seele, manchmal wie ein wildes Tier im Käfig. Mit Gewalt können wir nicht aus unserem inneren Gefängnis heraus. Der Wille allein genügt auch nicht. Wir sehnen uns nach Erlösung. Wer nimmt uns die eigenen Gitterstäbe von der Seele? Ein gewaltsamer Ausbruch endet meist dort, wo er begonnen hat – im Gefängnis. Befreiung geschieht nur von außen. Auch Christian Rohlfs hat aus dem Gefängnis der Einsamkeit erst durch Menschen herausgefunden, die ihm Aufmerksamkeit und Zuneigung schenkten. Wer im Gefängnis sitzt, sucht Kontakt mit der Außenwelt. Er braucht Ansprache und Hoffnung, daß er durchhält. Für Gott gibt es da nie einen hoffnungslosen Fall. Für den in Schuld Verstrickten hat Jesus die Gitterstäbe durchbrochen. Auch der Schuldige bleibt ein Kind Gottes. Es führt ein Weg nach draußen aus dem In-sich-verkrümmtsein, dem Gefängnis des eigenen Ichs, zu einem Neuanfang in Freiheit. Gehen wir an dieser bemitleidenswerten Gestalt vorüber? Lassen wir uns anrühren? Nächstenliebe geht nicht vorüber. Sie läßt sich erschüttern. Sie läßt sich hineinziehen. Sie hält den Blick des „Gefangenen" aus. Sie verschließt ihr Herz nicht. Weil sie im „Gefangenen" Christus selbst erkennt: „Ich war im Gefängnis, und ihr habt mich besucht." (Matthäus 25, 36) Der Holzschnitt „Der Gefangene" ist und bleibt ein zeitloses Symbol gegen alle äußere und innere Unfreiheit. Er fordert den Betrachter auf, nach Auswegen zu suchen. Die Tür ins Freie geht zuerst von außen auf.

Max Beckmann, Jakob ringt mit dem Engel

1920, 28,6 × 22,5 cm, Radierung, Sächsische Landesbibliothek Dresden.

Standort im Evangelischen Gesangbuch: S. 1540, gegenüber Nr. 899 („Segen")

Eine durch eine zackenförmige Gloriole gekennzeichnete, frontal auf den Betrachter ausgerichtete flügellose Engelsgestalt in antikisierendem Gewand mit Halbärmeln stemmt sich mit den Füßen gegen die beiden unteren Sprossen einer das gesamte Bild vertikal durchschneidenden, sich nach oben hin verjüngenden Leiter, vor der sie sich erhebt, und hat beide Hände segnend erhoben. Um den Leib dieser Engelsgestalt klammert sich im Vordergrund auf der untersten sichtbaren Sprosse der Leiter mit dem Rücken zum Betrachter gewendet in hockender Stellung eine bärtige Gestalt mit einem gehrockartigen Gewand, wohl der Erzvater Jakob, dessen linkes Auge geschlossen ist, während das rechte am Engel nach links vorbeizublicken scheint. Das Klammern am Engel ist zugleich ein erschöpftes Hängen in den Sprossen der Leiter. Am unteren rechten Bildrand werden Gebilde sichtbar, die entweder als Wolken (Himmelsregion) oder aber als Steinbrocken (die Furt am Fluß Jabbok) gedeutet werden können, und rechts oben im Bild erscheint die Sichel des zunehmenden Mondes. Links im Bild hinter einer wie ein Teil eines Binnenrahmens ins Blatt gesetzten, in der Innenkante parallel zur rechten Außenkante der Leiter geführten Dreiecksform, die von der Struktur her an eine Leinwand oder Zeltbahn erinnert, erscheint ein schwarzer Kreis, dessen Innenfläche spiralförmig-rotierend wie der Trichter eines Grammophons ausgebildet ist. Max Beckmann scheint zwei biblische Motive mit Hilfe des Segensmotives kombiniert zu haben: Die Schau der Himmelsleiter 1.Mose 28, 10–19 durch den schlafenden Erzvater Jakob im Traum mit dem Segensmotiv in V. 14: „Durch dich und deine Nachkommen sollen alle Geschlechter auf Erden gesegnet werden" und den rätselhaften Kampf des Jakob am Jabbok nach 1.Mose 32, 23–33, in dessen Verlauf Jakob im Kampf dem Engel bzw. Gott selbst den Segen abzwingt („Ich lasse dich nicht, du segnest mich denn zuvor"). Kampfmotiv und Traumszene verschmelzen ineinander. Der Kampf spielt sich auf der Himmelsleiter ab. Kopfform und Augenbrauenstellung weisen darauf hin, daß Max Beckmann der Engelsgestalt wohl zugleich selbstbildnishafte Züge verliehen hat.

Ein geheimnisvolles, rätselhaftes Blatt, das sich letzter Klarheit der Beschreibung entzieht und von dem durch die Zackengloriole überstrahlten, stechend-frontalen Blick der Engelsgestalt, die sich über den hilflos-erschöpft hockend-klammernden Jakob erhebt, in seiner Wirkung bestimmt wird.

Die hockende Stellung der Jakobs-Gestalt auf der Leiter erinnert an Beckmanns Gemälde „Akrobat auf der Schaukel" von 1940, auf dem ein Lufaktrobat in gespannter Erwartung auf der Trapezschaukel hockt, um den exakten Moment des Absprungs abzupassen, in dem er sich mit einem Salto auf ein anderes Trapez schwingen wird. Mathilde Q.Beckmann, die zweite Ehefrau des Künstlers, berichtet über die Frankfurter Jahre mit Max Beckmann, in denen auch die Radierung „Jakob ringt mit dem Engel" entstand: „Max ging gern in den Zirkus und ins Varieté; wir haben viele Vorstellungen besucht, in Frankfurt wie in den meisten anderen Städten, in denen wir gelebt haben. Er war besonders von den bunt kostümierten Zirkusleuten beeindruckt. Die Geschicklichkeit, mit der sie bei den schwierigsten Nummern Balance hielten, machte die Akrobaten für ihn zu einer Art von höheren sich im Raum bewegenden Wesen. Viele seiner Bilder wurden davon angeregt."

Die quälende Enge des Bildaufbaus und die Unlogik der dargestellten Handlung fügen sich gut zur Rätselhaftigkeit der Bilder Beckmanns um das Entstehungsjahr 1920. Der beschränkte Raum durchzieht Beckmanns graphische Blätter dieser Zeit. In einer drangvoll fürchterlichen Enge spielen sich die Moritaten dieser Epoche ab, und diese drangvolle Enge herrscht auch auf der Leiter als Schauplatz des Jakobskampfes. Eine neue Geometrie bemächtigt sich des Bildaufbaus. Schräge Konstruktionen bestimmen den Raum, und oft tritt eine Wiederholung des Rahmens in abgeschrägter Überschneidung hinzu. „Vorn" und „Hinten" im Raum sind wie auf der Himmelsleiter unseres Blattes keine definitiven Tatbestände mehr. Ihre Umkehr verstärkt den Eindruck der Diskontinuität des Raums und seiner Dichte.

Max Beckmann hat in seiner Radierung „Jakob ringt mit dem Engel" die beiden im biblischen Text des 1.Mosebuches chronologisch weit auseinanderliegenden Szenen des Traums Jakobs von der Himmelsleiter und des Kampfes mit dem Engel am Jabbok kombiniert. In einem Bildraum, der unserer geläufigen Sehweise

nur von Fern entspricht, hat er auf der nach oben hin sich verjüngenden Leiter den sich um den mit segnend erhobenen Händen
ihm entziehenden Engel und den sich an ihn klammernden Erzvater Jakob angeordnet, fast wie zwei Akrobaten in der luftigen
Region eines Zirkuszeltes. Daß Beckmann dabei der segnenden
Gestalt selbstbildnishafte Züge verliehen hat, verstärkt nur noch
die Rätselhaftigkeit des Blattes. Stellt die Leiter bei Beckmann
durchgängig im Werk ein verschlüsseltes Transzendenzmotiv dar,
so treten zu ihr auch die auf die Geschlechtlichkeit von Mann und
Frau verweisenden Symbole der Mondsichel und der trichterför-
mig-rotierenden Scheibe, die häufig auf Beckmanns Bildschöpfungen nach 1917 wiederkehren und auf seine sich verändernde und
völlig neu konstituierende Weltsicht hinweisen. Der Kampf am
Fluß Jabbok wird wie im Traum den Bedingungen von Raum und
Zeit enthoben und auf die Himmelsleiter versetzt. Eine kaum vor-
stellbare Situation, der diesem Segnen vorausgegangene Kampf auf
der Leiter, zwischen den beiden Gestalten. Eine Steigerung der Verfremdung der biblischen Szene des Engels- bzw. Gotteskampfes des
Jakob. Jakob, noch halb im Traum und zugleich halb in der sichtbaren Realität, durch das geöffnete rechte Auge angedeutet, wird im
Gegenüber zum Engel mit den selbstbildnishaften Zügen zum Ausdruck einer persönlichen Suchbewegung des Künstlers in einer
bewegten Zeit. Es geht um die Hoffnung auf ein Anteilbekommen
an diesem geheimnisvollen, aus dem Kampf mit Gott selbst resul-
tierenden Segen, der alle Logik des Raumes und der Situation
durchbricht und wohl Max Beckmanns eigenem Suchen nach Halt
und künstlerischer Neuorientierung entspricht.

„Ich suche aus der gegebenen Gegenwart die Brücke zum Unsichtbaren", sagt Max Beckmann 1938 in seiner berühmten „Londoner
Rede" über seine Malerei, „ähnlich wie ein berühmter Kabbalist es
einmal gesagt hat: Willst du das Unsichtbare fassen, – dringe so tief
Du kannst ein – in das Sichtbare – … Das Unsichtbare sichtbar
machen durch die Realität. – Das mag vielleicht paradox klingen,
– es ist aber wirklich die Realität – die das eigentliche Mysterium
des Daseins bildet!"

Hans Sebald Beham, Christuskopf

Um 1522, 43,3 × 32,6 cm, Holzschnitt, Staatliche Graphische Samm-
lung München.
Standort im Evangelischen Gesangbuch: S.1548, gegenüber Nr. 903
(„Bekenntnisse")

Hans Sebald Behams monumentales, in Holz geschnittenes Antlitz
des dornengekrönten Christus entstand als Einzelblatt um 1522.
Eine dünne Linie rahmt den Kopf Christi, der in ikonenhafter Fron-
talität gesehen ist. Christus trägt eine aus fünf Ästen gewundene
Dornenkrone. Auf seine Stirn rinnen dicke Tropfen geronnenen
Blutes. Das Gesicht Christi ist kräftig durchmodelliert; die Augen
liegen unter schweren Lidern in tiefen Höhlen, die Brauen sind im
Schmerz zur Nasenwurzel hin zusammengezogen. Die kräftigen,
vorstehenden Wangenknochen und die scharf gezogene Nase beto-
nen die mittlere Gesichtspartie. Seine Augen starren auf den
Betrachter, sein Mund ist leicht geöffnet. Das Haar fällt auf beiden
Seiten lockig bis auf Schulterhöhe und ist in der Mitte gescheitelt;
der Bart ist symmetrisch geteilt und an den Haarspitzen stark
gekräuselt.

Der in Frontalansicht wiedergegebene Kopf des leidenden Christus
entspricht dem Typus des „Schweißtuches der Veronika". Nach der
Legenda aurea des Jacobus de Voragine erhielt die in den Evangelien nicht erwähnte Veronika, die meist mit einer der bei Lukas
genannten klagenden Frauen am Kreuzweg Christi identifiziert
wird, das Abbild des Herren schon während der öffentlichen Wirk-
samkeit Jesu, nach spätmittelalterlicher Tradition erst auf dem
Wege nach Golgatha, als Christus seinen Schweiß in ein Tuch
wischte. Nach den Pilatusakten bringt Veronika es selbst zur Heilung des Kaisers Tiberius nach Rom und überläßt es anschließend
dem Papst Clemens I. als Geschenk. Wegen seiner angeblichen
Authentizität gewann das Schweißtuch in der christlichen Kunst
des Spätmittelalters besondere Bedeutung. Das Sich-Vertiefen in
das Leiden des Herrn verlangte eine so intensive und verlebendi-
gende Vergegenwärtigung der heilsgeschichtlichen Geschehnisse,
daß Christus dem Meditierenden gleichsam corporaliter begegnen
solle, damit dieser Christi gütiges Antlitz schauen darf.

Lange Zeit galt Behams Holzschnitt als ein Werk Albrecht Dürers, denn es existiert eine Variante, die fälschlich das bekannte Dürer-Monogramm trägt. In der Tat dürfte ein heute verlorenes, für den Frankfurter Patrizier Jacob Heller gemaltes Triptychon Dürers als unmittelbares Vorbild für den Holzschnitt gedient haben, denn nach einer Abbildung des 16. Jahrhunderts zeigte es auf der Mitteltafel ein Vera icon desselben Typus. Wie die drei kleinen Kupferstiche Hans Sebald Behams mit dem „Dornengekrönten Haupt Christi" von 1519 und 1520 muß dieser Holzschnitt während der Zeit des stärksten Einflusses Dürers auf Beham entstanden sein.

1525 war das berüchtigte Trio der „gottlosen Maler", die Brüder Barthel und Hans Sebald Beham sowie Georg Pencz, vor dem Nürnberger Rat der Mitläuferschaft der Lehren Karlstadts, Münzers und Schwerdtfegers denunziert worden. Nach den Vernehmungsprotokollen gestanden alle drei, sie hielten nichts von Christus, vom Sakrament des Altars und von der Taufe. Hans und Barthel Beham antworteten auf die Frage nach dem Glauben an Gott mit ja, Pencz gestand, er empfinde zum Teil, wisse aber nicht, was er wahrhaftig für Gott halten solle. Pencz sprach der Heiligen Schrift jegliche Autorität ab, die Behams bezweifelten zumindest deren Heiligkeit. Der Denunziant, der Bildhauer Veit Wirsberger, berichtete schließlich, Barthel habe geäußert, er kenne keinen Christus, und Hans Sebald sei im übrigen nicht weniger halsstarrig und „teuffelhefftig". Es scheint wichtig, solche Äußerungen der beiden fundamentalistischen Heißsporne dem Bild des leidenden Christus entgegenzuhalten.

Gerade um die Entstehung unseres Blattes erreichten die theologischen Erörterungen der reformatorischen Bewegung zur Bilderfrage unter dem Wirken des Andreas Bodenstein von Karlstadt ihren Höhepunkt. Jener wandte sich in seinem Traktat von 1522 „Von abtuhung der Bylder" entschieden gegen die Bilder in den Kirchen und überhaupt jegliche Art des Bilderdienstes. Daß gerade unter den Künstlern die Verwirrung groß sein mußte, versteht sich von selbst, und kein geringerer als Albrecht Dürer äußerte sich 1525 in der Vorrede zur „Unterweysung der messung" zu den aktuellen Fragen und trat der Auffassung, Bilder dienten der Abgötterei, entgegen: Ein Bild könne ebensowenig zum „afterglauben" ziehen, wie ein frommer Mann durch den Besitz einer Waffe zum Mord verleitet wird. Eine gemäßigte Richtung vertrat Luther in der Bilderfrage. In dem 1522 erschienen „Sermon ... Gepredigt von den Biltnussen" vertritt er den pragmatischen Standpunkt, die „bilderey" sei ein rein „eusserlich geringe ding" und schließlich sei es unmöglich, alles zu entfernen, was zum Mißbrauch Anlaß gibt. Ganz anders verhielt es sich für Luther mit dem römischen „Schweißtuch der Veronika", das ihm als ein Betrug, ein Lügenbild galt, denn man sehe darauf lediglich, was einem eingeredet wird: „... gleichwie sie mit der Veroniken auch thun, geben für, es sei unsers Herrn Angesicht in ein Schweisstüchlein gedruckt, und ist nichts denn ein schwarz Bretlin [...] Und wie ist grosse Andacht, und viel Ablass bei solchen ungeschwungenen Lügen" (Wider das Babsthum zu Rom, vom Teufel gestiftet, 1545).

Zumindest verwunderlich, daß Beham gerade am Höhepunkt der Debatten radikaler Bilderstürmer, deren Verfechtern er sich kaum drei Jahre später selbst anschließen sollte, den so verschmähten Typus des „wahren Antlitzes Christi" aufgreift! Albrecht Dürer hatte die ikonenhafte Frontalansicht des Kopfes, die bislang als Zeichen letzter Hoheit dem Christusbild vorbehalten war, im Jahre 1500 in seinem Münchener Selbstbildnis erprobt. Aus der beigefügten Inschrift gewinnen wir für das Bild eine interessante Erklärung: Mit unvergänglichen Farben habe er sich ein Denkmal für die Ewigkeit setzen wollen. Erscheint es übertrieben, die Unvergänglichkeit des eigenen Bildnisses gerade aus der formalen Annäherung an das unvergängliche, das wahre Christusbild der Veronika abzuleiten? Setzt Dürer damit aber nicht letztlich das christozentrische mittelalterliche Weltbild außer Kraft und spricht sein Glaubensbekenntnis für den humanistisch gebildeten Renaissancemenschen?

Solche sich verschränkenden Wirkungsmöglichkeiten ruft Beham in seinem Holzschnitt wieder auf: Beham setzt die durch Dürer gleichsam pervertierte Pathosformel wieder in ihre Rechte ein, ohne freilich die Erhabenheit der römischen Reliquie zu beschwören. Nichts verweist in Behams Holzschnitt auf deren tatsächliche, im wörtlichen Sinne „stoffliche" Beschaffenheit – ganz im Gegenteil: Gerade im Herstellungsprozeß des beliebig reproduzierbaren Holzschnitts decouvriert er deren mechanische, künstliche Entstehung. Nicht mehr der von Luther so gescholtene Pseudofetisch Schweißtuch ist Gegenstand seiner Darstellung, sondern eine allein auf die Passion Christi hindeutende Vision. Vor dem Hintergrund des Nürnberger Prozesses von 1525, in dem es letztlich um die Autorität kirchlicher Lehrmeinungen und Institutionen ging, wirkt das Blatt wie ein Bekenntnis: Das vermeintliche Abbild wird der Anbetung entzogen und bekommt wieder verweisende Funktion.

Künstlerbiographien

Arp, Jean. Geboren 16.9.1887 in Straßburg, gestorben 7.6.1966 in Basel. Deutsch-französischer Bildhauer, Maler und Dichter. Nach Anfängen als Lyriker akademische Ausbildung 1905–10 in Straßburg, Weimar und Paris. Kontakte mit Paul Klee (1909; siehe dort) und der expressionistischen Künstlergruppe des „Blauen Reiters" in München (1912). 1916 Gründung der Züricher Dada-Bewegung; wandte sich nun einfachen geometrischen Papierkollagen und Holzreliefs mit organisch fließenden Formen zu. Nach dem Ersten Weltkrieg Annäherung an Pariser Surrealisten; nach 1930 wieder verstärkt abstrakte Collagen und Reliefs. Schrieb und veröffentlichte surreale Poesie (1920 „Die Wolkenpumpe"), die ihm oft Anregung für seine illustrativen graphischen Arbeiten boten.

Baldung, Hans, gen. Grien. Geboren 1484/85 in Schwäbisch Gmünd, gestorben 1545 in Straßburg. Deutscher Maler, Kupferstecher, Holzschneider und Entwerfer von Glasfenstern. Ein früher Aufenthalt in der Werkstatt Dürers durch stilkritisch zugeschriebene Holzschnitte in Nürnberger Drucken, Glasfenster und Gemälde in Kirchen von Nürnberg und Umgebung belegt. 1508 erstmals in Straßburg erwähnt, erwirbt dort 1509 das Bürgerrecht. Ist von 1512–17 in Freiburg, wo er u.a. den Hochaltar für das Münster schuf, und anschließend bis zu seinem Tod im September 1545 wieder in Straßburg tätig.

Barlach, Ernst. Geboren 2.1.1870 in Wedel/Holstein, gestorben 24.10.1938 in Rostock. Deutscher Bildhauer, Graphiker und Dichter. Studium in Hamburg, Dresden und Paris (1895–96). 1897–99 in Hamburg, 1899–1901 in Berlin; Freundschaft mit Reinhard Piper und Karl Scheffler. Mitarbeit an den Zeitschriften „Jugend" und „Simplizissimus". Reiste 1906 zusammen mit seinem Bruder Hans nach Rußland, Vermittlung entscheidender Eindrücke durch russische Volkskunst. Ab 1910 bis zu seinem Tode in Güstrow tätig. Nach 1933 Verfemung durch Nationalsozialisten. 1937 sein Werk zur „entarteten Kunst" erklärt, genoß aber trotzdem stets große Popularität.

Beckmann, Max. Geboren 12. 12. 1884 in Leipzig, gestorben 27.12.1950 in New York. Studium in Weimar und Berlin. Übernahm

1915 Leitung der Malerklasse an der Städelschule in Frankfurt a.M., 1937 Emigration nach Amsterdam; 1947 in Vereinigte Staaten übergesiedelt, dort seit 1949 an der School of Arts des Brooklyn Museums. Frühe Werke unter starkem Einfluß Max Liebermanns. Nach Kriegserfahrungen starkes sozialkritisches Engagement. Beckmanns Werke mythologisch und allegorisch verbrämt, oft aus Biographie des Malers zu deuten.

Beham, Hans Sebald. Geboren 1500 in Nürnberg, gestorben 22.11.1550 in Frankfurt. Haupt der sogenannten „Nürnberger Kleinmeister", und einer der virtuosesten Graphiker seiner Zeit. Schüler Albrecht Dürers, beeinflußt von Hans Holbein d.J. und Albrecht Altdorfer. 1525 wegen atheistischer Äußerungen aus Nürnberg vorübergehend ausgewiesen. 1529 neuer Konflikt mit dem Rat, da Beham Teile des Manuskripts von Dürers Proportionslehre gestohlen haben soll. 1530/31 für Kardinal Albrecht von Brandenburg in Aschaffenburg oder Mainz tätig. Ab 1532 in Frankfurt am Main.

Chagall, Marc. Geboren 7.7.1887 in Liosno bei Witebsk (Rußland), gestorben 28.3.1985 in St-Paul-de-Vence. Russisch-französischer Maler und Illustrator. Nach Malerausbildung in Witebsk und Petersburg Parisaufenthalt. Dort starker Einfluß des Kubismus und Fauvismus. Rückgekehrt nach Rußland entwickelte Chagall eigenen Stil aus Elementen russischer Volkskunst und jüdisch-religiöser Erlebniswelt seiner Kindheit. 1922 Emigration über Berlin nach Paris. Begann mit großen Illustrationsserien zu La Fontaines „Fabeln" und der Bibel. Reisen nach Palästina, Syrien, Ägypten, Holland, England und Spanien. 1941 Flucht in die USA, 1947 Rückkehr nach Frankreich.

Corinth, Lovis. Geboren 21.7.1858 in Tapiau, Ostpreußen, gestorben 17.7.1925 in Zandvoort, Holland. Deutscher Maler und Graphiker. Erhielt Ausbildung in Königsberg, München, Antwerpen und Paris. Mitglied der Münchener, ab 1900 der Berliner Sezession. Nach Schlaganfall im Jahre 1911 nahm seine zunächst impressionistisch beeinflußte Malweise immer expressivere und visonärere Züge an. Neben Landschaften und Blumenbildern enstanden in Corinths letzten Lebensjahren viele Porträts, besonders Selbstporträts, seit 1911 auch zahlreiche Radierungen und Lithographien.

Dix, Otto. Geboren 2.12.1891 in Untermhaus bei Gera, gestorben 25.7.1969 in Singen. Deutscher Maler und Graphiker. Nach Lehre als Dekorationsmaler Studium in Dresden und Düsseldorf. Seit 1927 Akademieprofessor in Dresden, 1933 durch Nazionalsozialisten entlassen und mit Ausstellungsverbot belegt. Hauptthemen der fast altmeisterlich gemalten, eng mit der sogenannten „Neuen Sachlichkeit" verbundenen Bilder sind Armut, Gewalt, Tod und immer wieder der Krieg, den Dix 1914–18 als Soldat selbst erlebte. Im eher expressionistischen Alterswerk entstanden viele religiöse Bilder und Graphikfolgen.

Friedrich, Caspar David. Geboren 5.9.1774 in Greifswald, gestorben 7.5.1840 in Dresden. Deutscher Maler und Zeichner. Studium in Kopenhagen 1794–98. Lebte danach, abgesehen von einigen Reisen innerhalb Deutschlands, bis zu seinem Tode in Dresden. Scharte dort um sich einen Kreis von Romantikern, darunter die Maler Carus, Dahl, Kersting und Olivier und die beiden Dichter Novalis und Tieck. Ab 1816 Mitglied der Dresdener Akademie. War fast ausschließlich als Landschaftsmaler tätig und begründete die romantische, symbolhaft beladene Stimmungslandschaft als Spiegelbild des menschlichen Schicksals und der Gegenwart Gottes in der Natur.

Jawlensky, Alexej. Geboren 13.3.1864 in Torschok, gestorben 15.3.1941 in Wiesbaden. Deutsch-russischer Maler. Absolvierte zunächst Militärakademie in Moskau, dann Kunststudium in Petersburg, später zusammen mit Wassily Kandinsky in München. War Gründungsmitglied der „Neuen Künstlervereinigung München" (1909) und stand dem „Blauen Reiter" nahe. Lebte ab 1921 in Wiesbaden. Jawlenskys Malerei blieb stets dem Figurativen verhaftet, näherte sich aber in späteren Jahren in seinen mystischen Folgen des menschlichen Gesichts der Abstraktion.

Klee, Paul. Geboren 18.12.1879 in Münchenbuchsee bei Bern, gestorben 29.6.1940 in Locarno-Muralto. Deutsch-schweizer Maler, Zeichner und Kunsttheoretiker. Studierte in München bei Franz von Stuck, bereiste 1901 Italien, kehrte 1902 in seine Vaterstadt zurück und ließ sich 1906 in München nieder (bis 1920). Dort Freundschaft mit den Malern des „Blauen Reiters", mit denen er 1912 ausstellte. Unter dem Eindruck einer Reise nach Tunis 1914 Abkehr von der Schwarzweißtechnik des Frühwerks und endgültiger Durchbruch zu Arrangements leuchtender Farbflächen. 1921–31 Lehrer am Bauhaus in Weimar, 1931–33 an der Akademie in Düsseldorf. 1933 als „entartet" entlassen und Rückkehr nach Bern.

Kokoschka, Oskar. Geboren 1.3.1886 in Pöchlarn a.d. Donau, gestorben 22.2.1980 in Montreux. Österreichischer Maler, Graphiker und Dichter. Studium in Wien 1905–09. Starker Einfluß des Jugendstils und des zeitgenössischen Wiener Intellektuellenkreises. Sein Frühwerk geprägt von Lithographiezyklen, visionären Bildern und Bühnenstücken, die sich mit Dramen der menschlichen Seele beschäftigen. 1919–24 Lehrer an der Dresdener Akademie. Nach Reisen in Afrika und im Nahen Osten Rückkehr nach Wien. 1934/38 Emigration über Prag nach London. Ließ sich 1953 am Genfer See nieder. Kokoschkas Spätwerk umfaßt Landschaften und Städtebilder sowie zahlreiche mythologische und biblische Themen.

Kollwitz, Käthe. Geboren 8.7.1867 in Königsberg, gestorben 22.4.1945 in Moritzburg. Deutsche Graphikerin, Malerin und Bildhauerin. Studierte in Berlin und München. Lebte ab 1891 in Berlin, wo sie Mitglied der Preußischen Akademie der Künste wurde und als erste Frau ein Lehramt erhielt (bis 1933). Kollwitz' gesamtes künstlerisches Schaffen beschäftigt sich unter stark sozialkritischen und anklägerischen Zügen mit Leid des Menschen in Armut, sozialer Ungerechtigkeit und Krieg. Zentrale Figuren ihrer Zeichnungen, Lithographien und Radierungen wurden Mütter und Kinder des Großstadtproletariats.

Leonardo da Vinci. Geboren 15.4.1452 in Vinci, Toscana, gestorben 2.5.1519 auf Schloß Cloux bei Amboise. Italienischer Maler, Bildhauer, Zeichner, Baumeister, Ingenieur, Naturforscher, Schriftsteller und Kunsttheoretiker. Lehre bei Andrea del Verrocchio in Florenz. Trat 1472 in die Dienste des Herzogs von Mailand, Ludovico Sforza; schuf dort 1495–97 im Kloster S. Maria delle Grazie das „Abendmahl". Nach dem Sturz der Sforza 1499 Flucht nach Florenz. Dort entstand 1503/06 die „Mona Lisa". Folgte 1506 dem Ruf des französischen Statthalters nach Mailand. Bis 1513 im Dienst des französischen Königs Ludwig XII. Begab sich 1513 nach Rom, ging aber bald an den Hof des ihn grenzenlos bewundernden Königs Franz I. von Frankreich.

Malewitsch, Kasimir Sewerinowitsch. Geboren 23.2.1878 in oder bei Kiew, gestorben 15.5.1935 in Leningrad. Russischer Maler. Studierte 1904–05 an der Moskauer Schule für Malerei, Plastik und Architektur. Malte zunächst in impressionistischem Stil, geriet aber bald unter Einfluß der Kubisten und Fauvisten und entwickelte eine völlig gegenstandslose, auf abstrakte, geometrische Grundformen beschränkte Malerei, die er mit dem Begriff „Suprematismus" bezeichnete. Während eines Deutschlandbesuchs 1927 erschien seine Schrift „Die gegenstandslose Welt". Fiel ab 1929, wie andere Künstler der russischen Avantgarde, in Ungnade und lebte seither zurückgezogen in Leningrad.

Marc, Franz. Geboren 8.2.1880 in München, 4.3.1916 gefallen vor Verdun. Deutscher Maler und Graphiker. Studierte ab 1900 in München und unternahm anschließend ausgedehnte Reisen nach Italien, Griechenland und Paris, wo ihn vor allem van Gogh beeindruckte. Ließ sich 1910 in Sindelsdorf/Oberbayern nieder, befreundete sich mit August Macke, Wassily Kandinsky und Gabriele Münter, mit denen er 1911 den „Blauen Reiter" gründete. Ab 1911 entstanden die für Marc typischen Tierbilder, in denen Farbe ein vom eigentlichen Gegenstand gelöstes Eigenleben führt. Das im Zentrum seines Werks stehende Tier war für Marc höchstes und lebendigstes Symbol für die kosmische Einheit der Schöpfung.

Michelangelo Buonarroti. Geboren 6.3.1475 in Caprese, gestorben 18.2.1564 in Rom. Florentiner Maler, Bildhauer, Architekt und Dichter. Verbrachte Lehrzeit bei Domenico Ghirlandaio in Florenz. 1490–92 Hausgast der Medici und Student in Bildhauerei an deren Kunstschule. Enger Kontakt zum hochkultivierten Milieu des Medici-Hofes. Brach 1496 nach Rom auf, ging aber schon 1501 nach Florenz zurück, um die Marmorskulptur des „David" zu schaffen. 1505 von Papst Julius nach Rom gerufen, der ihn mit Entwurf und Ausführung seines Grabmals beauftragte. Ab 1508 Deckenausmalung der Sixtinischen Kapelle. 1516–34 erneut in Florenz, dann endgültig nach Rom übergesiedelt. Im Jahre 1549 von Papst Paul III. zum „Obersten Architekten von St. Peter" ernannt.

Mondrian, Piet (eigentlich Pieter Cornelis Mondriaan). Geboren 7.3.1872 in Amersfoort, Niederlande, gestorben 1.2.1944 in New York. Niederländischer Maler. Studierte an Amsterdamer Kunstakademie. Zunächst Landschaften in holländischer Tradition des 19.

Jahrhunderts. Während eines Aufenthalts in Domburg (1908–11) Einflüsse des Neoimpressionismus und Fauvismus. In Paris (1911–14) starker künstlerischer Impuls durch Kubismus. Beschränkte sich mehr und mehr auf gerade Linien und Primärfarben als abstrakteste Mittel, mit denen er die Bildfläche in ein Gitterwerk einteilte. Mondrian sah in asketisch reduzierten Bildern Gleichnisse einer universellen Harmonie, die er auf alle Lebensbereiche ausdehnen wollte.

Müller, Otto. Geboren 16.10.1874 in Liebau, Schlesien, gestorben 24.9.1930 in Breslau. Deutscher Maler und Graphiker. Studierte nach Lithographenlehre in Breslau, Dresden und München und ließ sich 1907 in Berlin nieder. Schloß sich dort 1910 der Künstlergemeinschaft der „Brücke" an. Folgte 1919 einem Ruf an die Breslauer Akademie, wo er bis zu seinem Tode lehrte. Fand in Berlin unter dem Einfluß von Ernst Ludwig Kirchner und Erich Heckel zu eigenem Stil, der sich kaum wandelte: in einer gedämpften erdigen Farbskala hauptsächlich blasse, magere Mädchenakte oder Zigeuner vor karger Landschaft.

Munch, Edvard. Geboren 12.12.1863 in Løten, Hedmark, gestorben 23.1.1944 auf Gut Ekely bei Oslo. Norwegischer Maler und Graphiker. Studierte 1881–84 in Oslo. Reiste 1889 nach Paris, wo er Kontakt mit van Gogh, Paul Gauguin und Henri de Toulouse-Lautrec pflegte. Lebte ab 1889 in Paris und Deutschland. Nach schwerer Nervenerkrankung kehrte Munch 1909 nach Norwegen zurück. Schon frühe realistische Bilder Munchs zeigen stark emotionalen Gehalt, der unter dem Einfluß der Pariser Neoimpressionisten und der flächigen Ausdrucksformen des Jugendstils eine neue persönliche Bildsprache mit schweren, dunkel leuchtenden Farben und flächig zusammengefaßten, arabeskenhaften Formen fand.

Nolde, Emil (eigentlich Emil Hansen). Geboren 7.8.1867 in Nolde (Nordschleswig), gestorben 15.4.1956 in Seebüll. Deutscher Maler und Graphiker. Ausbildung als Möbelzeichner und Holzschnitzer in Flensburg. 1892–98 Lehrer an der Kunstgewerbeschule in St. Gallen. Seit 1898 Fortsetzung seiner künstlerischen Ausbildung in Dachau und Paris. Schloß sich in Dresden der Künstlergemeinschaft „Brücke" an. 1913–14 Beteiligung an einer ethnologischen Expedition nach Neuguinea. Im Dritten Reich als „entartet" verfemt und 1941 mit Malverbot belegt. Entfernte sich unter Einfluß der Neoimpressionisten, besonders van Goghs und Munchs (siehe dort), von romantischem Naturalismus und gelangte in seinem malerischen Frühwerk zu leuchtenden Blumenbildern höchster Leuchtkraft. Ab 1909 entstand die Reihe seiner religiösen Bilder.

Pankok, Otto. Geboren 6.6.1893 in Saarn, Kreis Mülheim an der Ruhr, gestorben 20.10.1966 in Wesel. Deutscher Graphiker und Bildhauer. Studium in Düsseldorf und Weimar, ließ sich 1920 in Düsseldorf nieder und gehörte mit Otto Dix (siehe dort) der Künstlergruppe „Junges Rheinland" an. Stellte seine Bildthemen unter das große Vorbild Vincent van Goghs und bemühte sich vornehmlich um die Darstellung des leidenden und unterdrückten Menschen. 1931–34 und 1948 entstanden die für den im Dritten Reich als „entartet" verfemten Pankok typischen Zigeunerdarstellungen, denen 1933–34 der Zyklus „Passion" und 1936 (!) der Zyklus „Jüdisches Schicksal" folgten.

Picasso, Pablo (eigentlich Pablo Ruiz y Picasso). Geboren 25.10.1881 in Málaga, gestorben 8.4.1973 in Mougins. Spanischer Maler, Bildhauer, Graphiker und Keramiker. Galt als Wunderkind und wurde schon als 16jähriger in die Akademie von San Fernando in Madrid aufgenommen. Hielt sich zwischen 1900 und 1904 mehrfach in Paris auf, wo er sich 1904 endgültig niederließ. Nach den gegenständlichen „blauen" und „rosa" Perioden gelangte Picasso unter dem starken Einfluß afrikanischer Plastik zu radikaler Formenreduktion auf kubische Elemente. Experimentierte um 1925 mit der Verknüpfung des kubistischen Verfahrens der Formverwandlung und literarischer Assoziationen, die in seiner Malerei zu einer Verbindung expressionistischer Deformierungen mit einem tiefen Symbolismus führten. Zog sich nach dem Zweiten Weltkrieg nach Südfrankreich zurück.

Rembrandt Harmensz van Rijn. Geboren 15.7.1606 in Leiden, gestorben 4.10.1669 in Amsterdam. Holländischer Maler, Radierer und Zeichner. Malerlehre bei Jacob van Swanenburgh in Leiden und Pieter Lastman in Amsterdam. Seit ca. 1625 selbständiger Maler in Leiden, in Werkstattgemeinschaft mit Jan Lievens. Siedelte 1631/32 nach Amsterdam über, wo er sein gesamtes weiteres Leben verbrachte. Zunächst sehr erfolgreich als gefragter Porträtist des Patriziats. Seit den vierziger Jahren zunehmend finanzielle Schwierigkeiten; starb unbeachtet und in Armut. Malte neben Porträts vor allem Landschaften, Historienbilder und tief vergeistigte biblische Szenen.

Rohlfs, Christian. Geboren 22.11.1849 in Niendorf, Schleswig-Holstein, gestorben 8.1.1938 in Hagen, Westfalen. Deutscher Maler und Graphiker. Lernte ab 1870 an der Weimarer Kunstschule, wo er später auch lehrte. 1901 Berufung an das gerade entstehende Museum Folkwang nach Hagen. Malte 1906 in Soest zusammen mit Emil Nolde (siehe dort). Entwickelte aus Einflüssen des späten Impressionismus einen eigenen lyrischen Expressionismus, in dem er die Formen seiner Bilder – vor allem Landschaften, Blumen und religiöse Szenen – in eine lichte, visionäre und immaterielle „Farbhaut" von manchmal fast abstrakter Wirkung auflöst.

Rouault, Georges. Geboren 27.5.1871 in Paris, gestorben 13.2.1958 ebendort. Französischer Maler und Graphiker. Nach einer Lehre als Glasmaler Studium in Paris bei Gustave Moreau. Frühe religiöse Gemälde spiegeln den Einfluß seines Lehrers wie auch sein Interesse an der Kunst des Mittelalters. Übernahm ab etwa 1902 die expressive Farbigkeit und Malweise des Fauvismus. Engagierte sich stark moralisch in seinen Darstellungen von Dirnen, Bauern und Arbeitern. Wandte sich 1917–27 der Druckgraphik und Illustration zu. Nach 1929 beschäftigte sich Rouault nahezu ausschließlich mit religiösen Themen.

Schmidt-Rottluff, Karl. Geboren 1.12.1884 in Rottluff bei Chemnitz, gestorben 10.8.1976 in Berlin. Deutscher Maler und Graphiker. Nach anfänglichem Architekturstudium mit Ernst Ludwig Kirchner und Erich Heckel Begründer der Künstlergemeinschaft „Brücke" (1905). Lebte seit 1911 in Berlin. Mußte als „entarteter" Künstler 1933 seine Mitgliedschaft bei der Preußischen Akademie aufgeben und erhielt 1941 Malverbot. Seit 1947 lehrte er an der Berliner Akademie. Zeigt in farbig-kraftvollen Bildern seiner expressionistischen Zeit starken Einfluß van Goghs, dann eine von afrikanischer Plastik und dem Kubismus geprägte blockhafte Verfestigung der Formen. Seine Holzschnitte beeinflußten nachhaltig die expressionistische Druckgraphik.

Thoma, Hans. Geboren 2.10.1839 in Bernau, Schwarzwald, gestorben 7.11.1924 in Karlsruhe. Deutscher Maler und Graphiker. Studierte nach einer Lehre als Lithograph und Uhrenschildermaler in

Karlsruhe und Düsseldorf. Reiste 1868 nach Paris, wo ihn die Bilder Gustave Courbets nachhaltig beeinflußten. 1870 ging er nach München, 1876–99 nach Frankfurt a.M., wo er seine ersten Erfolge als Künstler hatte. 1899 Berufung zum Generaldirektor der Großherzoglichen Gemäldegalerie in Karlsruhe, wo er auch an der Kunstakademie unterrichtete. Thoma schuf Porträts, bäuerliche Szenen und naturalistische Landschaften, seit den 1880er Jahren auch mythologische, allegorische und religiöse Bilder.

Kleines Lexikon der künstlerischen Techniken

Aquatinta
(aus italienisch „acqua tinta", gefärbtes Wasser, also Tinte, Tusche; wohl zuerst englisch „aquatint[a]" im 18. Jahrhundert für das Radierverfahren)
Das Aquatintaverfahren wurde um 1768 von J.-B. Le Prince durch Zufall als Hilfstechnik des Kupferstichs erfunden. Es ermöglicht die Ätzung weich abgestufter Tonflächen, die an lavierte (siehe dort) Tuschzeichnungen erinnern. Auf die zu tönenden Flächen der vorgeätzten, in ihren sonstigen Teilen mit Ätzgrund abgedeckten Platte wird Harzpulver gebracht und durch leichtes Erwärmen angeschmolzen. Je nach Grad der Ätzung, die nur an den freien Flächen zwischen den Harzpartikeln angreifen kann, ergibt sich eine weiche, mehr oder weniger dunkle Zeichnung.

Bister
Aus Ruß gewonnener tiefbrauner Farbstoff, der vor allem für braune Zeichenkreiden in Gebrauch ist. Im 15.-18. Jahrhundert wurde Bister bevorzugt als Zeichentusche für lavierte (siehe dort) Feder- oder Pinselzeichungen verwendet.

Bleistift
1790 angeblich von Nicolas Jacques Conté erfundenes Verfahren, aus Graphitmehl und Ton gepreßte dünne Minen in Holzgriffeln zu fassen. Der sogenannte Bleistift, der tatsächlich keine Spur des giftigen Schwermetalls enthält, verdrängte bald die seit dem späten Mittelalter gebräuchlichen Bleigriffel und Silberstifte.

Heliogravüre
Die Technik der Helio- oder Photogravüre, also der Abzug von einer Druckplatte, die mit Hilfe photographischer Prozesse hergestellt wird, wurde schon um 1824 von J.N. Niépce erfunden und bis heute fast unverändert beibehalten. Von der Vorlage gewinnt man mittels lichtempfindlichen Gelatinepapiers ein Diapositiv und preßt dieses auf eine mit angeschmolzenem Asphaltstaub bedeckte Kupferplatte. Nach dem Trocknen wird die Platte in einem Bad von Eisenchlorid geätzt. Kennzeichnend für die Heliogravüre sind die Weichheit und Wärme des Farbtons.

Holzschnitt (Hochdruck)

Eine der ältesten Schneide-Druck-Techniken. Auf die geglättete Holzplatte wird das zu vervielfältigende Bild seitenverkehrt gezeichnet. Der Holzschneider bearbeitet nun das Holz mit einem Stichel oder Schnitzeisen. Die Teile, die drucken sollen, bleiben stehen. Der so gewonnene Druckstock wird mit Druckerschwärze eingewalzt und kann auf angefeuchtetes Papier gepreßt werden.

Kohle

Die Kohle war das elementarste und bequemste Zeichenmittel vor der Entwicklung des Bleistifts (siehe dort). Als Holzkohle ist sie billig und überall erhältlich. Fehlstriche lassen sich leicht wieder entfernen, eine Handzeichnung beinahe beliebig oft korrigieren, weswegen sie besonders als Medium für Skizzen oder gröbere Vorzeichnungen geeignet ist.

Kreide

Kreide ist eine weiche Form des Kalksteins (Calciumkarbonat), die sich aus Schalen mikroskopisch kleiner Meerestiere in den Meeren am Ende des Erdmittelalters bildete. Als Zeichenmittel sind zwei Kreideformen gängig, die weiße Kreide und die schwarze Kreide. Kreiden gehören in die Gruppe breit- und weichzeichnender Stifte, die sich aufgrund ihres samtartigen Striches besonders für gröber skizzierte, aber dennoch subtil abgestufte Zeichnungen eignen (im Gegensatz zur eher spröder zeichnenden Kohle; siehe dort).

Lavierung, laviert

(aus französisch „laver", waschen). Das An- oder Austuschen (siehe auch unter „Tusche") einer Federzeichnung mit einem Pinsel voll nasser wässriger Farbe.

Lithographie (Flachdruck)

(aus griechisch „lithos-graphein", auf Stein schreiben). Die Lithographie oder der Steindruck wurde 1789 von Aloys Senefelder erfunden. Auf einer geschliffenen Kalkschieferplatte (heute auch Aluminium- oder Zinkplatten) wird mit fetthaltiger Tusche (siehe dort) gezeichnet. Nachdem der nasse Stein mit einer Gummi-arabicum-Lösung überzogen ist, nehmen nur noch die gezeichneten Stellen die Druckerschwärze an, die beim Pressen auf das Papier übertragen wird.

Öl, Ölmalerei

Farbpigmente werden mit einem trocknenden Öl zu Ölfarbe ange-
rieben und auf einen Bildträger, in der Regel Leinwand, aber auch
Holz, Karton oder Papier, aufgetragen. Das Verdienst der Erfin-
dung der Öltechnik wurde früher den Brüdern Jan und Hubert van
Eyck (erstes Drittel des 15. Jahrhunderts) zugeschrieben, doch entstanden die ersten Ölmalereien schon zwischen dem 12. und 13.
Jahrhundert nördlich der Alpen.

Radierung (Tiefdruck)

Im zweiten Drittel des 15. Jahrhunderts entstandenes, dem bekann-
teren Kupferstich ähnliches Druckverfahren. Die metallene Druckplatte wird mit einer säurefesten Schicht überzogen, auf der man
mit einer spitzen Stahlnadel, der Radiernadel, so zeichnet, daß das
Metall freigelegt, aber nicht aufgekratzt wird. In einem Säurebad
wird die Zeichnung in die Platte geätzt. In die so entstandenen Ver-
tiefungen streicht man Druckerschwärze, die bei starkem Preß-
druck auf das Papier übertragen wird. Graviert man die Zeichnung
direkt in die Platte, entsteht eine Kaltnadelradierung, die einen zar-
teren und helleren Druck ergibt.

Sepia

Aus den Beuteln der im Mittelmeer häufigen Sepia (Gemeiner Tin-
tenfisch) oder auch der Tintenschnecken gewonnener braun-
schwarzer Farbstoff, der schon in der Antike bekannt war und seit
dem 18. Jahrhundert als Farbe für Tusch- und Federzeichnungen
verwendet wurde.

Strich- und Tonätzung, siehe Aquatinta

Tusche

In China entwickelte, tiefschwarze, aus stark fetthaltigem Kiefern-
ruß und Leim gewonnene Farbe in fester, mit Wasser anzureibender
Form.

Didaktische Hinweise

Unsere Bildkommentare zu den im Evangelischen Gesangbuch abgedruckten Bildern sind als Einladung und Anleitung zu verstehen, um anschließend selbst mit Hilfe der Bilder zu sehen, zu betrachten und zu entdecken. Sie wollen mögliche Wege zum eigenen Sehen aufschließen und Hilfen dafür bereitstellen, ohne dabei den Betrachter festlegen und nur in eine bestimmte Sehrichtung führen zu wollen. Es geht ihnen kontinuierlich darum, die eigene Seherfahrung des Betrachters zu evozieren und ernst zu nehmen. Deshalb ist es auch erforderlich, daß das Auge des Betrachters ständig zwischen Bild und Text hin- und herwandert, das Geschriebene am Bild selbständig überprüft und sich auf diese Weise kritisch aneignet.

Die Bildkommentare folgen einem einheitlichen Aufbauschema. Im Anschluß an die technischen Daten der Bilder (Künstler, Titel, Datierung, Maße, Technik, Sammlung), deren Fachbegriffe im Anhang erläutert sind, sowie ihrem nachgewiesenen Standort im Evangelischen Gesangbuch folgt eine knappe Bildbeschreibung im Sinne einer Sprachhilfe für den Betrachter. Diese Bildbeschreibung legt in sich bereits Spuren für eine mögliche Interpretation offen und stellt bildimmanente Informationen bereit. Sie versucht, die Dramatik des Dargestellten zu erfassen und den Bildeindruck sprachlich umzusetzen. Das Auge des Betrachters wird im Sinne eines Voraus-Sehens durch das Bild geführt. Im Sinne des Kontextes des Bildes schließen sich Hinweise auf mögliche Zusammenhänge mit der Künstlerbiographie, dem Werkkontext, dem Umfeld des Bildes und seinen Parallelen, gegebenenfalls auch der Abdruck von Textdokumenten wie Gedichte oder Tagebuchauszüge, die der Erhellung dienen können, an. Ziel dieses Abschnittes ist, das Bild in sein biographisches wie künstlerisches Umfeld einzuordnen und dadurch besser verstehen zu können. Der abschließende Textblock entfaltet dann eine exemplarische Interpretation. Diese versteht sich bewußt im Sinne eines Fragmentes und rechnet damit, daß sich weitere Interpretationen beim Betrachten des Bildes einstellen können. Die Bedeutung des Bildes für die Kunstgeschichte und Frömmigkeit, Hinweise auf die vergangene und gegenwärtige Wirkung des Bildes und seine Verwendung in verschiedenen Zusammenhängen und Deutungsansätzen können Bestandteil dieser exemplarischen Erschließung sein.

Damit stellen die Bildkommentare sowohl dem Einzelbetrachter, der sich über die Bilder in seinem Evangelischen Gesangbuch näher informieren und in sie vertiefen möchte, wie auch dem, der die Bilder im Evangelischen Gesangbuch in Unterricht, Erwachsenenbildung oder Verkündigung einsetzen möchte, die erforderlichen Zugangshilfen zum jeweiligen Bild zur Verfügung. Sie verstehen sich jedoch bewußt als Vorarbeit und nicht als fertige, zum Vorlesen gedachte Texte. Es handelt sich um Rohmaterialien und Bausteine, die noch der persönlichen Zuarbeitung bedürfen, um aus den unterschiedlichen Angeboten ein einheitliches und individuelles Ganzes zu formen. Die eigene Seherfahrung des Betrachters spielt auch hier in unserem interpretationsoffenen Konzept für den Umgang mit Bildern eine entscheidene Rolle.

Mit den im Evangelischen Gesangbuch zur Verfügung gestellten Bildern bietet sich eine Fülle an Umgangs- und Einsatzformen von der persönlichen Betrachtung, der Bildbetrachtung in der Verkündigung oder in einer Gesprächsgruppe bis hin zum Bildeinsatz im Unterricht wie in der Evangelischen Erwachsenenbildung an. Ohne größeren technischen Aufwand für Projektion oder Kopiertechnik steht jedem Einzelnen mit seinem Evangelischen Gesangbuch das betreffende Bild vor Augen. Er kann selbst die angebotene Interpretation unmittelbar überprüfen oder in der Gesprächsgruppe selbst zu ihr entscheidend beitragen. Weil die für das Evangelische Gesangbuch ausgewählten Bilder nahezu ausschließlich schon ursprünglich auf Papier gearbeitet worden sind, legt sich schon aus formalen Gründen der Verzicht auf ihre weitere Umsetzung in Overheadfolien, Dias oder Kopien nahe, um diesen durch das Papier gesetzten Grundcharakter der Graphik nicht wieder zu verfremden und zu verfälschen.

Die Zuordnung der Bilder zu den Liedern bzw. Rubriken des Evangelischen Gesangbuches ist bewußt offen gewählt und nicht zwingend im Sinne einer stringenten wechselseitigen Interpretation zu verstehen. Deshalb gehen die Bildkommentare nicht von einer notwendigen Zuordnung von (Lied-)Text und Bild im Evangelischen Gesangbuch aus, sondern intendieren zugleich einen freien Umgang mit den abgedruckten Bildern unabhängig von ihrer Zuordnung im Gesangbuch. Die dem Begleitbuch beigegebenen Register sollen dafür eine Hilfe sein. Ein Bild kann und soll ohne weiteres auch außerhalb des durch seinen Standort im Evangelischen Gesangbuch gesetzten Kontextes betrachtet, erschlossen und interpretiert werden.

Die Auswahl der im Evangelischen Gesangbuch angebotenen Bilder wird bestimmt von dem Anliegen, Sehangebote im Sinne eines Erlebnisraumes für die Gottesbegegnung zur Verfügung zu stellen. Neben biblischen Gestalten und Szenen finden sich Menschenbilder mit Grundsituationen des Lebens und Einzelporträts, finden sich Landschaften und Gebäude. Identifikatorische Bilder und wirklichkeitserschließende Bilder ergänzen somit die biblischen Bilder. Viele Bilder haben einfach eine tröstende Funktion. Sie geben der Freude wie auch dem Schmerz oder der Trauer Raum. Im umfassenden Sinne handelt es sich bei allen Bildern um ein auf die Gottesbegegnung bezogenes Erlebnisangebot.

Bilder stellen für das Glaubenserleben ein komplexes und personbezogenes Erfahrungsmodell zur Verfügung. Das Bild bietet Notationen von Erfahrungen an, die das gesprochene oder geschriebene Wort übersteigen. So schafft das Bild dort, wo seine Wirkung zugelassen wird, einen Zwischen- oder Übergangsraum des Erlebens. Das Bild ist somit mehr als das, was Worte auszudrücken vermögen. Bilder sind damit aber auch keine Illustration von Gedanken, die ich ohne Bild genausogut darstellen könnte. Allerdings müssen wir den Vorgang des Sehens erst wieder neu lernen. Die Aufgabe des Sehenlernens wird ständig von der Gefahr bedroht, Bilder immer gleich verstehen zu wollen und damit den Unterschied von Bild und Zeichen nicht zu beachten. Es geht nicht um eine sogenannte „Botschaft" als Extrakt der Bilder, sondern um den durch das Bild konstituierten Erfahrungsraum. Bilder sind immer Dokumente persönlichen Erlebens eines Einzelnen, des Künstlers, aber dieses Erleben wird zugänglich für den Betrachter gemacht.

Der Glaube benötigt die Dimension des Bildes ebenso wie die Dimension des Wortes und der Musik. Er verkümmert und wird arm, wenn auf eine dieser grundlegenden Dimensionen verzichtet wird. Bilder schaffen ähnlich dem menschlichen Wort und der Musik einen Raum, der die Gottesbegegnung ermöglicht. Aber sie tun es auf andere Weise als die Worte oder die Musik, durch ihre besondere, nur dem Bild eigene Sprache.

Bilder brauchen Zeit, um zu wirken. Das unterscheidet sie vor allem vom gesprochenen Wort. Die Qualität eines Bildes erweist sich darin, ob es – auf Dauer – über Gedankenanstöße hinaus etwas in mir anrührt, anstößt oder öffnet. Bilder können auch eine Zumutung darstellen. Sie muten mir Glaubenserfahrung gebunden an eine einmalige, vielleicht auch anstößige Lebensgeschichte zu. Bilder öffnen. Bilder entfalten, wenn sie gut sind, ihre eigene Wirkungsgeschichte in den Betrachtern. Eine lebendige Kommunikation wird in Gang gesetzt, in die auch Gott mit seinem Heiligen Geist eintreten kann. Bilder wollen unser Leben begleiten, Raum schaffen für mein Leben und seine Begegnung mit Gott, im Gebet, in der Meditation, im Gespräch mit anderen. Bilder bringen Menschen zum Sprechen, auch zum Sprechen über ihren Glauben. Das Bild stellt für mich eine entscheidende Dimension des Glaubenserlebens dar. Es stellt dem Betrachter den Raum zur Verfügung, in dem sich die Gottesbegegung ereignen kann. Es gestaltet den dazu erforderlichen Raum. Es läßt sich von Gott in den Dienst nehmen.

Die Schriftstellerin Christa Wolf beschreibt in ihrem Roman „Kassandra" in Gestalt einer zunächst säkularen Erfahrung diese Erlebnisqualität des Bildes. Ihre Worte werden transparent auf das hin, was in der Offenbarung des Johannes als das Ziel christlicher Existenz beschrieben ist – das Schauen Gottes von Angesicht zu Angesicht, das dann alle Worte überflüssig machen wird, weil es ein vollendetes und absolutes Schauen ist. Sie schreibt: „Ich habe immer mehr an Bildern gehangen als an Worten, es ist wohl merkwürdig und ein Widerspruch zu meinem Beruf, aber dem kann ich nicht mehr nachgehen. Das Letzte wird ein Bild sein, kein Wort. Vor den Bildern sterben die Wörter."

Das Letzte wird ein Bild sein – das Bild des auferstandenen Herrn, das wir in der Vollendung schauen werden und auf das hin uns alle vorläufigen Bilder verweisen.

Klaus Raschzok

Weiterführende Literatur zum hier angedeuteten Bildverständnis: Klaus Raschzok, Das Bild als Erlebnisraum für die Gottesbegegnung, in: Kirche + Kunst 70.1992, S. 10–17. Ders., Mit Bildern verkündigen. Methodische Grundlagen einer ikonischen Homiletik, in: Kirche + Kunst 70.1992, S. 42–48. Ders., Evangelischer Glaube und Bildende Kunst, in: Kirche + Kunst 71.1993, S. 33f.

Register

Künstler

Personen

Bibelstellen

Sachregister

Nachwort

Die Auswahl der Bilder für das Evangelische Gesangbuch (Ausgabe für die Evangelisch-Lutherischen Kirchen in Bayern, Mecklenburg und Thüringen), die ihr zugrundeliegende Konzeption sowie das vorliegende Begleitbuch wurden vom Verein für Christliche Kunst in der Evangelisch-Lutherischen Kirche in Bayern e.V. im Auftrag der Evangelisch-Lutherischen Kirche in Bayern und ihrer für das Gesangbuch verantwortlichen Organe und Gremien entwickelt, erstellt und verantwortet. Zwischen der offiziellen Auftragserteilung im Februar 1993 und der Vorlage der vollständigen Auswahl einschließlich der Zuordnungsvorschläge zu den einzelnen Rubriken des Gesangbuches standen lediglich sechs Monate Arbeitszeit zur Verfügung. In vier intensiven Arbeitssitzungen trugen die ehrenamtlichen Mitglieder des Vorstandes und des Arbeitsausschusses des Vereins aus ihren privaten Bibliotheken und Materialsammlungen sowie aus den an den Lehrstühlen für Christliche Archäologie und Kunstgeschichte sowie für Kunstgeschichte der Friedrich-Alexander-Universität Erlangen-Nürnberg zugänglichen Fachpublikationen bzw. Bildsammlungen aus einigen tausend gesichteten Graphiken vom Spätmittelalter bis zum 20. Jahrhundert eine erste Auswahl zusammen und präzisierten diese dann in einem komplexen Entscheidungsprozeß auf die Anforderungen des Evangelischen Gesangbuches hin. In enger Abstimmung mit der Kontaktgruppe Gesangbuch der Evangelisch-Lutherischen Kirche in Bayern und den mit der Gesangbuchredaktion betrauten Mitarbeitern des Landeskirchenamtes, Kirchenrat Reinhold Morath, Kirchenrat Hans Peetz und Pfarrer Franz Wich, wurden die Vorschläge weiter präzisiert und dann Ende September 1993 dem Grundfragenausschuß der Landessynode der Evangelisch-Lutherischen Kirche in Bayern vorgelegt und von diesem einstimmig gebilligt. Der vorbereitenden Arbeitsgruppe gehörten an: Professor Dr. Peter Poscharsky, Erlangen (Vorsitz), Helmut Herzog, Erlangen, Direktor Johannes Opp, Heilsbronn, Privatdozent Dekan Dr. Dr. Klaus Raschzok, Nördlingen, Pfarrer Bernd Seufert, Nürnberg, Professor Dr. Dr. Reiner Sörries, Kassel, Architekt BDA Georg Stolz, Fürth, Pfarrer Steffen Weeske, Hetzelsdorf, Bankdirektor i.R. Dr. Dieter Weißenfels, Fürth, Pfarrerin Edith Zwanzger, Heilsbronn und cand. phil. Janette Witt, Erlangen.

Bereits mit der Übernahme des Auftrags für die Bildauswahl durch den Verein für Christliche Kunst war allen Beteiligten einsichtig, daß zum Arbeitsauftrag konsequent auch eine Erschließungshilfe gehören sollte, die die der Bildauswahl im Gesangbuch zugrundeliegende Konzeption widerspiegeln und erforderliche Zugänge zu den Bildern für die Benutzer des Gesangbuches exemplarisch erschließen sollte. Die genannte Arbeitsgruppe des Vereins erarbeitete deshalb in drei weiteren intensiven Arbeitseinheiten zwischen Oktober 1993 und März 1994 erste Zugänge zu den Bildern, die den Autoren der Bildkommentare als Arbeitsgrundlage dienen sollten. Im Mai 1994 beschloß dann der Vorstand des Vereins die von Dr.Dr. Klaus Raschzok vorgelegte endgültige Konzeption des Begleitbuches und berief den Herausgeber sowie die mitarbeitenden Autorinnen und Autoren, die zwischen August 1994 und Februar 1995 in enger Abstimmung mit dem Herausgeber die einzelnen Bildkommentare erarbeitet haben.

Entscheidenden Anteil am Gelingen des gesamten Projektes „Bilder im Gesangbuch" hat der Augsburger Kunsthistoriker Christof Metzger M.A., der dankenswerterweise vom Landeskirchenamt als Honorarkraft zur Unterstützung der Redaktionsarbeit angestellt werden konnte. Christof Metzger hat im Februar und März 1994 die notwendigen Literaturrecherchen für die detaillierten Bildnachweise durchgeführt und die Reproduktionsvorlagen der Abbildungen für das Gesangbuch bei den einzelnen Museen, Sammlungen und Verlagen beschafft. Anschließend begleitete er als Redaktionsassistent das Entstehen des Begleitbuches, half bei der umfangreichen Materialbeschaffung, den Korrekturen und der Erstellung der Register mit und lieferte auch eigene Bildkommentare.

Allen an der komplexen Entstehungsgeschichte des gesamten Projektes Beteiligten, die ihr Fachwissen, ihre Arbeitskraft und ihre Zeit in die Auswahl der Bilder für das Evangelische Gesangbuch sowie in das vorgelegte Begleitbuch eingebracht haben, danke ich als Herausgeber ganz herzlich. Ein großer Dank gilt auch dem Landeskirchenrat der Evangelisch-Lutherischen Kirche in Bayern, der durch vielfältige Unterstützung das Erscheinen dieses Buches ermöglicht hat, sowie Herrn Landesbischof Hermann von Loewenich für sein Vorwort, ebenso wie dem Verlag der Evangelisch-Lutherischen Mission Erlangen und seinem Verleger, Herrn Pfarrer Christoph Jahn, der gerne bereit war, das Begleitbuch in sein Verlagsprogramm aufzunehmnen.

Möge dieses Begleitbuch mit dazu beitragen, daß die Bilder im Evangelischen Gesangbuch ihre Funktion als „Erlebnisräume für die Gottesbegegnung" erfüllen und damit in umfassender Weise mit zum Lob Gottes beitragen können.

Nördlingen, am Tag der Darstellung des Herrn (Maria Lichtmeß) 1995

Klaus Raschzok

Die Evangelischen und die Bilder
Reflexionen einer Geschichte
von Reiner Sörries

„Immer wieder wird gesagt, das Verhältnis der evangelischen Christen und der evangelischen Kirchen zum Bild sei problematisch, und zwar nicht erst in neuerer Zeit", leitet Prof. Peter Poscharsky den Band ein, der eigentlich eine Ausstellung dokumentierte. „Dabei geht es nicht um eine wissenschaftliche Analyse. Es sollen vielmehr Tendenzen herausgestellt werden, die das Verhältnis bestimmt und beeinflußt haben. Deshalb wurde thesenhaft formuliert, sind alle Beispiele bildhafte Erläuterung der Thesen... Zweck ... dieser Publikation ist es, zur eigenen Stellungnahme und zur Weiterarbeit an dieser Frage aufzurufen und zu ermutigen."

Im „Fazit eines betroffenen Künstlers" ist am Ende von Werner Knaupp zu lesen: „Aber ich bin nicht ohne Hoffnung, daß endlich einmal ein Kompetenter den vielen visuellen Analphabeten in der Kirche die Augen öffnet. Daß endlich einmal ein Spitzenmann der Kirche den Mut aufbringt, das gewaltige Potential an künstlerischer Aussagekraft in die Kirche hereinzuholen... Ich bin überzeugt - Sie können mit Engelszungen predigen: Auf die Dauer ist das Bild stärker."

Paperback, 235 Seiten, 95 Fotos – 1983

ISBN 3 87214 160 0

Verlag der Ev.-Luth. Mission Erlangen

Das »Kleine Nachschlagewerk« zum Evangelischen Gesangbuch

Herausgegeben von
Wolfgang Töllner
216 S., fest geb.,

Das »Kleine Nachschlagewerk« soll der Erschließung des neuen Evangelischen Gesangbuchs für Bayern und Thüringen dienen.

Eine »Liedgeschichte im Überblick« hilft, Lieder in ihrer Prägung durch zeitgeschichtliche Umstände, theologiegeschichtliche Epochen und musikalische Entwicklungen zu verstehen.

Die »Kurzbiographien der Künstler und Künstlerinnen« stellen nicht nur die Verfasser und Verfasserinnen der Lieder vor, sondern auch die Autoren und Autorinnen der »Worte zum Nachdenken« und die Künstler, deren Bilder im Evang. Gesangbuch aufgenommen wurden.

Verzeichnisse von Kanons, mehrstimmigen Sätzen, Liedern aus anderen Ländern und Sprachen, von für Kinder geeigneten Liedern und von Bibelstellen bieten vielfältige Hilfe beim Gebrauch des Gesangbuchs.

Evang. Presseverband für Bayern · München